データ資本主義

ビッグデータがもたらす新しい経済

Reinventing Capitalism in the Age of Big Data

ビクター・マイヤー＝ショーンベルガー＋
トーマス・ランジ
斎藤栄一郎 訳

NTT出版

データ資本主義　目次

データ資本主義

第1章

資本主義の再起動 | REINVENTING CAPITALISM

貨幣からデータへ、変化は社会のすべてへ

〈貨幣〉と〈価格〉が招いた市場の限界

2015年9月。米インターネットオークション会社 eBay（イーベイ）の創業20周年記念イベント[*1]で新CEO、デヴィン・ウェニグが登壇したころには、イーベイで取引される商品の総額は7000億ドルを突破し、常連ユーザーだけで1億6000万人に達していた。[*2] イベントは「祝賀会」になるはずだった。1995年にピエール・オミダイアがちょっとした副業として起業したイーベイは、いつのまにか成長を遂げ、永遠の金のなる木のようになっていった。[*3]「市場」という昔からある卓越したコンセプトを見事にオンラインで実現してみせたからだ。

イーベイの場合、市場は市場でも物理的な場ではないから「市場が閉まる」という概念がない。しかもインターネットのおかげで世界中をカバーしていたため、インターネットが使える人なら、ほぼ誰でもイーベイで売買ができた。独自の格付けシステムがあり、見ず知らずの市場参加者同士でも互いに信用度を確認する手立てが用意されていた。

こうした点が受けて、この仮想市場は大きな注目を浴び、膨大な数の売り手と買い手が存在することからエコノミストの間では「分厚い市場」などと呼ばれた。分厚い市場は欲しいものを見つけやすいので、よい市場とされる。イーベイは従来の市場の特徴を残しつつも、それを改良していた。例えば固定価格よりもはるかに最適な価格に落ち着きやすいオークション方式を取り入れた。まさに経済学専攻の学生が最初に勉強するとおりの展開だった。

世界を相手にできる市場がいつもオープンしていて、取引もシンプルでわかりやすく、効率的。これがイーベイ大躍進の秘訣だった。インターネット経済の先駆けとなっただけでなく、経済で市場が担う役割がとてつもなく大きいことを改めて確認できたかに思えた。

だが、その祝賀会であるはずの場に集まった報道陣の目には、ウェニグが「背水の陣の軍隊を率いる将軍」のように映った。[4] スピーチもどこか檄を飛ばしているかのように感じられた。そう取られたのも無理はない。この世界最大の市場の神通力に陰りが見られていたからだ。証券アナリストの間でも「リセット間近」の烙印を押されるほどだった。[5] これほど優位性があるのだから、昨今のゴタゴタはひとえに経営のまずさから来るもので、[6] 不運も重なったと見る向きもあろう。だが、実はもっと大きな地殻変動の前触れと捉えるべきだ。

イーベイが20周年を迎えるほんの数カ月前、同じくインターネット黎明期に登場したYahoo!（ヤフー）が株価の低迷に苦しんでいた。ヤフーは中国のオンラインマーケットプレイス（取引市場）であるAlibaba（アリババ）の大株主だったのだが、アリババの株価上昇に伴い、同社が保有するアリババ株の価値がヤフー本体の時価総額を上回ってしまった。

ヤフー株を売却することは、買い手にカネを払って持ち株を贈呈するようなもので、ヤフー株が事実上のマイナス価格で取引されたのだ。[7] むろん、普通株の価格がマイナスになることはないのだから、筋の通らない話ではある。だが、エコノミストに言わせれば、株価には市場全体の英知が反映されるのであって、これを正常と取らざるを得ない。何かがおかしい。とてつもなくおかしなことになっていた。

イーベイの意外なゴタゴタやヤフーのとんでもない株価騒動は偶発的な出来事ではない。既存の市場が抱えている根本的な弱みを物語っているのだ。後ほど詳しく説明するが、価格と密接に結びついた弱みである。この欠点は価格と連動しているため、すべての市場が苦しんでいるわけではない。現に価格との連動性が薄い市場は、明らかに好調である。

イーベイとヤフーが苦境に陥っていたころ、もっと後発のスタートアップ、BlaBlaCar（ブラブラカー）は絶好調だった。スタンフォード大学院時代にインターネットの虜になったフランス人の若者が欧州で起業した同社は、イーベイのようなオンラインマーケットプレイスだが、たったひとつの取り扱い品目に特化している点が違う。自分のクルマの同乗者を求める人（ドライバー）と誰かのクルマに乗せてもらいたい人を結びつけるライドシェア（相乗り）の市場なのだ。事業は好調そのもので、月に何百万組ものマッチングを成立させていて急成長を遂げている。

イーベイはそもそも価格を軸としたオークションに重点があったが、ブラブラカーの市場は、利用者それぞれの詳しいデータが提供されていて、「話し好きのドライバー」（当然、名前も）といった詳細情報がランキング形式で表示される。このため、自分の好みにぴったり合ったドライバーを見つけられる。価格（料金）はあまり重視されていない（ライドシェアのドライバーが設定できる価格は一定範囲内に制限されている）。豊富なデータを使っているのはブラブラカーのライドシェア市場だけではない。オンライン旅行サイトのKAYAK（カヤック）、オンライン投資会社Sigfig（シグフィグ）、クラウドソーシングのUpwork（アップワーク）など、豊富なデータを用意して希望の相手を見つけられるようにしている市場が勢いを増し、注目を浴びているのだ。

本書では従来のオンライン市場が抱える問題点、株式市場の信頼に基づく価格決定メカニズムの欠陥、データが豊富な市場の台頭を丹念に関連づけていく。そのうえで、データを燃料に市場を再起動することが経済の抜本的な再編につながる点を解説したい。産業革命に引けを取らないほど重要であることはほぼ間違いなく、我々の知らない新たな資本主義が生まれようとしているのだ。

〈市場〉というソーシャル・イノベーション

「市場」は、ソーシャル・イノベーション（社会問題を解決する革新的な仕組み）として大成功を収めたコンセプトだ。限られた資源を効率的に分配しやすくする仕組みであり、その効果は絶大だ。市場のおかげで80億人もの人口の大半の衣食住が満たされ、生活の質も寿命も大幅に改善されることになった。市場の取引は、長い間、人々の交流の場でもあり、人間らしさとも見事に合致していた。だからこそ市場はほとんどの人々にとって自然なものと受け取られ、社会の構造に深く根付いたのである。そして経済の重要な構成要素となったのだ。

市場が力を発揮するためには、データが円滑に流れることが前提で、人間にはこのデータを解釈して意思決定する能力が求められる。これはまさに市場での取引の仕組みそのものであり、意思決定が一カ所に集中せずに参加者一人ひとりに分散している特徴がある。市場が簡単に壊れない強靭さを持ち、何かあってもさっと立ち直る優れた回復力を備えている理由はここにある。だが、その大前提として、今、市場に出回っている商品について総合的な情報を誰でも簡単に入手できなければならない。

とはいえ、市場でそのような充実した情報を流通させることは、つい最近まで手間もコストもかかっていた。そこで対応策として、こうしたさまざまな情報を圧縮してひとつの尺度で表すことにした。それが「価格」である。つまり貨幣の力を借りて、そのような情報を運ぶことにしたのである。

実際、価格と貨幣は、情報伝達という難題を少しでも和らげるうまい当座しのぎになったし、それなりに効果も発揮した。だが、情報が圧縮されているため、詳細や微妙なニュアンスは抜け落ちているから、本当に最適な取引とまでは言えなくなる。情報が圧縮されているために、市場に出回っている商品を完全に把握できなかったり、誤解したりすれば、我々の選択は失敗してしまう。もっとましな解決策がなかったため、長い間、この不完全な解決策を我慢して受け入れてきたのである。

今、それが変わろうとしている。まもなく豊富なデータが市場を広範囲にわたって、迅速に、しかも低コストで駆け巡ることになる。膨大な量のデータに、機械学習や最先端のマッチング・アルゴリズムを組み合わせ、絶えず状況の変化に合わせて自動的に適応していくシステムを構築すれば、市場で最良の取引相手を見つけ出せるようになる。とにかく手軽なので、単純極まりない取引にまでこの手法が使われるようになるだろう。

例えば新しいフライパンが欲しいとしよう。手元のスマートフォンに常駐している適応型機械学習システム（自動的に新しい情報を取り込みながら、自ら精度を高めて適応していく機械学習システム）が過去の購入データにアクセスし、前回はＩＨ調理器対応フライパンを買い、その商品に「まあまあ」のレビューを記入したことを突き止めてくれる。システムがそのレビューを解析し、あなたがコーティングを非常に重視していて、セラミック製フライパンが好みであると判断する（ついでに取っ手の素材にも好みがあることを見逃さない)。こうした好みを基に、オンライン市場で条件に合う最適な商品を探索する。ついでに、配送に伴うCO_2排出量まで考慮する(あなたの環境意識は高いとシステムが判断したためである)。そして、売り手と自動的に交渉し、直接振り込みの決済条件で割引してもらえることになる。あとはあなたが画面を1回タップするだけで取引は完了する。

すべてがよどみなく流れ、実にシンプルである。そういう設計なのだから当然だ。自分で検索するよりもはるかに高速で手間もかからない。にもかかわらず、自分で処理するよりも多くの条件を考慮し、非常に多くのセール情報を比較検討してくれる。システムが過労で簡単にへこたれるわけはないし、決定のアドバイスが価格だけでブレたり、認知バイアス(常識や周囲の条件に引っ張られて合理的ではない判断をすること)ゆえに脱線したり、巧妙なマーケティングの罠にはまったりすることもない。

もちろん、依然として貨幣は価値の蓄積手段として使われるし、これからも価格が重要な情報であることに変わりないだろう。だが、今後は価格に重点を置いたところで、将来の見通しが広がったり、もっといい条件の商品が見つかったり、取引の効率が高まったりすることはない。もっといえば、市場でのごまかしが減ることもないはずだ。

こうしたデータや機械学習に基づく意思決定支援システムは、データリッチ市場(豊富なデータを原動力に動く市場)で最適なマッチングを見つけ出す助けにはなるが、最終的な意思決定権限は依然として人間にあり、取引の際にシステムにどこまで任せるかを決めるのも人間の仕事だ。配車サービスなら我々も喜んでこういう意思決定支援システムの恩恵にあずかればいいのだが、職探しとなると話は別だ。データに基づく助言システムが提示する求人の中から選ぶのは我々自身である。

従来の市場は非常に役に立っているが、データ主導の市場が相手となるとまるで勝ち目がない。データ化することで、取引にせよ効率にせよ、あまりに大きく改善されるからだ。理論上、市場は「最適な取引」というメリットをもたらすものなのだが、情報流通上の制約で実現できていなかった。これがデータリッチ市場になると実現するのである。

この重大な変化が生み出すメリットは、あらゆる市場に波及する。小売や旅行はもちろん、金融、投資にも当てはまる。データリッチ市場では、2014年にヤフーが異常な株価をつけたような不合理な意思決定は大幅に減少する。

また、従来の貨幣中心の市場は、誤解や誤判断によるバブルなどの惨事に苦しめられてきたが、これもデータリッチ市場では減少する見込みだ。世界は市場の暴落にさんざん振り回されてきた。先のサブプライム住宅ローン危機や2001年のドットコム・バブルの崩壊だけでなく、何世紀にもわたって数えきれないほどの災難が貨幣中心の市場を揺さぶってきた。データリッチ市場でこうした市場の失敗が根絶されるわけではないが、市場の失敗が発生する頻度やそれがもたらす金融への壊滅的な影響は大幅に抑制できる。

データリッチ市場による再編の波はありとあらゆる分野に及ぶ。非効率を絵に描いたような仕組みで大手公益事業者の懐を潤し、一般家庭の財布から莫大な額を吸い上げてきたエネルギー分野も例外ではない。運輸・物流分野も、はたまた労働分野も医療分野も同じようにその影響から逃れられない。教育でさえ、データ主導の市場を生かせば、教師、生徒、学校の最適なマッチングを追求できるようになる。

分野こそ違えど、データリッチ市場のゴールはひとつ。「このくらいでいいか」というレベルを超えて、完璧をめざすことだ。費用対効果が高まるだけでなく、市場での選択に対する満足度も高まり、地球にとってもこれまで以上に持続性のある未来が期待できる。

貨幣中心市場からデータリッチ市場へ

従来の市場とデータリッチ市場の最大の違いは、そこに流れる情報の役割と、情報が意思決定につながる過程にある。かつてはコミュニケーションや認知の面での制約のために我々が抱いているさまざまな好み（要望）を価格というひとつの軸に圧縮して押し込んできたが、データリッチ市場ではそのような過剰な簡略化を断つことができる。

すでに述べたとおり、市場は意思決定が分権化されることで、優れた強靭さや回復力が生まれる重要な特徴があるが、データリッチ市場になれば、さらに取引の効率化というメリットも加わることになる。データリッチな環境を実現するには、市場参加者によるデータの伝達や処理のプロセスを変える必要がある。実は、この考え方自体はすでに1987年に提唱されている。当時からマサチューセッツ工科大学（MIT）のトーマス・マローン教授らは「電子市場」[*8]を予見していたが、この構想を肉付けし、開花させられるだけの技術進歩が実現したのはつい最近のことである。

データリッチ市場の実現は、基本的にはデータ処理能力とネットワーク技術の進歩次第と見る向きもあろう。確かに、従来の市場と比べると、データリッチ市場にははるかに大量の情報が行き渡り、これまでインターネットの回線容量は着々と増強され続けていて、とどまるところを知らないかのようだ。シスコなどネットワーク技術大手の見解を総合すれば、インターネットのトラフィックの増加率は、少なくとも二〇二一年までは年20％を超える勢いが続くという。わずか10年で実に最大９３００％増ということになる。*9 データ処理能力も格段に上がっている。最近のパソコンは、１秒間に何兆回もの計算が可能になっていて、かつてのように2年で倍増といった勢いこそなくなったものの、まだまだ向上の余地がある。

こうした進歩はデータリッチ市場の実現に欠かせない要素であるが、それだけでは足りない。処理のスピードを上げるだけでなく、処理のあり方自体を変える必要があるのだ。

データリッチの未来には、情報処理の速度よりも、情報処理の的確さや巧妙さが強く問われるようになる。従来の市場で価格情報の伝わるスピードがミリ秒単位に高速化されたとしても（すでに株式市場では高頻度取引として実現されている）、価格だけに頼るという過剰な単純化の状況は変わっていない。むしろ、最新の技術革新を生かして次の三つを実現する必要がある。第一に、商品や好みに関する豊富なデータを低コストで共有できる標準的な方法を確立すること。第二に、複数の尺度に沿って最適なマッチングを見つけ出す能力を高めること。そして第三に、人々の好みを総合的に把握するため、きわめて高度でありながら使い勝手にも優れた方法を編み出すことだ。

第一の条件については、単に生のデータをかき集めればいいというものではない。データの意味がわからなければ、リンゴとオレンジを比較するようなおかしなことになってしまう。この点については、最近の技術革新を活用すれば、昔よりもはるかに簡単に実現できるはずだ。例えば、大量にあるデジタル写真の中から、人でもビーチでもペットでもいいが、何らかのテーマの写真を見つけ出す場合、かつてとは比べ物にならないほど能力が上がっている。膨大な写真コレクションの中から所望の画像を見つけ出す仕組みは市場にも応用が効くから、データを意思決定に役立つヒントに変えることも可能になる。

第二の条件については、価格だけで比較するなら、最適なマッチングを見つけ出すことは簡単だ。だが、多種多様な尺度を考慮しながら最適なマッチングを見つけ出すとなると、そのプロセスは複雑怪奇になり、人間の力で対応するのはきわめて難しい。そこで高度なアルゴリズムの世話になる必要がある。幸い、これも近年、大きく技術が進歩している。

最後の第三の条件については、自分が何を欲しいのか正確に知ることは簡単ではない。何らかの重要な条件を忘れていたり、誤って重要な条件を軽視したりしがちだ。人間にとって、多面的なニーズを体系化されたシンプルな形で明確に表現することは本当に難しい。それだけに第三の条件こそ、最近の技術進歩が物を言うのである。現在、状況に合わせて自動的に進化していく適応型システムは、人々の行動内容を吟味し、判断結果を追跡記録しながら、時間をかけて我々の好みを学習できるようになっている。

この3分野のいずれでも、高度に発達したデータ分析と最先端の機械学習（「人工知能」と言い換えてもいい）を背景に、大きな進歩が続いている。これを組み合わせれば、データリッチ市場の重要な構成要素がすべてそろうことになる。デジタル界のオピニオンリーダーや有力IT起業家はすでに注目している。新たなゴールドラッシュはもうすぐそこまでやってきていて、近いうちに最高潮に達するはずだ。言うまでもなく、このゴールドラッシュは、データリッチ市場に我先にと殺到するラッシュである。市場の参加者に十分な効率化の分け前をもたらし、市場運営業者にとっても膨大な取引量が期待できる。過去20年間に蓄積されたデジタル・イノベーションが、ついに経済を根幹から変え始めようとしているのだ。

すでにデータリッチ市場に照準を合わせ、準備を整えている企業もある。イーベイが20周年記念のイベントを開催し、その行く末に思いを馳せていたころ、就任したばかりのCEOは複数年にまたがる大胆な緊急改革計画を発表し、いくつもの重要な買収話をまとめていた。その狙いは、市場のあらゆるレベルで豊かな情報の流れを大幅に改善すること、最適なマッチングを図る環境づくりを推進すること、取引でのイーベイのユーザーの意思決定を支援することの3点にあった。

イーベイだけではない。小売の巨人Amazon（アマゾン）や前出のブラブラカーといったニッチ市場の有力企業、さらには各種人材市場に至るまで、市場は一様に再編を進め、データリッチの未来へと突き進んでいる。ユーザーにとっては、データリッチ市場のほうが必要なものを圧倒的に手に入れやすくなるため、どうしても従来型市場よりデータリッチ市場を優先して使うようになる。これが従来型市場からデータリッチ市場へのシフトに拍車をかけている。だが、データリッチ市場がもたらすインパクトはこれで終わりではなく、その影響力もはるかに大きい。

〈企業間〉の戦いから〈市場間〉の戦いへ

市場は単に取引を円滑化するだけの存在ではない。市場での売買では、互いに調整し合い、個々の能力を上回る結果をもたらす。市場を再編し、データリッチな場に作り変えることで、人間の協調関係をもっと広範に築くことができる。これがうまくいけば、市場主導の協調関係が、豊富なデータでさらに加速され、教育の拡充から、医療の改善、気候変動対策に至るまで、数々の一筋縄ではいかない課題に対処し、持続性のある解決策づくりに取り組めるようになるだろう。人間の活動を調整する能力が得られることは大きなメリットだ。

人間の活動の調整に使われてきた従来の方法にも影響が及ぶ。従来の方法の中でも、特に研究を重ねてきた実績と最高の知名度を誇るのが、「企業」というコンセプトである。

ゼネラルモーターズ対フォード、ボーイング対エアバス、CNN対フォックスニュース、ナイキ対アディダス、アップル対グーグル、百度（バイドゥ）対騰訊（テンセント）など、どんな戦いにせよ、企業について我々が普段から話題にしていることといえば、企業間の情け容赦のない競争だ。ライバルを徹底的に打ちのめし、優位なポジションを獲得するような戦いの話に我々の興味は尽きない。書店のビジネス書のコーナーに並んでいる本でも、ビジネススクールで教材に使われている膨大な事例でも、こうした壮大な戦いの記録と分析に特化したものばかりである。

だが最近は企業間の戦いよりも、市場間の戦いへと主役が変わりつつある。データのおかげで市場がこれまでよりも大きな力を発揮しているからだ。このシフトは、企業の終焉を意味するわけではないが、ここ何十年の歴史を見ても、市場によるこれほどの攻勢は初めてのことだ。

データリッチ市場の台頭に対処するのは簡単ではない。企業が前述したような技術革新を生かし、組織内の情報の流れを刷新して、同様の効率化を達成できるのなら、どうということもない。ところが悲しいかな、データリッチ化に道を開き、その力を引き出すような技術革新は、市場ではうまく使えても、企業ではなかなか上手に使いこなせないのだ（詳しい説明は後章に譲る）。企業内の情報の流れ方が足枷《あしかせ》になってしまうのである。本気で適応するには、企業を本質的に構築し直す必要があるのだ。

データリッチ市場の挑戦を企業が受けて立つとしたら、もっときっちりと市場を補完する役回りを引き受けるか、市場を見習って真似をするかのいずれかだ。

つまり、（特定の）経営判断に関して、意思決定を自動化し、情報の流れや取引マッチングの分権化など、市場型の特性を取り入れるべきだ。こうした戦略は中期的な優位性につながるとあって、実際に採用する企業が増えている。こういった戦略は、企業が（それなりの弱みはあっても）中期的に組織存続の足場固めをするには有益だが、長期的に見ると、人間の活動を取り仕切る役割としての企業の存在感が薄れていて、この状況に歯止めをかけるのは難しい。

経済の中で、企業が多少は落ち目になりつつも一定の役割を果たし続けることは確かだ。同様に貨幣も使われ続けるが、データリッチ市場では脇役に追いやられることになる。その結果、銀行など金融仲介業者は、ビジネスモデルのあり方を考え直す必要がある。しかも、新興勢力であるデータ主導のフィンテック企業がデータリッチ市場を取り込み、従来の金融業界に戦いを挑もうとしているだけに、もたもたしてはいられない。銀行業が貨幣の衰退に重大な影響を受けることは想像に難くない。だが、その影響は想像以上に深く広範囲に及ぶ。金融資本にはいろいろな役割があるが、少なくとも経済の中での情報伝達機能は無視できない比重を持つ。だが、データが貨幣のお株を奪えば、これまで資本が担ってきた強力な信頼と信用のしるしにならなくなる。すると、これまで資本は、金融資本主義なる概念の根底をなす支配力と同一視されてきたが、この考えが揺らぐことになる。データが豊富になれば、市場が強化される一方で、金融資本の重要性は低下する。一見不可分のように思われた市場と金融資本のもつれがほどけるのだ。ということは、割と近いうちに銀行・金融業界に再編の波が押し寄せ、その先には、貨幣の役割に大きくブレーキがかかる日がやってくる。言い換えれば、経済が金融資本主義からデータ資本主義へと軸足を移すのである。

〈データ共有命令〉――データ時代の独占禁止対策

このようにデータ主体の市場は、従来の貨幣中心の市場に比べて圧倒的な優位性があるだけに、その到来は確実と言える。だが、それなりの欠点がないわけではない。根本的な問題は、データと機械学習に依存している点と、データとアルゴリズムに多様性が欠ける点である。その結果、厄介な集中化やシステム障害には特に弱さを露呈する。この構造的な弱点（後章で詳述）のために、データリッチ市場は、あこぎな企業や急進的な政府の格好の標的になりやすく、挙句に経済を麻痺させるだけでなく、民主主義を揺るがす恐れもある。

この脆弱性の緩和策として、画期的な規制措置を提案したい。それが「累進型データ共有命令」である。フィードバック・データに包括的にアクセスできるようにしつつ、アクセス権には基準に基づいた差別的な段階を設けることで、意思決定支援の際の選択の幅と多様性を確保するのだ。データ時代の独占禁止対策であると同時に、社会に脅威をもたらしかねない大がかりな不穏な動きの防止策にもなる。

取引プロセスの大部分を自動化した市場が台頭する一方、人間の活動を効率的にまとめ上げる主要な組織構造として力を振るってきた企業は衰退に向かっている。こうなると、世界中の労働市場が絶滅に追いやられてしまう。この経済の大きな地殻変動は何百万人もの雇用を脅かし、数えきれないほどの国々で不安を煽っている。その結果、大衆迎合的な政治運動を勢いづかせているとあって、各国が対応を迫られることになる。本書でも取り上げるが、従来の我々の思いどおりに進めてきた施策の多くが効力を失うのである。

これまで仕事は職務と給付が不可分の関係にあるのが当たり前だった。だから雇用されれば所定の給付がセットになっていて当然だった。だが、金融資本主義からデータ資本主義へのシフトを受け、こうした常識の多くに疑問符がつくようになる。適切な人材を求める企業にとっても、大量失業を懸念する社会にとっても、この不可分の抱き合わせを壊すことは、ハードルが高くても実施せざるを得ない戦略である。そうでなければ、従業員は職だけでなく、働く意味や目的さえも見失ってしまう。労働市場の変化を引き起こすのはデータである。包括的で豊富なデータは、市場の復活を後押しし、企業や貨幣の衰退に拍車をかけ、労働市場を様変わりさせる。だが同時に、豊富なデータのおかげで労働市場が増強され、ますます労働者一人ひとりに合わせた満足度の高い仕事がこれまで以上に容易に、しかも高頻度に提供されるようになる——ただし、革新的な施策の支援が必要である。

市場という概念では、選択がきわめて重要な要素であるにもかかわらず、我々人間の認知力に制約があるために選択の足枷となっている。この問題については、貨幣中心の市場が誕生したころから専門家の間で指摘されていた。この点を巡り、意見の対立が何世紀にもわたって続いている。一方の陣営は、人間には弱点が多いので市場での意思決定をさせず、中央権力に委ねよとの主張だ。もう一方の陣営は、従来からある市場のあり方を守ってきた。そして、情報の流れと意思決定の分権化という概念の下、たとえ個人の選択が完璧でなくてもまったくないよりははるかにましと主張する。これだけ見解が異なると、往々にして過激になりやすく、はっきり白黒をつけようとしがちになる。

データリッチ市場の目指すもの

過去何十年にもわたって明確な結論を出せないまま一種の休戦状態となっている件がある。貨幣中心の市場は適切な規制があって初めて機能するという考え方だ（もっとも、「適切」についての具体的な合意はない）。判断ミスにつながりやすい認知上の制約は克服できなくても、最悪の事態を和らげる規則や手順は導入できるという妥協策である。貨幣中心市場に影響を及ぼしそうな現実が目の前にあって、もっと魅力的で有効な代替策がない以上、これはこれで現実的な対応だった。だが、それは敗北を認めた証拠でもある。市場の内部の仕組みが本当の意味で改良されることなど永遠の幻想としか思えなかったからだ。確かに市場は堕落したとはいえ、代替策はもっとひどいものだったから、我々は市場とともに生きると決めたのだ。

だが、豊富なデータが手に入るようになったことに加え、最近の技術革新も手伝って状況は一変した。貨幣中心市場からデータリッチ市場への移行が可能になり、情報入手や意思決定の際に悩みの種だった重大な制約の一部を回避できるようになったのだ。むろん、ビジョンとしてはかなり壮大なものである。何しろ、従来の市場が抱えていた弱点を緩和するどころか、いわば市場の回路を配線し直して、緩和が必要ないくらいに変えてしまおうというのだ。人間の認知能力に限界があることは致し方ないが、将来のデータリッチ市場では、そんな制約を受けることなく、各自の選択が可能になるのである。

もちろん、人間が持つあらゆる偏見や判断力の欠点を完全に克服することなど無理だろう（そんな弱みを突いてくる抜け目のない売り手から逃れることも難しい）。たとえ人間がデータリッチ市場で高度な機械学習システムを使うことに決めたとしても、その選択自体が人間による選択であることに変わりない。自分に選択の権限があるということは、人為ミスの恐れもある。そもそもデータリッチ市場が完璧になるわけではない。それでも実用上は、現在の姿に比べてはるかに充実したものになるはずだ。そして人間は依然として間違いを犯すだろうが、明らかにその頻度は下がる。データリッチ市場は市場と貨幣の役割を変え、競争力や雇用から金融資本主義そのものに至るまで、使い古された概念に疑問を突きつける。人間の活動に合わせて市場の役割が再調整されるため、人々の暮らしや仕事のあり方に多大な影響を与えると考えられる。

データリッチ市場によっては、最終的な意思決定権限という、人間の出番と思われていた役割さえも浸食し、もっと合理的な判断ができる中央の決定機関に決定権を譲り渡すよう迫ってくるかもしれない。

だが、筆者はこのような根本的な役割を人間の専権事項として守り続けることは、「バグではなく仕様」と確信している。意思決定の力を本気で高めたいのなら、効率、持続性、合理性をとことん追求し、単に人間らしさを守るだけにとどまらず、人間らしさを肯定的に捉えていく必要があることを忘れてはならない。データリッチ市場の究極のゴールは、全体として完全無欠をめざすことではなく、個人個人の充足にある。つまり、個性、多様性、そしていかにも人間らしい突然の無分別な行動さえも謳歌せよ、ということなのだ。

第2章

人間と調整｜COMMUNICATIVE COORDINATION

分権型の〈市場〉VS 集権型の〈企業〉

人類の進化を支えた「調整」という力

スペインのカタルーニャ地方には「人間の塔」(カステイ)なる伝統行事がある。要は一種の人間ピラミッドで、祭りなどで披露される。その最高記録は、「ピーニャ」と呼ばれる1層目の基礎部分からピラミッド先端までの高さが15メートルを超え、何百人も参加して作られた大作だった。この記録に挑もうと、カタルーニャ地方のさまざまなチームがチャレンジしたが、なかなか破られることはなかった。

2015年11月22日、スペインのテラッサという街にある人間の塔のチーム「ミニオンズ」が記録更新に挑戦した。大観衆が見守る中、鼓笛隊の演奏するスターウォーズのテーマ曲が鳴り響き、チームのメンバーが楼閣を着々と作り始めた。1段目の基礎部分が整うと、2段目に入る。この2段目だけで使用するメンバーは96人に及ぶ。こうやって強度を高めながら巨大な人間の塔は組み上がっていく。3段目は40人強で組む。ここまでは基礎部分なので大人数だが、その先はどの段も規定の人数で作り、塔は高さを増していく。その間、常に失敗とは背中合わせだ。

4段目を担う4人が足場を固める。その肩の上で5段目のメンバーが互いに手をつなぐ。鼓笛隊が伝統的なカタルーニャの音楽を奏でる。見切り発車で成功のお祝いをしているわけではない。残ったメンバーが曲のテンポに合わせて、すばやく、しかも演技を交えながらよじ登っていくのだ。季節外れの身を切るように冷たい風の中、次の4人が次々に位置につくのを観衆は固唾を飲んで見守る。[*1]締めくくりは子どもたちの出番だ。そびえ立つ人間の塔をよじ登っていく。最上段を担う子どもは「アンチャネータ」と呼ばれ、頂点に立ったときに観衆に手を振らなければならない。その後、アンチャネータから順に慎重に降りて、塔は解体される。このアンチャネータが頂点で手を振る瞬間は緊張が走る。それはそうだ。塔が崩壊する可能性もあるし、挑戦自体が失敗する。しかも、もっと恐ろしい事態になりかねない。現に9年前、9段もの高さから少女が転落して亡くなる事故が起こっている。[*2]

このような挑戦は、ぶっつけ本番でなんとかなるものではない。ミニオンズも8カ月前から練習に明け暮れてきた。週に二度は顔を合わせ、体力と度胸を鍛える。ぐらつく肩の上で上手にバランスを取る方法を身につけ、少しでも長く耐えられるようにさまざまな配置を研究してきた。また、「ファッシャ」と呼ばれる伝統的な飾り帯の巻き方も研究する。これは装飾だけでなく、メンバーがよじ登っていくときに、いわばはしごの段のように手や足をかける役割を果たす。何カ月にも及ぶチームの努力を見届けてきたカップ・デ・コリャ（チームリーダー）は、今回のチャレンジで「4×10」の構成でいこうと決意する。これは各段4人を10段の構成で組み上げるという意味だ（1段目のピーニャだけは核となる4人を取り巻くように多くの人数を配置する。締めくくりにひとりで登るアンチャネータは段に数えない）。塔の4面を支える力が均等になるように、副リーダーと相談しながらピーニャや低層の人員配置を決定していく。この人間の塔は、解体時に崩れると「成功」とはみなされない。つまり、低層のメンバーは、登り降りによって絶えず重量が変化する中、4分間近くしっかりと形を維持しなければならないのだ。こうした努力の末、ミニオンズが塔を完成させ、世界記録を樹立した。[*3] 辛抱強い調整作業の結果、ミニオンズはまさに青天井のような見事な成果を出したのである。[*4]

カタルーニャの人々にとってカステイは三百年以上の歴史を誇る伝統行事。民族舞踊の最後に小さな人間ピラミッドを作った風習が起源とされる。この風習が数百人ものメンバーでカステイを組み上げるまでに発展していった過程は、はっきりしない。単にゴールに到達しようという人間らしい衝動を超えて、その先へ、さらにその先へとまるで星に手が届くほどに発展してきたのだ。カステイに挑む人々に金銭的な報酬はない。そこに貨幣は絡まないのだ。その代わりに、命を賭けた誇りがあるのだ。

カステイ大会は2年ごとに開催される。単に高い塔を作れば勝ちというわけではない。一番大切なのは、構造の複雑さだ。*5 そこで発揮された調整能力の高さが反映されるからである。全11段でも各段ひとりの構成の塔は、全10段で各段3～4人の構成の塔と比べると、成果としてははるかに単純で、使う人数も大きく下回る。人数が増えるほど、見応えのある壮観な光景となる。ちなみに、基礎の部分から頂点に至るまでの調整に大きく依存するため、カタルーニャ語（カタロニア語）で「fer pinya」（ピーニャを作る）といえば、一般に「協力する」という意味の熟語になる。*6

カタルーニャ地方のカステイは、人間の調整力を示す見事な例である。塔づくりでは、膨大な時間と努力を費やして現在のチームの実力を見極め、さらにどのような可能性があるのか探るなど、周到な準備が必要になる。特に重要なのが的確なコミュニケーションだ。チームリーダーは、地上から指示を飛ばすが、それだけでは、塔構築中にメンバー全員に情報がうまく伝達されるとは限らない。塔をよじ登っていくメンバーは、すでに塔を支えているほかのメンバーに絶えず塔の状態を伝え、重量に耐えられそうか、バランスを失いそうかをメンバー間で共有しなければならない。情報は言葉だけでなくジェスチャーでも伝わっていく。肩の締め付けや足の震えひとつで、成功の見込みがあるのか、それとも失敗の危険が迫っているのかの重要なヒントになる。こうした情報にメンバーは機敏に反応しなければならない。誰かが大きく動きすぎた拍子に、ほかのメンバーが押されて配置が崩れでもすれば、塔の崩壊につながりかねないからだ。

仮に崩壊となっても、やはり調整力が物を言う。たとえメンバーが落下しても、ピーニャを構成するたくさんのメンバーの手をクッション代わりに安全に落下できる体制ができる。繊細なギブアンドテイクの精神がゴール達成には欠かせない。その精神は時代を超えてカステイのチームに脈々と伝えられているのだ。

人類による火の利用や車輪の発明、蒸気機関の開発はいずれも重要な一歩であったが、物事を調整する人間の能力に比べると、いささか色褪せて見える。

調整がなければ、その炎ではたくさんの人々が暖をとることはできないし、車輪があってもひとりしか運べない。蒸気機関があっても、活躍の場となる軌道も工場もない。人類史を貫く一本の重要な糸があるとすれば、それは調整の重要性だろう。なるほどカステイづくりも、国づくりも調整なくして成り立たない。人類の進化の中で変化の原動力を担ったのが綿密な調整だ。実際、我々の存在そのものが調整の賜物と言ってもいい。初期原人は、直立姿勢を身につけつつあったとはいえ、アフリカのサバンナを歩き回る大型捕食動物の格好の餌食だったことに変わりない。互いに力を合わせて警告代わりの叫び声をあげ、道具をこしらえ、自分たちに都合のいいように世の中を整えるようになって、初めて生活環境を改善できたのである。

調整のおかげで我々の祖先は力を合わせることができ、その結果、寿命が延びて世代を追うごとに繁栄していった。家族の絆を深めて団結することにより、生まれたばかりの子どもを扶養家族として数年間守り抜くことが可能になり、[*7]人類が卓越した認知の能力とスキルを育むだけの時間を獲得できたのである。

人類は、大規模な調整力を高めるにつれて、古い世代よりもはるかに大きな成果を達成できるようになっていった。ギザのピラミッドやマヤ文明のチチェン・イッツァ遺跡、複雑に広がるアンコールワット、サンピエトロ大聖堂、タージマハルなど、並外れた建造物の設計・建設も調整があってこそだ。こうした建造物の複雑で圧倒的なスケールを見るにつけ、労働はもちろん、崇拝や献身、愛を目的に人々をまとめ上げる驚くべき能力が浮かび上がる。ほかのエンジニアリングの偉業にしても、目的はやや無味乾燥とはいえ、やはり誰と誰が協調するのかがきっちり定められていた。万里の長城は、モンゴル族の大軍による中国の王朝への侵入を阻止するために築かれたもので、冶金や農業の分野での中国の技術進歩を何世紀にもわたって外部に漏らさないことに成功している。1869年に開通したスエズ運河は、欧州からアジアへの海路を3割も短縮し、グローバル化への道を開いた。[*8]

人間の調整能力が残した不朽の業績は、大規模な建造物にとどまらない。古代のアレクサンドリア図書館とその蔵書に当たる何十万巻ものパピルスの巻物も、古代世界の知の殿堂をめざしたもので、人間による調整の証しである。国外から商人が船でやってくると、積み荷の書物を強制的に取り上げて写本を作り、現物の代わりに写本を返却するなどして、[*9]蔵書を増やしていったという逸話も残っている。

18世紀に誕生した画期的な百科事典『百科全書』(L'Encyclopédie)は、当時の大きな権威(イエズス会)の支配から逃れることを目的に、フランス最高峰の知識人を何十人も集め、あらゆる分野から一般市民の啓蒙に必要と思われる知識を全7万1818項目にまとめたものだ。[*10] むろん、膨大な数の寄稿者を効果的、効率的に調整し、四千万を超える項目を三百近い言語で作り上げたウィキペディアも例外ではない。[*11] 世界中の知識の収集をめざした共同制作事業という長い系譜の最新事例にすぎない。

科学分野で頂点を極めた業績も同じだ。我々はその多くがあたかもたったひとりの頭脳によって生み出された成果と考えがちだが、実際には調整の賜物であることも少なくない。生物学者のカール・フォン・リンネ(ラテン名カロルス・リンナエウス)は、地球上の生物を分類する分類法を発明した「分類学の父」とされている。[*12] リンネが拠点を置いていた母国スウェーデンは生物の多様性に乏しかったにもかかわらず、世界各地から大量の標本を収集できたのは、パトロン、同僚、学生など膨大な人脈を駆使できたからにほかならない。このとてつもなく大きな目録づくりに多くの人々の協力が得られなければ、それぞれの種に固有の特徴があって自然界にそれぞれの〝指定席〟があるとの主張にはたどり着けなかったはずだ。そしてこの考え方が直接、進化論へとつながっていった。[*13]

月面着陸にしてもそうだ。[*14] 土埃にまみれた月面に記念すべき第一歩を残したニール・アームストロング船長だけでも、宇宙船アポロの打ち上げを管理したNASA(米国航空宇宙局)のミッションコントロールセンターだけでも成立しなかった。多種多様な研究所に籍を置く三十万人以上の数学者や物理学者、生物学者、化学者、エンジニア、整備士らも欠かせなかった。彼らは無重力空間の宇宙飛行士に栄養を補給する宇宙食のメニューづくりに始まり、月面着陸船とミッションコントロールセンターとホワイトハウスを結ぶ通信回線の確立、宇宙飛行士を青い地球に無事に帰還させるパラシュートの製造に至るまで、それぞれに与えられた小さいけれど重要な役割を担ったのである。同様に、大型ハドロン衝突型加速器の建設も、百カ国以上から集まった一万人を超える科学者が関わっている。[*15] 2012年には同施設でヒッグス粒子が検出され、素粒子物理学の標準モデル（理論）の確立に寄与した。ひとりの天才の活動だけで宇宙や我々の存在にまつわる謎を解明できるわけではなく、多くの人々の協力があってこそだ。

リンネの指導を受けた学生のひとりは、「物事の連鎖を持ち、その連鎖を構成する一つひとつの環に対して、潔い姿勢でまなざしを向けられる人[*16]」と振り返る。

人間による調整の種類は人間の数だけある。家族や親戚といった人間関係の中での相互扶助に始まり、軍の集権的な指揮統制、さらには自然発生的なコミュニティのメンバーが協力して成し遂げる百科事典編纂や科学実験に至るまで、多種多様な調整がある。

イェール大学のチャールズ・リンドブロム教授（経済学）は次のように指摘する。

「調整は専制君主的なものから民主的なものまで幅広い。[*17] 私が考える調整の行き届いた社会あるいは整然と組織化された社会は、主流を担うエリートを戴こうとする。例えばプラトン哲学を志向する王（哲人政治）や貴族政治である。一方、平等主義の体制を求める社会もあろう」

人間による調整は、コミュニケーション能力にかかっている。複雑な言語を獲得し発展させながら、微妙なニュアンスを伝えたり、ゴールに到達できるように仲間に助けを求めたりする。会話や通信、手紙のやり取り、契約などを通じて交渉を重ねながら協力関係を築いている。また、時間と空間を超えて情報を伝達する文字という道具を手に入れた結果、遠くの人々に言いたいことを表現し、未来に向けて書き残すこともできるようになった。

情報の流れに進歩が見られると、我々の調整能力は飛躍的に改善することが多い。アッシリアの楔形文字のおかげで我々の祖先は収穫高や売買取引を記録できるようになり、組織化が進んだ。例えば船は、遠くの土地から高価な商品を積んで帰ってくるだけでなく、軍や商人に役立つ情報を運ぶ役割も担った。電信や電話、それにインターネットも含め、新たな通信技術が発明されるたびに、効果的なコミュニケーションによって人間の調整は大きく改善されている。社会制度も、微妙なコミュニケーションによる人間の調整に一役買っている。例えば裁判は、個々の具体的な紛争をどのように解決したのかが、判決という形で人々にシグナルが送られ、将来の確執の発生を抑制している。このように、どのコミュニケーション手段も、それぞれ固有の方法で我々の調整力に影響を与えているのである。

ひとくちにコミュニケーション手段といっても、調整の種類によっては得意不得意がある。例えば、文字のメッセージは受け手に届くまでに時間がかかり、送り手も受け手も同一言語での読み書き能力が必要だが、非常に正確で詳細なコミュニケーションが可能だ。製造現場の監督は、大声で作業員に指示を飛ばせば、即座にほかの作業員にも一斉に情報が伝わるが、情報の戻りにやや難がある。これは携帯電話と同じで、電話があれば（電話網が整備されている前提で）相手を容易につかまえられるうえ、会話のほうが文字のコミュニケーションよりも臨機応変で迅速だが、集団相手となると調整は難しくなる。コミュニケーション手段の変化で、調整のあり方が大きく影響を受けてきたのである。

二つの調整力――分業型〈市場〉と集権型〈企業〉

調整と協力が成功したかどうかは、言うまでもなく成果を見ればいい。戦いに勝てたのか。建築の締めくくりの笠石を無事に置くことができたのか。天文学のあらゆる知識をすべて目録に収めることができたのか。海を二つに分けることができたのか。月面に降り立つことができたのか。成果ないしは効果とは、結果であって手段ではない。コストがどうであろうと、結果がすべてなのだ。

ピラミッドを作った古代エジプトのファラオ（王）は建設コストについてあまり気を揉むことはなかっただろうし、匈奴や月氏の攻略後に領土を拡張して初めて万里の長城を築いた秦の始皇帝も費用など気に留めなかっただろう。こうしたリーダーや、その後に続いた者たちにとっては、費用よりも野望の実現のほうが大切だった。同様に、ある地域では、たとえ大量の水を無駄にしてでも、自分たちの土地に育った作物を収穫しようと考えるだろう。軍隊は、たとえ大量の兵士が犠牲になっても戦に勝ちたいと考える。大型ハドロン衝突型加速器の建設に百億ドルかかっても大した問題ではないと科学者は言う。そこから得られる知識には計り知れないほどの価値があるからだ。この知識を基に、おびただしい数の発見に道が開かれるはずだ（とはいえ、政策当局にとってコストは頭の痛い問題なのだが）。

もちろん、我々の資源には限りがある。豊饒の土地は楽園にしかない。いつの世も資源は貴重だったし、資源を有効利用する手段も限られていた。このため、ほとんどの人にとって、一般的な状況ではコストを度外視してゴールをめざすことなど無理だった。何かを達成するには効率を意識し、無駄をなくす必要があった。英語のエコノミクス（経済学）という言葉の語源は、ギリシャ語の「オイコノミア」（「家の管理・規則」の意）で、自給自足と倹約で財産を管理した古代の慣習を指している。*18
21世紀初頭は75億人を超える人々の衣・食・住、教育、雇用を支える必要があるだけに、重要な資源はとてつもなく制約される。天然資源だけでなく、貨幣や時間も同じだ。コミュニケーションを向上させて、これまで以上に効率よく調整していかなければならない。

大きな規模で調整を円滑に進めていくうえで、きわめて重要な仕組みが二つある。この驚くべきソーシャル・イノベーションのおかげで、人々は共同作業を進めやすくなっただけでなく、効率化も実現している。その結果、世界の急激な人口増加と驚異的な長寿化に対応できているのだ。過去五百年間だけで、世界の人口は二十倍近くになり、寿命は3倍に延びている。これほどの人口を抱え込み、人々のニーズ、欲求、期待、夢に応えるには、とてつもない効果と効率を発揮する調整の仕組みが欠かせない。

この二つのイノベーションは、調整という取り組みに大きな進歩をもたらした。当然のことながら我々はこの二つをありとあらゆる状況、ほとんどの社会に取り入れてきた。どちらもあまりに馴染みすぎて、空気のような存在になっているが、これまでのさまざまな成果でなくてはならない役割を果たしている。それが「市場」と「企業」である。

どちらのコンセプトも、効率的な調整の支援という同じ目的を掲げて登場したのだが、その手法は大きく異なる。決定的な違いのひとつは、情報の流れ方と意思決定の過程だ。市場では、調整は分権化されている。[19] 市場に参加する個人個人が情報をやり取りし、自力で判断を下す。競争があり、正常に機能している市場では、どのような条件で何を売買するのかを独裁的に決定するようなリーダーはいないし、中央の当局が人々に対して何をいつ実行するのか指示することもない。市場は調整の機能が広く浸透しているため、柔軟性があって臨機応変だ。参加者を追加することも簡単である。また、自分の意思で参加も退場も可能だ。人口が増えるにつれて市場も拡大していく。人々の移動やコミュニケーションの距離が長距離になる中、市場は外部の人々や新たな参加者を次々に取り込んでいく。前出のチャールズ・リンドブロムが主張するように、市場を通じて家庭や村といったレベルだけでなく、大都市や社会といった規模でも調整が可能になる。[20] すべての人々の欲求やニーズに対処する（あるいは対処に向けて努力する）ために、一握りの人間をあてにする必要はない。要するに、市場は伸縮自在なのだ。

市場の調整は、取引の過程で実行される。買い手と売り手の双方の選択が一致し、取引条件に同意したと確認した瞬間に調整が行われるのだ。毎日、世界中の市場でおびただしい数の取引が実行されている。我々一人ひとりが毎週、こうした取引に関わっている。朝、テイクアウトのコーヒーを買ったり、ショッピングモールで新しい服を購入したり、デートでディナーを楽しんだりといった具合だ。全世界で見れば、ゆうに百兆ドルを超える取引が行われている。この数字は、1500年代以降、およそ二千倍に拡大している。[21] そしてこの取引の一つひとつは、つまるところ、売り手と買い手の二者によるコミュニケーションと言っていい。これは驚くべき快挙ではないだろうか。すべてが実に簡潔なソーシャル・イノベーションで達成されているのだ。

スコットランドが生んだ偉大な哲学者、アダム・スミスは、市場の仕組みを説明するために「見えざる手」という言葉を今から250年近く前に創り出している。簡潔に説明するための比喩だったのだが、これでは調整の条件を上手に変えてきた複雑で驚異的な成果が見えてこない。人間の調整力で互いのゴールをどこまですり合わせていけば落とし所が見つかるのか、その手腕に大きくかかっているのだ。

人間が共通のゴールをめざして協力するようなケースでは、全員が共通のゴールを持たなければならない。あくまでも一時的に、個人的な優先順位や好みを脇に置いてもらうためには、本人をなんとかその気にさせ、なだめすかし、説得し、背中を押す必要がある。この方法がうまくいけば、多くの人々が効果的に協力し合えるのだが、長期にわたって全員の意識をすり合わせていくことは難しい。だから協力関係は決まって暗礁に乗り上げる。説得がない場合、人間はときとして選択ではなく強制力による協力という手段に訴える。たとえそれでうまくいったとしても、道徳的に疑問符がつくし、多くの強権的な体制を見るまでもなく、そう長持ちするものでもない。

市場では、取引のために参加者が個々のゴールを共有する必要がないし、強制されることもない。むしろ、個人的にメリットのある取引だけを受け入れることにより、自分自身の関心を掘り下げることが許されている。いや、それどころか、奨励されているのだ。このプロセスが人間の協力という仕掛けの潤滑剤となり、全員のメリットにつながっているのである。市場の役割は、調整を実現する社会的な仕組みというだけではない。企業と肩を並べる重要な存在なのだ。企業は市場システムの一部と考えられることが多いかもしれないが、現実には市場と企業は、人間の活動を効率的に調整するという課題に対して、それぞれ対照的な方法を取っていて、相互に補完関係にある。つまり、市場と企業は、人間の調整という役割に関してライバル関係にあるのだ。

個人間の調整を支援する仕組みとして見ると、企業もまったく見劣りしない。ほとんどの国々で労働力の3分の2以上は、世界各地にある推定1億〜2億もの企業によって雇用されている。[*22] 多くの国々では、過去数十年の間に民間部門で働く人々の割合が増加傾向にある。特に、中国など成長著しい国々で民間企業による雇用が急拡大している。[*23] OECD（経済協力開発機構）諸国では、5人に4人近くが企業に勤務している。[*24] こうした企業は従業員数がわずか数人の零細企業から、米国小売大手のウォルマートのように二百万人以上が働く巨大企業まで多種多様である。

だが、企業は、市場と異なり、ムラなく集中化された意思伝達構造を骨格とする集中管理型の調整の典型である。企業に人が集まって労力や資源を出し合うが、その活動はひとつしかない公認の中央権力が取りまとめ、管理している。集団を構成するメンバーの顔ぶれは比較的安定していて、集団に参加している間は、企業の明確な内部関係者として扱われる。部外者は念入りな身元確認の対象となる。新人には徹底したオリエンテーションが実施される。それなりの経験を積むと、特定のゴールを念頭に置いた重要な意思決定権が与えられる。その企業の収益をオーナーや株主のために最大化することが典型的なゴールだが、必ずしもこれに限られるわけではない。リーダーは、自社の競争優位に関わる専門知識を持つ者が多いが、従業員のやる気を引き出し、顧客を買う気にさせることに長けていることからリーダーになる場合もある。

企業に属する各メンバーには明確な責任が与えられる。一般に、人々が企業に所属するのは、企業が掲げる戦略にそれぞれのスキルが合致するからだ。分業制のため、ほとんどの企業では意思決定は階層化、集中化されている。

この階層型の指揮命令系統による管理の信奉者として名を馳せたのが、ヘンリー・フォードである。T型フォードの試作品第一号が工場から出てきた1908年10月1日、自動車の市場も誕生した。フォードの成功は自動車そのもののデザインよりも、彼の製造プロセスの管理手法にあった。フォードは、工場で一台組み上げては次の一台へと作業員が移動していく従来の方式を捨て、作業員はその場にとどまって動かず、自動車を組立ラインに乗せて移動させていく方法を編み出した。こうした数々のイノベーションで自動車生産にかかる時間は半分以下に短縮された。また塗装の乾燥に時間がかかっていた問題では、フォードが自ら考案した配合の漆黒のラッカーを使い、わずか48時間のスピード乾燥を実現した。フォード自身、さまざまな配合や色を試したが、この特別配合の黒の乾燥時間が最短だったという。フォードの生産方式のおかげで、1909年に市場投入した際には825ドルという手頃な価格に抑えることに成功した。そして1920年代半ばにはT型フォードの価格は300ドルを切っていた。

フォードは製造の現場だけでなく労働者が家庭に帰ってからも、厳格なルールを定めていた。離職が目立ってきて生産効率に悪影響が出そうと見れば、賃上げに踏み切り、「日給5ドル支給」という当時としては破格の厚遇条件を打ち出した。[*25] ただし、その条件が適用されるのは、フォードの「社会問題部門」が提示する基準に適合する従業員だけに限られた。同部門は従業員の性格に関する詳細情報を収集し、各自の飲酒や浪費、自宅の整理整頓に至るまで目を光らせていた。

フォードは意思決定の権限を誰にも移譲する気がなかった。配当の引き上げを株主から迫られたときには、借金をして配当を支払った挙句に、投資家から株式を買い戻し、会社の支配権を一手に握ってしまったほどだ。[*26] 1920年に売り上げが落ち込むと、即座に工場を6週間近く閉鎖し、会社の電話回線の60%を解約するなど、とにかく無駄と映るものを片っ端から排除する念の入れようだった。「どの組織でも電話が必要な従業員はそれほど多くない」というのがフォードの持論だった。そもそも、重要情報は必ず上方向に流れていき、[*27] 最終的に本社のフォードのもとに集まってくるのだから、横方向に流れることはなかった。翌年、売り上げは倍増する一方、価格は引き下げられた。再び経営は軌道に乗った。

自動車業界に限らず、多くの企業が分業と集権的な意思決定を組み合わせたフォード式経営に追随した。こうした企業は、徹底した管理の下、基本的に垂直統合型組織として製品を製造している。資本主義に対する批判の中には、企業が事業規模の拡大や合併を重ねて独占や寡占の状態を固め、[*28] 経済を牛耳って市場を葬り去ろうとしているという指摘がある。実際、1890年代末には鉄道や鉄鋼、20世紀後半には巨大コングロマリット（「ナショナル・チャンピオン」と呼ばれることもある）の台頭、21世紀にはアマゾンやGoogle（グーグル）、Facebook（フェイスブック）、百度（バイドゥ）など巨大IT企業に至るまで、多くの分野で高度な産業集中が進んだものの、企業が市場に取って代わるまでには至っていない。[*29] 依然として企業と市場は、効率が重視されるときに主権争いを繰り広げている。製造業のようにかつて企業に支配された一部の業界で、市場による再編が進んでいる例もある。

例えば、1990年代に、中国の多くの国有企業が日本のオートバイの〝ビッグフォー〟（ホンダ、カワサキ、スズキ、ヤマハ）と手を組み、成長途上にあった中国国内市場向けにオートバイ製造に乗り出した。中国企業側は、日本側の開発元から設計のライセンスを受け、フォードのように厳格な仕様に沿って部品を製造した。価格は日本製の同等モデルよりもはるかに安価な700ドル前後に設定したが、それでも中国のほとんどの国民にとってはとても予算内に収まる金額ではなかった。

研究者のジョン・シーリー・ブラウンとジョン・ヘーゲルによれば、中国政府が小規模起業家に産業を開放したところ、四川省重慶市にいくつかの企業が集まってきて、ライセンス方式から脱却してもっと安価な方式を確立し、大衆の手が届くオートバイを製造するようになった。自社の製造現場のコスト削減をめざすのではなく、他社製部品を購入して組み立てる道を模索したのである。[*30] かくして市場への進出を果たした。

まず、こうした組立メーカーは、最も人気のあるオートバイの設計を四つの基本モジュール（各モジュールは数百点の部品で構成）に切り分けた。[*31] 続いて、このモジュールの概略図を、見込みのありそうな部品メーカー各社に送った。この時点では、詳細の大部分は伏せられていた。与えられた重量やサイズの基本仕様を見て、自社部品なら適合し、モジュール内のほかの部品ともうまく連係可能と確認できた部品メーカーが、発注先の候補となるのだ。それだけでなく、部品メーカーサイドが設計に何らかの改良を加えてもいい。特に部品メーカー自身はもとより、組立メーカー、さらには消費者にとってもコスト削減につながるから、設計改良は歓迎された。組立メーカーは一切指図しない。最も企業らしくないのは、製造工程にたくさんの意思決定者が存在した点だ。そしてその誰もが上下関係なく同じ立場にあったのである。

また、組立メーカー側の多くは、特定部品メーカーと独占契約を結ばないと明言していた。そんな契約を結べば制約だらけになってしまう。だから組立メーカーは自由を選んだのだ。同一あるいは同等の部品やモジュールの調達先を複数確保しておき、出荷状況や需要に応じて調達先を切り替え、消費者受けのいい機能について新たな情報が上がってきたら即座に対応する自由である。重慶では膨大な数の互換部品が量産されているから、家族経営の零細ショップでもオートバイの組立事業を立ち上げることができ、市場の参加者は劇的に拡大する。[*32]

このモジュールを使った市場型の生産方式でオートバイの価格は200ドル以下に一気に下がり、2005年には世界のオートバイ生産の半分を中国メーカーが担うようになった。中国勢は、オートバイの基本設計のあり方を破壊したばかりか、オートバイ生産の基本的な組織構造までも破壊してしまったのである。こうした中国メーカーは、企業の特徴である集中管理と垂直統合に背を向け、手頃な価格のオートバイを効率的に生産できる市場の参加者に徹することで成功を手にしたのだ。

分権・拡散型か、はたまた集権・階層型か——。

効率的に調整したいときに、まさにこの選択を迫られる。つまりは市場を取るか、企業を取るかだ。それぞれに独特の特質を備え、明らかに違いがある。場合によっては相互に補完し合う関係ではあるが、市場と企業はソーシャル・イノベーションとしても、人間の調整を支援する強力な仕組みとしても、激しく火花を散らし合う戦略としても、それぞれ別個の存在であることに疑問の余地はない。

市場と企業の最大の違いは、情報の流れ方、それが意思決定につながる過程、そして意思決定権者にある。これはそれぞれの構造にも反映されている。

市場は、誰もが情報を発信し、誰もが受け手になる。意思決定は参加者全員による分権型だ。一方、階層型の企業では、情報が中心へと流れ、その中心でリーダーが重要な意思決定を下す。もちろん、自動車メーカーのすべてがすべてフォードモーターのような経営ではないだろうし、市場のすべてがすべて重慶のオートバイ部品市場と寸分違わず同じというわけではない。多様な背景に応じて、企業も市場も十分機能を果たせるように多様な形が生まれている。

もっと重要なのは、そのときどきで市場が競争優位に立ったり、企業が競争優位に立ったりするということだ。19世紀初頭以来、企業特有の構造に優位をもたらす新しい手法やツールを背景に、企業が存在感を大きく高めてきた。

ここで言う優位性は、一時的なもので、すでに終焉に近づいている。データ時代には過去に類を見ない逆の力が生まれ、市場を大きく進化させることになる。このままいけば、市場と企業の長年の戦いに新たな章が開かれるだけでなく、市場の活動を調整するきわめて効率的な方法が社会にもたらされる。こうなった経緯を見る前に、まず従来型の市場での情報の流れと意思決定過程を押さえておこう。

第3章

市場と貨幣 | MARKETS AND MONEY

貨幣はどのように情報を運んできたか

情報伝達手段としての〈貨幣〉

インド南部マラバール海岸にあるケーララ地方の町や村では、漁のシーズンともなると、早朝からたくさんの船が海に出て行く。この辺りで獲れるのは、現地で常食となっているイワシやサバだ。陸揚げしたら一刻も早く売らなければならないから、海沿いの村々にはおびただしい数の市が立つ。

何百年もの間、ケーララの漁師は、魚の販売に関して常に二つの選択を迫られてきた。自分が大漁だったとしても、同じ海域で操業するほかの船も同じように大漁だったのかどうか知る由もない。単に大漁の可能性があったと想像するだけだ。この場合、漁師は賭けに出る。まず漁場から一番近い港の市場に売りに行く選択肢がある。時間と燃料は最小で済むが、市場に着いて、ライバルの漁師が大量にいれば、せっかく大漁でも上がりはあまり期待できない。この漁師が港に着いたころにはすでにほかの漁師が売りまくっていて、すでに客がほとんどいなくなっている恐れもある。そうなると、完全に骨折り損だ。

逆に、なるべく遠くの港へと舵を切る賭けに出れば、時間と燃料は余計にかかる。ほかの漁師も同じことを考えていれば、せっかく遠くの市場まで来ても、最寄りの市場より高値で売れる保証はない。今日の市場を決めたら、基本的にはそこで売るしかない。客の多い市場を探して海を行ったり来たりしていたら、魚はすぐダメになるからだ。だから、船を着けたところの市場で売れ残ったら、通常は魚を捨てるしかない。

だが、実は10キロ程度しか離れていない町の市場では、入荷している魚が少なく、客は多少高くても買ってくれる状況になっていることも少なくない。単にこの漁師が事情を知らないだけである。港にいる客も、今日はどのくらいの陸揚げがあるのか知らない。だから、客は市場に並んでいるものが選択肢のすべてと信じるほかない。その結果、市場ごとに価格は大きく変動する。市場全体がとてつもなく非効率な状態になっている証しだ。

ところが1997年に海岸沿いに携帯電話の基地局が設置され、沖合のイワシやサバの漁場辺りでも電波を受信できるようになった。ペンシルベニア大学ウォートン校のロバート・ジェンセン教授が指摘しているように、基地局設置からほどなくして、漁師はまだ海に出ている間に買い手との取引を進めるようになった。さまざまな市場での魚の需給状況について情報が広く行き渡るようになり、市況の乱高下は一気になくなった。*1 情報の流れがよくなったおかげで、市場は大幅に効率化されたのである。

携帯電話を手に入れたケーララの漁師の話は、デジタル技術による能力拡大の事例とか、市場の成功に情報がいかに重要かを物語る説得力ある事例として語り継がれている。

しかし、こうした見方では重要なポイントを見落としかねない。すべてのデジタル技術が市場の参加者に力をもたらすわけではないし、情報量が増えたからといって必ずしも市場が改善されるわけでもない。デジタル技術によって新たな情報の流れが生まれ、これが市場の充実につながるためには、その技術の特性が市場の情報構造にうまく合致していなければならないのだ。ケーララの漁師の場合、携帯電話がそうした能力拡大のコミュニケーション手段だった。見込み客と一対一で会話できるようになったからだ。これが取引の質と量を高め、市場の仕組みを大幅に改善したのである。

一方、漁師に携帯電話ではなく、巨大な拡声器を与えていたら、どうなっていただろうか。海上から複数の市場に向けてその日の漁獲高を発表できるようにしたところで、情報は一方通行だから大して役に立たなかったはずだ。買い手も含めて全員に拡声器を持たせたとしても、漁師が特定の見込み客と一対一でコミュニケーションを取ることは不可能に近い。だが、携帯電話なら、従来型市場で肝心要《かなめ》となる商品と価格に関する情報を迅速にやり取りできる。効率的にタイミングよくコミュニケーションを図ることができるのだ。携帯電話の特性と、市場で求められる情報のやり取り（遠く離れた場所で、簡単、迅速に双方向のやり取りできる）が見事に合致したことが成功の秘訣だったのである。

本章では、市場の構造が情報や情報の流れ方とどのような関わりがあるのか、情報が取引の決定にどのようにつながっていくのか、そして従来型市場を成功に導くうえで貨幣が持つ情報としての役割がどこまで力を持っていたのかを検証していく。

市場の基本原則は、意思決定が分権型であり、情報の流れも分権型だ。人々は、手に入る情報を自ら評価し、これを基に自分の利益になるように意思決定を下す。誰もが情報の送り手にもなり、受け手にもなる。

もちろん、市場にはすべてを知る者など存在しないが、そもそも市場はすべてを知ることなど求めていないのである。参加者が新たな情報に接すると、優先順位や好みが影響を受け、どの取引を進め、どの取引を見送るかといった選択に反映される。例えば、農産物市場で、ある店がいつも傷んだリンゴを売っているとわかれば、買い手は次回からフルーツを買うときは別の店をひいきにするようになる。すると、その問題のある店の前にはあまり客の姿が見られなくなり、この光景がほかの客の目に入ると、ほかの客もリンゴは別の店で買おうと判断するようになる。各店のリンゴの質を調べるうえで、必ずしも客はわざわざすべての店のリンゴを試しに買ってみなくてもいい。例えば店の前の行列の長さを代用の尺度として使うことができる。完璧ではないが、ざっと推定するには手っ取り早く使える尺度だ。

情報は、市場全体だけでなく、個々の参加者にとっても効率化につながる。市場で候補となる店一軒一軒を自力で試さなくても済むわけだ。

膨大な情報を背景とした意思決定の分権化には、ほかにも重要なメリットがある。どこかで判断ミスがあっても、それが薄められる効果があるのだ。中央の権力が全員を代表して意思決定している場合、正しい判断を下せるかどうかは中央の権力に大きく依存することになる。だが、市場では、ひとりがまずい判断を下しても、その影響はどちらかといえば限定的な範囲にとどまる。誰かが間違った選択をしても、市場全体が崩壊するようなことはない。一カ所の失敗が全体に波及するようなアキレス腱がないのだ。このため市場は何かあっても非常に立ち直りが早い。市場が大きく、参加者が多様であればあるほど、立ち直りは早くなる。自分が判断ミスを犯したと気づけば、今後の判断でこの失敗を考慮するようになり、これが市場に対する何らかのシグナルになるのだ。こうしたシグナルは誰にとっても参考になるので、個人だけでなく、市場全体が学習できるのである。その学習は、きっちり管理された形でもないし、一貫性があるわけでもないし、はっきりと先が読める形でもないが、それでも学びになるのだ。

場合によっては、かなり多くの人々が同じ失敗を犯すこともあり、当然、市場はその影響を受ける。間違った情報のドミノ現象が起こると、バブルや急激な大暴落につながりやすい。だが、きちんと機能している市場では、こうしたシステム全体を揺るがすような失敗は、取引量全体から見れば希である。

経済学者でノーベル経済学賞の受賞者でもあるフリードリヒ・アウグスト・フォン・ハイエクは、次のような言葉を残している。

「市場は本質的に秩序化の仕組みであり、誰からも完全に理解されないまま成長していく。[*2] それゆえ我々が普通なら気づきもしないような状況の重大さについて、あちこちに散らばっている情報を利用できるのである」

市場の効率と情報の流れの間には重要なつながりがある。だからこそ、ケーララの漁師の経験は、説得力ある事例になっているのだ。市場を生かすも殺すも情報次第である。情報を市場全体に流通させるだけでなく、その流通コストも低く抑えなければならない。必要な情報を求めて手間と費用をかけるたびに、人間の調整メカニズムとしての市場は高くつくことになる。ケーララの漁師にとって、携帯電話の通話料が一日の漁獲の稼ぎよりも高額だとか、技術的な問題のために相手に電話がつながるまでに何十回もかけ直さなければならないとしたら、何も変わっていないに等しい。コストが増えるほど、市場参加者は情報を求めない理由が増え、結果的に判断ミスの数が増えていく。

むろん、各参加者が常に必要な情報をもれなく入手できるのは、あくまでも理想の市場だけである。

現実はもっと厳しい。例えば一部の参加者が、交渉を有利に進めて無理やり有利な取引に持ち込もうと考え、自分の好みや要望を明らかにしない可能性も考えられる。個人レベルでは理にかなった戦略と言えなくもないが、これが蔓延すれば、共有情報を処理することが難しくなり、全員が不利益を被る。さらに、ほかの市場参加者には透明性がないとの前提で取引に臨まざるを得なければ、この点を意思決定に織り込まなくてはならない。

ジョージ・アカロフは、情報の非対称性（売り手と買い手の間の情報量の偏り）の典型例として、中古車市場を挙げている。*3 クルマを分解でもしない限り、部品一つひとつの状態をチェックすることは難しいため、購入を検討中のクルマが当たりかハズレかは、取引の段階では確信を持てない。市場に出回っている中古車はどれもハズレの可能性があるため、いくら「良品」だと言われても、それだけで余計な金額を支払う気にはならない。一方、売り手は、本当にコンディション良好なクルマを持っていたとしても、市場における情報の非効率性に対処せざるを得ず、往々にしてクルマの販売を諦めるか、売るにしても自分が思う価値よりも安い価格で売ることになる。その結果、市場には当たりのクルマがあまり出回らなくなり、買い手の選択肢が狭まってしまう。*4 なお、米国では、買ってから欠陥が現れる質の悪いクルマを俗語で「レモン」と呼ぶ（良質なクルマは「ピーチ」と呼ぶ）が、結果的にレモンばかりが出回る中古車市場の状況を「レモン問題」という。このレモン問題は、市場での情報欠如がいかに意思決定を鈍らせ、個々の参加者のみならず、市場全体の妨げとなることがわかる。

効率的な市場に必要な情報量については、依然としてエコノミストの間でも意見が分かれる。これまで見てきたように、情報が少なすぎれば、判断ミスにつながる。だが、その逆もまた問題になりかねない。誰もがほかの参加者全員について何でも知っているような市場では、せっかく新しいアイデアを思いついても、十分に利益をあげないうちに、二匹目のドジョウが出てきてタダ乗りされてしまうからだ[*5]（知的財産権保護の必要性が認められているのも、このためである）。また、全員に何でも伝わってしまうとなると、とんでもない情報量になって情報処理の労力もコストもかかりすぎる。

今もエコノミストの間では、市場の情報は多いほうがいいという意見が大勢を占めている。多くの市場で情報開示を義務づけているのはこのためだ。

例えば米国では、中古車の販売に当たって、そのクルマが過去に大きな事故を起こしている場合には必ず買い手に通知する義務がある。上場企業は、四半期ごとに財務報告を証券市場規制当局に提出し、一般公開しなければならない。銀行や投資ファンドには厳格な報告義務が課せられている（もっとも、サブプライム住宅ローン危機の際に明らかになったように、業者が関連情報を徹底的に隠蔽すれば、投資家には気づきようがないのだが）。米国では州によって多少の差はあるが多くの州では、消費者との直接の取引に当たって特殊な契約条件を伴う場合、取引成立に先立って完全に公開することが売り手に義務づけられている。また、製薬、医療、教育、航空旅客輸送など特定分野に携わる企業は、規制当局にさらに多くの情報を提出し、一般公開しなければならない。

たとえ個人が意図的に情報を伏せたわけではなくても、情報の自由な流れに差し支える恐れがある。蚤の市で二束三文の価格で絵画を売っていたものの、後に大変価値のある本物とわかった場合、商品の真の価値に関する情報が失われていたのであって、本来ならありえない取引が成立してしまうわけだ[*6]。その場合、一方の当事者は経済的損失を被ることになる。特に人命に関わるような情報を含め、重要な情報がごく限られた人だけに届き、本当に必要としている人々に迅速に行き渡らないとすれば、もっと悲惨な結果を招きかねない。

ヴィッキー・メイソンという若い英国人女性の一件を紹介しよう。1961年秋、ヴィッキーは初めての妊娠中だった。つわりを和らげようと、当時評判のよかったドイツの製薬会社グリューネンタールから発売されたばかりの鎮静剤を服用した。[*7] 医師から勧められたもので、リスクがないと考えて選んだものだ。英国政府も飲料メーカー、ディスティラーズの子会社にこの鎮静剤の市販薬の製造販売許可を与えていた。実はこの薬こそ、あのサリドマイドだった。ヴィッキーがこの新しい薬の服用を始めたころ、手足に障がいのある赤ちゃんの数が増えていることに懸念を抱いたドイツの医師がこの薬との関係について本格的な調査を開始していた。11月半ばにはこの医師がグリューネンタールに調査結果を伝え、[*8] 年末には西ドイツでも英国でもサリドマイドは販売停止となった。1962年6月、ヴィッキーは出産を迎え、誕生した赤ちゃんは女の子でルイーズと命名された。このルイーズが英国では、乳児期を無事に乗り切った最後の「サリドマイド児」となった。[*9] グリューネンタールの薬を使おうと決めたヴィッキーにしてみれば、まさか大変なミスを犯しているとは知る由もなかった。副作用に関するデータがヴィッキーや担当医に届いたときは、すでに手遅れだった。

重要情報なら、最終的には市場全体に行き渡るはずだが、今、判断を迫られている者にとっては、重要情報が遅滞なく届かなければ、重大な事態を招きかねないのである。

しかし、問題は情報の欠如だけではない。長年、エコノミストの間では取引は合理的な計算の当然の結果と見られてきた。つまりリンゴよりバナナが好きな人は、どちらも同じ価格で売られていたらバナナを買うというわけだ。意思決定は、必要なものと供給されうるものについて、個人の好みと制約から論理的に導き出される結果と見られたのである。

だが、蓋を開けてみれば、市場参加者は想像をはるかに超えるほどまずい判断を下していたのだ。ときには販売戦略に踊らされることもある。スーパーで大きいショッピングカートを使うと、なぜか買いすぎてしまう。素敵な店員さんから試食のチーズをもらって気をよくしていると、いつのまにか必要以上のチーズを買い物カゴに入れている。多くの人々は誘惑に弱く、レジ待ちの退屈な時間についついキャンディーやらガムやら雑誌を手に取っている。取引の判断は、人間の不合理な行動ゆえに鈍っているのである。

こういった巧妙な販促活動につかまらなかったとしても、市場に流通している商品の中から我々の好みにマッチするものを見つけ出す複雑な作業には辟易《へきえき》する。リンゴよりバナナが好きだとしても、従来品よりオーガニックを選びたいし、熟していない青いものより完熟品のほうがいい。まだ青い従来型栽培のバナナと、完熟のオーガニック栽培のリンゴではどちらを選ぶだろうか。

それぞれの選択肢の長所と短所を比較検討していく作業は決して簡単ではない。おまけに、それぞれの尺度は重要度が違うからそこも考慮して評価しなければならない。面倒極まりない判断を迫られる。自分の好みと選択肢についてもっと知識があれば役に立つことは確かだが、ありとあらゆる尺度（フルーツの種類だけでなく、熟し具合、栽培方法や産地はもちろん、糖度やら栄養価やら賞味期限など）からこうした情報を評価、考慮、比較検討するとしたら、思考力が追いつかなくなり、とても合理的とは思えない判断をしてしまう可能性がある。もっとも、スーパーでのフルーツ選びくらいなら、そこまで真剣になる必要もないだろうが、もっと重大な選択を迫られた場合、決して軽視できない。年に一度の休暇を楽しむためのホテル選びだとか、次に購入するクルマや住宅、子どもの学校選び、治療方法の選択などでは、多種多様な好みの尺度を的確に処理できるかどうかが物を言う。

ときには売り手が意図的に製品・サービスの比較検討を困難にしていることもある。具体的には、買い手に提示する尺度の情報を増やしたり、各尺度に関する情報を標準的ではない形式で提供したりするのだ。

例えば保険商品を考えてみると、条件が多すぎてすんなり決めることは難しい。映像などの視覚パターンを認識する場合を除けば、人間の脳は膨大な情報量を処理することが苦手なのだ。心理学者による実験では、人間が同時に処理できる情報は約6種類が限界だとわかった。[*10] 三つの製品を対象に、それぞれ3種類の尺度で比較検討するのもおぼつかないという。これは一筋縄ではいかない難題だ。各選択肢を評価して賢く取引するためにもっと情報が欲しいと考える一方、情報の多さにうんざりし、まともに処理しきれず、選択を誤るリスクを抱えているのだから始末に悪い。こういう状況では、不本意ながらお手上げになりがちだ。情報が少なすぎて最適な選択肢に気づかないか、情報が多すぎて圧倒されてしまい、選択を誤るかのどちらかなのだ。

情報にコストがかかりすぎるうえに、我々の情報処理能力にも限界があるため、間違いが起こりやすいのである。もし与えられた情報を的確に処理できるなら、スーパーのレジ前でキャンディーに手を出す誘惑に勝てるはずだ。

だが、いくつもの商品があって、しかも複数の尺度があると、我々の頭脳の限界をそうやすやすと克服できない。この結果、市場という場を最大限に使いこなせないのである。

必要な情報を安価で高速にやり取りする手段が手に入ったとしても、依然として認知能力の制約からは逃れられない。かといって、認知能力を補完する手段があったとしても、必要な情報が我々に届かなかったり、伝達速度が遅すぎたり、伝達コストがかかりすぎたりしたら、これもやはりうまくいかない。何とも厄介な問題に見えるかもしれないが、こうした問題を和らげる方策はある。しかも何千年も使ってきた方策だ。「貨幣」である。

価値の比較手段としての〈価格〉

ハーバード大学教授（歴史学）のニーアル・ファーガソンは、高い評価を集めた著書『*The Ascent of Money*』（邦訳『マネーの進化史』）の中で、「貨幣はほとんどの進歩の根源である」と指摘する。[*11] 貨幣の重要性はその効用と直結している。言うまでもなく貨幣の役割は価値の蓄積・保存だ。取引に金貨や銀貨が使われたのも、うなずける。貴金属は希少性があるから、それを原料に作られた硬貨も価値があるのだ。だが、貨幣には別の役割もある。貨幣があれば、自分の好みに関する情報を圧縮して価格として表すことができ、この単純な情報なら人間がはるかに簡単に伝達・処理できるのだ。

我々は貨幣と価格を使って市場を機能させている。貨幣は、製品やサービスの価値を表現するための標準化された尺度になる。そのおかげで、まったく異なる品物同士を比較評価できるわけだ。つまり、リンゴとオレンジ、あるいはコーヒーカップとティーカップという本来異質な物同士を比べることが可能になったのである。貨幣が存在せず、市場で物々交換していた時代は、それぞれの品物をどのくらい用意すれば釣り合いが取れるのか合意する必要があった。誰もが納得する共通分母がないから、こうした作業はとんでもなく面倒だった。そこが不確定要素となり、それぞれの取引を比較することも困難だった。ナイフと毛皮の上着を物々交換した人がいることを知っていても、トナカイの肉の塊を船いっぱいの魚油と交換したい人にとってはあまり役に立たない。物々交換の世界では、完全に同一の組み合わせの品物の交換でもない限り、過去の取引から有益な情報は得られない。だが、みんなに受け入れられた尺度としての貨幣があれば、取引の交渉もやりやすくなるばかりか、取引で発生した情報を共有することも可能だ。貨幣と価格のおかげで、市場参加者全員が理解可能な標準言語で取引情報を表現できるようになったのである。

品物や取引相手が変わっても、各取引が生み出す情報としての価値は、わかりやすい共通言語の形を取り続けるから、市場への周知や啓蒙に力を発揮する。

これには別のメリットもある。フリードリヒ・ハイエクは、市場で価格が果たす重要な役割について生涯を通じて賞賛し続けた。ハイエクがこれほどまでに価格を評価したのはなぜか。取引の当事者間で交渉する際、双方とも自らの優先順位や好みなど手元にある情報をすべて考慮する必要があるが、これをすべてたったひとつの数字に凝縮できたからだ。

例えば、腕のいい刃物の研ぎ師が長時間かけて作り上げたナイフを売りたいとしよう。研ぎ師はその苦労を念頭に、いくら欲しいのかを考えて値をつける。その一方、市場に出回っているナイフの数や、一般的な売値も考慮することになる。競合製品の品質を調べ、自分の手がけるナイフの品質との比較作業も欠かせない。こうしたさまざまな要素を考慮して初めて価格を提示するはずだ。買い手も、市場の情報の収集・分析を通じて、同じような手順を踏むだろう。そして買い手と売り手が価格について折り合えば取引成立となるし、そうでなければ、値切り交渉を重ねてさらに情報を入手するか、手元の情報の重要度を変更し、それに応じて提示価格を調整する。双方が取引に同意すれば、このナイフの価値について市場にシグナルが送られることになる。取引が成立しなくても、買い手と売り手によるナイフの値踏みが違ったというシグナルが送られる。この場合、時間をかけて多種多様なニーズや欲求が伝えられるのではなく、価格が伝えられているのである。価格というたった1種類の情報に、我々の好みや優先度が盛り込まれているわけだ。

市場の効率の良さは、情報の伝達役である価格のシンプルさのおかげでもある。ハイエクは「必要なデータに関する知識が何百万もの主体に分散しているようなシステムでは、価格が各個人の個別行動の調整役となりうる」と指摘している。[*12] 市場に流れるべき情報の量が、価格を使うことで大幅に減少する。情報が価格というたったひとつの数値に凝縮されるからで、それなら従来のコミュニケーション手段を介してやり取りしても十分なのだ。

貨幣があれば、市場参加者は市場でのモノの価値がわかることはいうまでもない。貨幣を使ってモノの価値を表示すれば、その価値を過去に遡って調べることもできる。時を隔てても価値を記録し比較できるからだ。つまり、過去と未来を情報でつなぐことが可能であり、外部の客観性の高い基準に沿って市場参加者間の相互信頼を醸成することも可能である。貨幣価値を記録し、信用を維持できるということは、お気に入りのパブで一杯ごとに払わなくてもあとでまとめて払えるし、販売店なら仕入先に与信枠を維持してもらえるのだ。

もっとも、市場での取引促進のために貨幣が発明されたわけではないのだろう（貨幣の研究者は、経済的な文脈以外でも貨幣がさまざまな役割を果たしていると指摘している）[*13]。だが、貨幣によって市場の機能が効率化されていることは確かだ。当初、市場で使われる通貨は、貨幣というよりも、誰もが知っていて、それ自体に固有の価値がある代替物が多く採用されていた。例えば、ほとんどの地域で一時期は宝貝（子安貝）の貝殻が使われていた。アジアやアフリカ、欧州の一部では、塩が決済手段として広く用いられていた（ちなみに「給与」を意味するsalaryの語源は、塩のsaltである）。おそらく食品保存用として、ほぼどこへいっても需要があったからだろう。古代ローマの征服軍は税金として穀物を徴収した。南米ではカカオ豆が一般的な通貨として利用された。歴史に残るちょっと硬めの〝チョコレート通貨〟だ。北米では、動物の毛皮がよく使われた。一ドルを英語の俗語で「buck（バックスキン）」というのは、これが由来だ。こんな昔から一般的な言葉でモノの価値をすでに表現して、市場に重要情報を流通させていたのである。

だが、貨幣は本来、それ自体が値打ちを持たなくてもいいのだ。ほかの機能が不要とは言わないが、基本的には市場で取引を進めるうえでの言語として役立ってくれるほうがはるかに都合がいい。大麦などの必需品を製品やサービスと交換していた時代、通貨として使われているモノを取引に使わずに、大麦なら大麦として、それ本来の目的のために手元に残しておいてもよかった。それ自体が大麦という固有の価値を持っていたからだ。金や銀は直接的には使い道がなかったかもしれないが、こうした貴金属は希少性があって輝きもあった。だからダイアモンドのように、財産として人気を集めることになった。卑金属を材料にした硬貨・紙幣へと移行するのに伴って、それ自体に価値のあるモノを使って価値を表す方式から脱却した。ただし、当初、通貨発行国は、金や銀と固定レートでの交換を保証することにより、貨幣の価値を維持する必要があると考えていた。20世紀初頭にこの慣行が終焉を迎え、貨幣は純粋に情報伝達の道具になった。今日、貨幣は物理的なものから仮想的なものへと軸足を移しつつある。銀行口座で取引の証拠になる数字の羅列しかり、ビットコインの台帳に入力されるビットしかりだ。つまり、貨幣の情報機能がますます前面に押し出されつつあるのだ。

日常生活では、貨幣や価格が持つ情報機能は見過ごされがちだ。そもそも我々は、取引プロセスの細かい事柄にあれこれ気を使うよりも、さっさと取引を完了させることのほうに大きな関心がある。家族に食べさせる食品も、家族が安心して暮らせる家も、遊びに行くためのクルマも早く欲しいのだ。とはいえ、貨幣と価格が実現する情報の流通がなければ、市場で何が出回っているのかもわからず、さっと手軽に比較検討できなくなる。その意味で貨幣と価格は、市場を機能させるためのインフラであり、情報を流すための配管のようなものなのだ。

だが、貨幣と価格の役割は、単に情報の流れをよくするだけにとどまらない。取引の際の意思決定を簡略化してくれる。製品やサービスを比較検討するときに、考慮すべき尺度が多すぎてお手上げの場合があるが、そんなとき価格という数字だけの単純な要素に注目すれば、我々の限られた認知能力でも簡単に比較検討できる。何なら貨幣のない世界を想像してみるといい。食パン一斤を買おうとしたら、パン屋はバター450グラムとなら交換してもいいという。別のパン屋は、交換するなら木箱いっぱいのリンゴを持ってこいという。こんな条件をいったい全体どうやって比較すればいいのか。そもそも、それぞれのパン屋が提示している交換条件をどうやって把握しろというのか。

市場は、人間の活動を調整する偉大な力を秘めているが、情報の流通にコストがかかったり、認知能力の制約で情報を処理しきれなくなったりする現実的な問題が付いて回る。そこで登場した貨幣中心市場は、情報の流通量を妥当な水準に抑えて情報処理を簡素化することで、市場ならではの可能性を引き出すのである。

このため、貨幣中心市場が大成功を収め、世界のほとんどの国々で経済活動の中核をなしているのも驚くには当たらない。実際、地球上のほぼすべての文化の社会構造に貨幣中心市場が完全に織り込まれている。

我々は価格で考える習慣が染み付いているので、新しい製品やサービスが登場すると、ほぼ反射的に価格を尋ね、それを基に自分にとっての妥当性や価値を評価してしまう。我々が市場と貨幣の魅力にすっかりとりつかれてしまったせいか、従来の経済活動からはかなり離れた領域でも市場と貨幣の仕組みを使い出している。[*14] 例えば、交際相手を探すサイトでは、興味のある相手の注意を引くために「ウィンク」を購入して送る機能もある。企業は、化石燃料の消費量を管理するために CO_2 排出量取引のような汚染の証書を売り買いする始末だ。挙句に、予測市場という将来予測をするための先物市場まで立ち上げてしまった。ハリウッドの興行収入から大統領選の結果に至るまで、将来事象に関する情報が（貨幣と価格の形で）蓄積されているのである。

こうした市場はどこも価格が最大の原動力になっている。予測市場を考えてみよう。参加者が将来事象の予測を出し合うということは、全員が持っているすべての情報が共同で利用できるわけだ。だが、正確で妥当な情報がどれで、そうでない情報はどれなのか、どうやって見分けるのだろう。我々が持っているすべての情報の平均を取ったところで、真実にたどり着けるはずもない。なるべく多くの人々に尋ねて、それぞれの意見を公平に尊重しても、やはり真実に近づく必勝法とはなりえない。いみじくも18世紀の数学者、ニコラ・ド・コンドルセが２００年以上も前に指摘していたように、単に人数を増やせばいいというものではない。真実にたどり着く可能性が50％以上ある人物ならば、追加する意味があるのだ。[*15] とはいえ、予測市場で参加者が実際に換金できるとなれば、予測は全体的に向上することが多い。というのも、これまでの予測で参考にした情報が正確だったとか妥当だったと確信するようになれば、当然、次の予測でも当たりの配当を大きくしたいから、もっと賭け金を増やす傾向がある。実際に自ら行動で裏付けようとするのだ。すると、彼らの取引が増える。これは、彼らが情報の質を認めているシグナルになる。そして彼らの見解が重みを増すのである。だからといって、市場にある予測がすべて正しいとは限らないし、むしろ逆の可能性さえある。だが、すべての情報に優劣をつけず、すべて同等に受け取るよりはずっとましなのだ。

実は予測市場についてグーグルが実験をしているのだが、これは、市場と貨幣を組み合わせた力で、将来の事象について予測精度を上げる現実的な例といえる。2005年以降、同社では、テクノロジー業界や世界全般の将来動向について社員による予測を調査している。質問内容は「今四半期末時点でGメールのユーザー数は何人になっているか」とか「グーグルのロシア支社は開設されるか」といった内容で、回答は用意された選択肢から選ぶ。この予測市場に参加する社員には、「グーブル」なる通貨の入った財布が与えられ、このグーブルを賭け金として回答に添える。正解を選べばグーブルが増える。毎四半期末には、稼いだグーブルで独自の福引券と交換できる。このように市場参加者には、自分の予測に自信が持てるときは、その分、報酬を手にする確率が高まるため、グーブルを投じる動機が高まる。いわばお得感に突き動かされるのである。市場方式なら、グーグルのプロジェクトに関する将来事象の確率を測りやすく、その結果、情報の流通と処理が促進され、大きな効果を発揮することがわかった。[*16]

市場と貨幣の組み合わせが人間の活動を調整する優れた手段になるという考え方は、このような実験の結果からも明らかだ。だから、これまで貨幣中心市場の改善に向け、価格情報の流通の高速化や使いやすい価格比較機能の導入、システムの全体的なコスト削減など、膨大な時間とエネルギーが投じられてきた。

製品比較を売りにした雑誌『コンシューマー・レポート』の創刊号[*17]が世に出たのは、大恐慌による不況から世界が立ち直ろうと苦労していた1936年のこと。発行元は、かつてないほど突っ込んだレポートが求められていると確信して同誌を立ち上げたという。つまりもっと情報の流通が必要と考えたのだ。ほどなくして新聞や専門誌が後追いで参入し、一番汚れの落ちる洗濯洗剤から、ベストの自動車、カメラ、コンピュータなど、さまざまな分野やレベルで比較記事を掲載し始める。こうした媒体が情報の仲介役となり、総合的な製品レビューのほか、さまざまな製品の機能や構成要素にまで細分化した表を作成し、競合製品同士を比較検討できる記事が次々に登場した。だが、そこまで掘り下げていながら、どのレビュー記事もほぼ例外なく大きな文字で、コストパフォーマンスの高い上位3製品とか上位5製品といった見出しをつけていた。結局、そこで存在感を放っていたのは、貨幣と価格というコンセプトだった。読者も、その簡潔さの虜になっているから、この二つのコンセプトからは逃げられなくなっていたのだ。

こうした情報提供サービスのデジタル版とも言えるのが、Price Grabber（プライスグラバー）やウィッチ、コンフューズド・ドットコム（自動車・保険）、カヤック（旅行）、グーグル・ショッピングといった、インターネットの価格比較サイトや同様のアプリで、絶対的あるいは相対的に最良の取引を見つけ出してくれる。インビジブルハンドやプライスブリンクといったブラウザ用プラグインやアプリは、アマゾンやウォルマートなどオンライン販売サイトで商品を眺めていると、同じ商品をもっと安く売っているショップがあれば通知してくれる。いずれも柱となっているのは価格だ。比較検討にかかるコストが小さいほど、市場での取引にかかる総コストも安くなり、誰もがうれしい結果になるというわけだ。

〈価格〉という妥協の産物

価格を尺度とした市場は、すっかり主流の座を確立している。我々もそれが当たり前のように思っている。だが、大量の情報の伝達・処理能力が驚くほど向上している情報化時代にあって、数えきれないほどの条件を、価格というたったひとつの数字に凝縮する方法は、とても今の時代にふさわしい姿とは思えない。

確かに、貨幣と価格を軸としたシステムは、多すぎる情報と不十分な処理能力という問題を解決するのに役立ったが、多様な情報を価格だけに凝縮していく過程で、多くの詳細な情報は抜け落ちていく。例えて言うなら、ウェブサイト上の小さなサムネイル画像は、オリジナル画像とは比べ物にならないくらい粗い画質に抑えられているが、伝送速度など技術的な制約がある場合には、それが最善の方式だ。それと同じで、膨大な情報の流れを処理するコストと手間を抑えるうまい方法が見つからなかったため、我々は価格という尺度を全面的に受け入れたのである。とはいえ、価格は、市場に提供される情報を圧縮したものである以上、妥協の産物にほかならない。

例えば、ある値段で売られている靴を目にしたとしよう。今すぐにでも欲しいかどうか、靴の出来の良し悪し、デザインの好み（自分だけでなく周囲の目も関わってくる）などによって、購入意欲が大きく左右される。また、1週間先とか1カ月先ではなく、あくまでもその特定の瞬間に支出可能な手持ち資金の有無にも左右される。理屈のうえでは、こうした細かい要素が入り混じった末に、その靴に払ってもいいと思える金額が形成される。ところが、その金額を売り手に伝えたところで、こうした条件の一つひとつを客がどのくらい重視しているのか売り手は知る由もない。通常、売り手ができることといえば、個別のケースではなく、あくまでも全体として、価格と数量が変わった場合の総売上を考え（といっても、単にざっくりとした総額を見るだけだが）、需要動向に応じて在庫を回転させたいがために価格を上下させることくらいなのだ。

ともかく、店頭のウィンドウにある靴が目に留まったとしよう。デザインはまさに自分好みだが、色が気に入らない。ただし、この色でも、少し安くなるなら買う気はある。逆に、好みの色が手に入るなら、店頭のセール価格より高くても払うつもりなのだが、なかなかすっきりしない。結局、モヤモヤした気分のまま、諦めて立ち去る。実は、同じモデルで好みの色が別の店にあったとしても、そんなことはこの客にわかろうはずもない。別のシナリオも考えられる。デザインも色もサイズも好みどおりなのに、その場で買えるだけの持ち合わせがない。2週間後、懐が潤ったところで店を再訪したところ、例の靴は思ったほど売れ行きがよくないとのことで店主が値下げしていた。これは運がいいと思ったら、あいにく自分のサイズは品切れ。店主と顔なじみだったら、最初の来店の時点で、2週間後の給料日には払えると信じてもらえるので、ふたつ返事で売ってくれただろう。何しろ、今回の場合、最初の来店時の価格で売っていたほうが、あとで値下げした価格よりも店は儲かるのだから。

ここで挙げたようなシナリオの場合、市場の成り行き任せでは役に立たない。買い手と売り手の双方の優先度や好みに関する情報が、価格だけでは十分に伝わらないからだ。

価格に詳細情報を盛り込めないために生じる副作用に関して、我々は何世紀もかけて対処方法を編み出してきた。例えばすぐに買いたいものがあるのに、現金の持ち合わせがない場合、自分の信用(があればの話だが)を基にしたつけ払いやクレジット払いが考案された。また、ある店で好みのサイズや色が欠品していた場合、在庫がある別の店をスマートフォンで検索して見つけ出すこともできるようになった。同じく、メーカーやショップは、ターゲットにしている顧客層に最も訴求力のあるポイント(ブランド名、色、形状、フィットなど)をあぶり出すためにアンケートを実施し、商品づくりや価格設定に生かす知恵も生まれた。だが、価格の陰に隠れているさまざまな要素をほじくり出すのにこういったツールが有益だとしても、そのツール自体が市場での取引のコストを押し上げる要因になってしまう。おまけに、ひたすら情報の単純化に突っ走る〝還元主義〟では、市場参加者一人ひとりの悩みの種である選択の苦労を大幅に緩和できない。処理する情報が少なくなったからといって、必ずしも判断力が向上するわけではない。

現に、人間には適切な判断を邪魔するような偏見や先入観がいくつもあることはすでにあちこちで言われている事実だが、ひとつの数字にあらゆる情報を凝縮する手法を選んだ結果、こうした偏見に対して余計に無防備になってしまう。抜け目のない売り手はここにつけ込み、合理的な評価ができないように客の気をそらし、頭の中が価格一色になるような細工を仕掛けてくる。299ドルのように9で終わる価格(日本なら398円、1980円のように端数が8や80になる価格)がいい例で、[*18] 実際の価格よりも安く感じるマジックだ。

2010年1月、スティーヴ・ジョブズは、お馴染みの黒のタートルネック姿でステージに立ち、iPad(アイパッド)を披露した。そしてこう語りかけた。

「さて価格はどのくらいになるのでしょうか。まあ、専門家に言わせれば1000ドル未満になるだろうということです。[19] いわゆる999ドルですね」

その999ドルという数字がスクリーンに映し出される。間髪入れずにジョブズは、Apple（アップル）がかなり思い切ったコスト目標を掲げ、ついにそのゴールを達成したのだと説明する。すると、ガラスの割れる音が鳴り響き、999ドルという数字が消えて、代わりに499ドルという数字が現れた。初代iPadの販売価格である。こうした演出は、華やかなジョブズ劇場のひとこまなのだが、ここで彼はまず人々の頭にあったiPadの価値をあえて高い価格帯に〝誘導〟しておき、それが割と手頃な価格なのだと思わせている。同等製品と比べて機能がどうなのかは、もはや観衆の視界から消えてしまう。価格のおかげでリンゴ同士を比較できるようになったと考えがちだが、行動に基づく価格設定の専門家であるコンサルティング会社ボカタスのフロリアン・バウアーは、悪影響もあると指摘する。本来なら市場の効率化につながる情報があっても、売り手が価格を使ってそうした情報を故意に曖昧にすることがあるからだ。[20] この手を使えば、そもそもリンゴをバナナやオレンジと比較すべき状況にもかかわらず、バナナやオレンジの存在を隠して、リンゴとリンゴの比較に誘導できるのだ。スティーヴ・ジョブズがiPad発表の際に繰り出したのは、まさにこのトリックである（他社製品と比較させるのではなく、999ドルと比較させている）。

我々の価格依存症はときに市場の非効率化を招き、我々自身の調整能力を鈍らせる。例えば、複数の商品を組み合わせた抱き合わせセットが販売されていることがある。あるセットは商品AとB、別のセットはBとCとDといった具合で、各商品はもともと単独で価格がついているものだ。

こうなると、セット間の基本的な違いにあまり目がいかなくなり、少しでも価格が得になるセットを探すことに躍起になりがちだ。悲しいかな、こういう状況では我々の意思決定は迷走し、冷静に見れば安い選択肢があるのに、なぜか割高の商品をつかまされてしまう。「価格だけのわかりやすい単純な状況なのに」と思うかもしれないが、逆に価格しかなく、その価格が我々の偏見につけ込むからこその結果なのだ。

この手の操作には、明らかにコストがかかる。アップルにとっては新製品のタブレットの価格設定が重要なことは確かだが、その結果として選択肢が狭められ、効果も劣るのだ。そして多くの市場参加者が判断ミスに陥れば、経済危機を引き起こす恐れもある。2007年から2009年まで続いたサブプライム住宅ローン危機の原因としては、倫理観の欠如した金融機関が格付け機関の腐敗したアナリストと結託し、リスクの高い投資商品を無知な投資家に売る一方、規制当局は見て見ぬ振りをしていた点がよく挙げられる。そのような見方が生まれた背景には、確かにさまざまな根拠がある。しかし、この前代未聞の資本消滅は、別の見方もできる。不明朗な情報と重大な欠点のある人間の意思決定という毒性の高い組み合わせの結果と言えないだろうか。

今世紀を迎えるころから、「画期的」な金融機関がサブプライム住宅ローン（債務不履行のリスクが高い）とほかの住宅ローンを組み合わせて証券化した新しい金融商品として売り出した。この新商品に伴うリスクの上昇は厳密には秘密にされていたわけではないが、専門用語だらけのうえに、当局への届出書類の奥深くへと埋もれてしまい、そこまで目を通す人などほとんどいなかった。格付け機関は、素人なら見逃すような契約書の細字部分まで目を光らせてリスクを評価する立場にあったはずなのだが、〝毒ガス検知器〟として機能しなかった。ただでさえ目が届きにくい情報にもかかわらず、こうした情報が証券の価格に十分に反映されていなかったのである。

一方、投資家は、堅調な住宅市場のイメージからかなりの利益を見込んでいて、不安視する理由などまるでなかった。ところが、ローン支払いにつまずいて債務不履行に陥るマイホーム所有者が増えてきたためにドミノ効果が発生した。やがて、情報入手のハードルが高く、情報が利用されずじまいだったこともあり、数兆ドルが水の泡と消えてしまった。同時に、このサブプライム住宅ローン危機を通じて、従来の貨幣中心市場が抱える問題点が浮かび上がった。また、そうした市場で適切な情報を円滑に流通させられず、情報に基づく根拠ある意思決定を促進できなかった点も明らかになったのである。

貨幣のおかげで、何世紀もの間、膨大な市場の情報を価格に凝縮できるようになり、こうした情報の交換や評価といった作業は楽になった。だが、人々は、凝縮された情報を取り出して取引の意思決定に生かすという根本的な作業に挑むのではなく、あくまでも札束としてのカネのほうを取ったのである。本来、市場は、人間の活動を調整して万人の利益を最大化するという触れ込みで登場したわけだが、貨幣を中心とした市場は非効率の塊で、調整役としてもその非効率さが滲み出ている。今、市場は、さまざまな技術革新を背景に、貨幣と価格という足枷を外し、情報の流れの悪さや意思決定のまずさからも自由になり、新たな進化を遂げようとしている。

第4章

データリッチ市場｜DATA-RICH MARKETS

貨幣からの脱却

ポーカー界の新人「リブラタス」

「もうどんな手を見せられても、いったいどうなってるんだなんて思わないよ」[*1]

強豪「リブラタス」を相手に戦ったプロのポーカープレイヤー、ジェイソン・レスの言葉である。[*2]ジェイソン・レスは、テキサスホールデムと呼ばれる種類のポーカーで世界トップに登り詰めたひとりだ。プレイヤーは一対一でノーリミット（手持ち額全額を賭けられる）のルールのため、勝った場合の稼ぎも大きいが、負ければとことん負けるという世界だ。多くのプロに共通していることだが、レスも物腰がやわらかく、鋭い分析力に定評がある。2017年1月、ペンシルベニア州ピッツバーグのリバーズ・カジノに、レスを含む4人のプロが集まった。大勝負の相手は、ポーカー界に彗星の如く現れた新人、リブラタス。一対一で3週間にわたる勝負は12万手に及んだ。これだけのプレッシャーをものともせず、最高峰のプロ同様に新人リブラタスも冷静沈着を貫き、全4ラウンドを通じてまったく動揺を見せなかった。[*3]

だが、トッププロと違ったのが、はったりをきかさない点だ。それもそのはずで、リブラタスは人間ではなく、機械学習システムと膨大なデータを組み合わせ、カーネギーメロン大学（CMU）のスーパーコンピュータに搭載されたAIだったのだ。だから「はったり」などというメニューはないのである。

リブラタスを相手に戦ったトッププロたちは、コンピュータならではの癖やパターンを見つけようと躍起だった。

実はその2年前の2015年、レスを含む4人のプロは、リブラタスの先代に当たるクラウディコを相手に勝利を収めている。クラウディコを開発したのは、CMUのトゥオマス・サンドホルム教授率いるチームだ（リブラタスの開発も同チーム）。このクラウディコはプロによるはったりの確率を計算するのが苦手だった。このため、かなりのディール（カードを配ること）で最適とは言えないベット（賭けの額）が発生していた。レスらは、毎晩、その日の対戦内容をプリントアウトした資料に目を通しながらすべての手を丹念に調べ上げ、クラウディコの戦略の弱点を見つけ出していた。そして翌日、そこを突いて勝負を有利に進めていたのだ。

ところが後継のリブラタスになってから、このやり方が通用しなくなった。リブラタスは、トーナメントが進むにつれて、どんどん強くなっていったのだ。レスが次のように振り返る。

「リブラタスは、勝負をしながらその場の流れに合わせて戦い方を調整しているように感じました。勝負の終わりには強くなっていて、しかも我々が思っていたのとは違う形で上達しているんです。我々はあえて定石を破ったベット額を繰り出したのですが、リブラタスはそれをすべて学習していて、イベントが進行するにつれて毎晩、穴をふさいでくるんです[*4]」

2017年のトーナメントを控え、リブラタスは数カ月かけて自分自身を相手に何兆もの手を練習していた。システムの学習が進むと、人間のはったりを見抜く能力は飛躍的に向上し、どのような手札でも、勝てる最適なベット額を見極められるようになっていた。相手がフォールド（ゲームを降りること）するか、自分より弱いカードを残しているかのどちらかになるからだ。レスは、リブラタスの動きを振り返りながら、次のように指摘する。

「前の結果に影響をまったく受けることなく、常に戦略が一貫しています。もしそんな人間がいたら、機械って呼ぶほかないでしょうね」*5

当然、リブラタスに感情はないから、手札が相当悪いときも臆せず大きなベット額を提示する。2017年は人間チームが苦境に立たされた。リブラタスが稼いだチップの額は実に170万ドル以上で圧勝だった。*6

ポーカーは美しいゲームだ。とりわけ、心理学、確率、ゲーム理論が複雑に絡まり合うところに醍醐味がある。優秀なポーカープレイヤーは、例外なく優れた記憶力、計算力、合理的思考の基盤がある。だが、こうした特性だけではまだ足りない。プロは卓越したコミュニケーション・スキルも併せ持っているのだ。勝負のテーブルでは、相手の座り方や視線の動かし方、カードの持ち方はもちろんのこと、ベットのときの身振り（リブラタスと人間チームの双方が重視した点）に至るまで相手の癖を見抜かなければならない。同時に、自分の癖はなるべく見せないように努めなければならない。ときには相手を釣るためにあえて偽の癖を出すこともある。

これ以外にもさまざまな方法を駆使するポーカーは、チェスや碁などの抽象性の高い記号的なゲームと比べて、市場での戦略策定やシグナルの発信、駆け引き、取引といった実世界の動きにはるかに近い。実際の現金が動く賭け金、戦略やはったり、微妙な仕草の解釈やそれを逆手に取った騙し合いといった要素も非常に近いものがある。だからこそ、人間らしさのないコンピュータがポーカーのチャンピオンを打ち負かしたことは驚異的なのだ。駆け引きや作戦づくり、意思の伝達といった能力はいかにも人間らしいではないか。

リブラタスの鮮やかな勝利は、コンピュータが我々人間よりも市場で取引を巧みに処理する可能性を示している。少なくとも、市場での取引の際にコンピュータが人間を大いに支援してくれそうなことは確かだ。人間の脳よりもコンピュータのほうが一秒間に大量の計算ができるからではない。コンピュータの意思決定は、人間のように認知能力の制約で曖昧になることがないからだ。

賭けの作戦を考えてみよう。勝ったときの取り分が小さいとわかっていて大金を賭けるような発想は、人間のポーカープレイヤーにはほとんどない。もし勝っても取り分が小さいのに大きく賭けでもしたら、ポーカーの素人か下手なはったりと思われるのがオチだ。賭ければ、まず間違いなく相手はそれ以上の額を賭けないから、勝ったプレイヤーの取り分も抑えられてしまう。だが、リブラタスは、定期的に大きく賭けてくる。それで最終的に十分割の合う結果を出しているのだ。我々の認知力には、数えきれないほどの偏りがある。リスクを読み違えたり、新しい情報が入ってきても依然としてひとつの戦略にこだわったりする。あるいは小さな勝ちには目もくれないこともある。こうした偏見があると、人間の判断を鈍らせ、その結果、例えば勝っても取り分の小さな勝負に大金を賭けるような行動は控えるのだ。

一方、リブラタスは一手ごとに戦略を見直し、毎晩毎晩、その日の流れを秩序立てて細かく再検討する。対戦相手である人間の行動パターンを推論し、その死角を突くように自身の戦略を磨いていたのである。しかも、リブラタスは、人間なら圧倒されてしまうような膨大なデータを黙々と読み込む。

その結果、リブラタスは、たとえ対戦ごとの稼ぎこそ大したことはなくても、人間相手なら圧倒的な勝率を誇るまでになっていたのだ。[*7] また、戦略の見直しと、対戦結果からの学習を組み合わせることで、トーナメントを単なる個々の対戦の集合として捉えるだけでなく、対戦相手の行動や弱みをあぶり出す勝負の連続と捉えるようになった。つまり、悲しいほど凝り固まった人間の行動モデルと同じ轍を踏まないのである。百戦錬磨の抜け目のない交渉担当者が繰り出す戦略と同じだ。あるいは、似たような取引が連続する場合に、やり手の商人が使う戦略とでも言おうか。リブラタスを設計したサンドホルム教授は、このシステムを応用して、複雑な市場取引に臨む消費者や企業に代わって価格交渉を請け負う売買取引バージョンを構想しているというが、さもありなんと思う。

だが、それは序章にすぎない。リブラタスの勝利は、我々の経済がもっと深いところから根本的に変容する予兆なのだ。リブラタスの例からもわかるように、この変容の原動力はデータである。すでに見てきたように、市場は、我々の活動を効率的に調整してくれる驚異的なソーシャル・イノベーションである。ただし、「原則的には」という但し書きがつく。実際には、情報の流れが乏しいために我々は苦戦している。我々は伝達や処理が必要な情報の量を減らして、貨幣と価格に依存している。情報が圧縮された結果、市場の参加者がいつでも自分の好みを包括的にやり取りし、意思決定の際に好みを適切に勘案できるわけではないのだ。価格は、情報過多の問題を解決できるかもしれないが、その代わり、我々の選択眼が狂うことになる。我々が価格に執着しているために、市場は本来の機能である調整力を発揮できなくなっているのだ。

この問題の解決策があるとすれば、それはデジタル決済とか仮想通貨ではない。確かに既存の情報の流れは迅速化するし、コスト削減にも役立つだろうが、情報は依然として価格に押し込められていて、重要な詳細部分が見えないことに変わりない。つまり、解決策は、貨幣をあれこれいじり回すことでない。貨幣が持つ情報伝達の役割を捨て、豊かで総合的なデータの流れを作ることだ。完全放棄が難しくても、せめて補完してやる必要がある。市場の車輪を動かす新たな潤滑油がデータなのだ。データは、市場参加者がもっと自分の条件に合った取引に出会う助けになるのである。

従来の市場とデータリッチ市場を比べて真っ先に気がつく明らかな違いは、市場参加者の間を流れるデータの量と多様性だ。データリッチ市場になれば、市場参加者は、価格の周りからちょろちょろと染み出す程度の貧相な情報に縛られることもなく、好みに関する全情報を伝達し、それに基づいて行動することが可能だ。市場の情報構造を利用してこうしたデータを低コストでまるごと伝達できるからだ。

理屈の上では、アナログ時代でも、その気になればもっと豊富なデータを大量に活用できたのだが、とんでもないコストになったはずだ。デジタル・ネットワークのおかげで、取引の当事者間でおびただしい量のデータでも高速に簡単に低コストでやり取りできるようになった。両者が近所同士だろうが、何千キロ離れていようが同じだ。

だが、〝情報欠乏症〟の問題を克服できる程度にまで、データの流れるパイプを太くすると、今度は市場参加者が情報過多に陥る可能性がある。すっかり価格に慣れきってしまい、ほかが目に入らなくなっている我々にとって、多種多様な尺度に基づいて製品を比較し、自分にマッチする選択肢を特定するには、どうすればいいのか。いくつもある好みの条件をすばやく簡単に提示する方法はあるのだろうか。

貨幣と価格が情報の足枷になっているのだが、そこから情報を解放するには、多様な情報伝達方法が必要になるだけでなく、人間が情報を基に判断を下すまでの過程も段階的に変えていかなければならない。大量のデータが必要だが、同時にそのデータを上手に活用する適切な手法とツールも欠かせないのだ。まさしくそのような手法が欠如しているがために、デジタル時代に入ってから数十年が経過しても相変わらず貨幣中心の市場が居座っているのである。だが、世の中は無常だ。データ処理分野のさまざまな進歩が最近になって実を結んだ結果、いよいよ貨幣と価格の呪縛が解け、市場で豊富なデータを活用できる時代が到来しようとしている。

この市場再編には3種類の中核技術が必要になる。その目的は、(1)自分の好みを比較検討する際に標準言語が使えること、(2)多種多様な尺度に沿って、自分の好みに最適な選択肢を見つけられること、(3)自分の好みをまるごと把握する効果的な方法を考案することである。いずれも豊富なデータを効果的な取引判断に発展させられる点が共通している。どの技術もデータ本来の役割を前面に押し出しているから、我々はデータに基づいて選択する能力が向上するのだが、こうした技術自体、データを基盤に成立している。その結果、経済革命の基盤が整うことになる。

マッチング・システムと「概念体系」——市場再編のカギ

ベビーブーム世代にとって旅行といえば、分厚いホテルガイドをめくって目星をつけてから、旅行代理店に足を運び、ホテルガイドに載っている売り文句やら素敵な写真やらがどの程度正しいのか確認しなければならなかった。運良く、過去に同じホテルに泊まったことがある知り合いがいれば、その人に話を聞くこともできるが、そんなケースはあくまでも例外だった。今日では、利用者の評価、記者のレビュー、実際の宿泊客がネット上に投稿した写真など、情報の海を縦横無尽に泳ぎまわり、立地や施設・設備、サービスの質でホテルをさっと比較して、好みの宿泊施設を見つけ出せる。グーグルのストリートビューを使えば、目的地までバーチャルなドライブの旅まで楽しめるときている。また、料金にしても、オンライン比較の機能で、いつ、どこに泊まれば一番お得なのかあっという間にわかる。

同じように、レンタカーやライドシェア（相乗り）のサービスを料金だけで選んでいたのは遠い昔のこと。ブラブラカーというサービスは20カ国以上でユーザー数が4000万人を超え、自己申告制ではあるが、運転中のおしゃべりの度合いも含めて、さまざまな尺度に沿って、利用者とドライバーの最適なマッチングを見つけることができる。[*8] なお、おしゃべりの度合いは「ブラ」（景色を眺めているだけ）から「ブラブラブラ」（しゃべり出したら止まらない）までの段階が選べるという（ちなみに、ブラブラブラは、英語で「なんとか、かんとか」とか「などなど」といった意味）。利用者は自分が重視する条件に沿って最適なドライバーを選ぶことができるのだ。本書執筆時点で、このサービスを通じて月に400万人が相乗り相手を予約しているという。[*9]

この情報が生み出す利便性は、使い勝手もいいし、（ほとんどの場合）いつでも利用できるから快適そのものだ。旅行商品の売買は効率化する。買い手と売り手が互いの好みや要望をもっと正確にマッチさせることができるからだ。

もちろん、こうした豊富なデータによる革命が盛り上がっているのは、旅行業界に限った話ではない。書籍からエレクトロニクス製品、衣類までオンラインのショッピングでは、その気になれば多種多様な条件を考慮し、高性能な検索・絞り込みのツールを使って製品の閲覧、調査、比較も可能だ。これを実現しているのは、技術がもたらす高速化でも低コスト化でも記憶装置の大容量化でもない。膨大な情報が利用できることでもない。マッチングの効果を高めているのは、情報のラベル付けとカテゴリー分けの効率的な手法なのである。

新しいシャツを買う場合を考えてみよう。まずはお気に入りのオンラインショップにアクセスする。「シャツ」という分類をクリックすると、何百という商品が表示されるだろう。ここで絞り込みの機能が威力を発揮する。言い換えれば、欲しくない商品を選択肢から外す機能だ。サイズ、生地、色、シルエット、袖丈、襟の形状、ブランドに至るまで、膨大な条件から好みを選んでいけば自動的に絞り込まれる。ボートネックの綿のカットソーで、七分袖、サイズは8号で色は青か空色と指定すれば、セール品ならなおのことうれしいのだが、ともかく、そのとおりの商品が絞り込まれて表示される。もし該当する商品がなければ、別の店にさっと移動するだけだ。

ところで、オンラインショップが取り扱っているシャツについて、なぜこれほど膨大な情報を提供できるのかといえば、シャツの特徴を表現するデータで商品一つひとつをラベル付けしているからだ。だが、そのためには、例えばシャツに分類されるすべての商品に対して、サイズとか生地といったいくつものカテゴリーを使ってラベル付けしておかなければならない。もちろん、使用するカテゴリーの数はそろえておく必要がある。このカテゴリー自体もデータなのだが、データに関するデータなので、メタデータと呼ぶ。

これは決して新しい話題ではない。歴史を遡れば、すでにアッシリアの粘土板には、内容を表すラベルがつけられていたことからもわかるように、「情報に関する情報」が重要なのである。今や効率的なラベル付けが必須だ。これがなければ、オンラインでの商品探しは絶望的になる。同じ理由で、ラベル付けのプロセスも難しくなる一方だ。昔のリレーショナル・データベースの時代には、データの各フィールド（入力欄）が明確に定義されていて、フィールドに入るコンテンツの形式に至るまできっちりと決まっていたため、データはきれいに整理されていた。だが、1990年代終わりごろから、デジタル情報の爆発的な増加を背景に、このきれいに整理された状態が大きな壁になっていた。何しろ、増加する情報の大半は、メールやウェブページ、画像、音声、動画といったもので、データベースのフィールドにきれいに収まらないからだ。

YouTube（ユーチューブ）を例に挙げてみよう。ここは、動画投稿者（売り手）が動画コンテンツという商品を軸に視聴者（買い手）と取引する市場である。そして市場参加者の第三の存在である広告主が資金援助していることが多い。動画を見てもらうためには、視聴者に動画を簡単に探し出してもらう必要がある。同じ理由で動画の投稿者は、自分の動画がさっと見つけてもらえるように準備する必要がある。動画のタイトルとアップロードの日付・時刻だけではどうにもならない。ラベルやキーワードを添えるとしても、投稿者が適切なキーワードを選べるかどうかで大きな差が出る。

商用のコンテンツ提供業者も同じ問題を抱えている。スポーツ専門局のESPNは、毎週延べ数十万時間に及ぶ映像を放送・記録している。アーカイブに収められた過去のスポーツイベントを最初から最後までまるごと視聴したいというファンもいないわけではないが、多いのは「あの名シーンをもう一度見たい」というニーズだ。例えば、ＮＢＡバスケットボールの人気選手、レブロン・ジェームズが古巣のクリーブランド・キャバリアーズに復帰した２０１６年、同チームがＮＢＡファイナルまで進出した第7戦、敵のシュートを鮮やかに阻止したレブロンの「チェイスダウン・ブロック」（後ろから追いかけてブロックする技）を見たいといったものである。あるいは、メジャーリーグのボストン・レッドソックスは86年間も優勝から遠ざかっていて「バンビーノの呪い」とまで言われていたが、デーヴ・ロバーツ選手が２００４年のアメリカンリーグ・チャンピオンシップ・シリーズの第四戦で9回に盗塁を決めて優勝に導き、見事にジンクスを打ち破った瞬間を見たいファンもいるだろう。

こういうシーンが簡単に見つけ出せるように、ＥＳＰＮでは人海戦術に頼っている。たくさんのスタッフを投入してリアルタイムに複数のスポーツイベントを視聴し、プレイややり取り一つひとつに手作業でタグをつけているのである。

ＥＳＰＮがスタッフに各自の自己流で映像のタグ付けをやらせていたら、ユーチューブの行き当たりばったりのラベル付けと大差ないものになっていただろう。強いて言えば規模と範囲で上回る程度だ。だが、ＥＳＰＮが投入したタグ付け部隊は、綿密に検討された階層構造のキーワード群を使うトレーニングを受けていて、これに基づいて映像を見ながらラベル付けしているのだ。キーワードを階層構造に並べたものを専門用語で「オントロジー（概念体系）」という。

スポーツは、概念体系と相性がいい。アーチェリーからレスリングまで、どの種目も、選手はもちろん、対戦自体にもルールがきっちり規定されているからだ。これは書籍やエレクトロニクス、家電にも当てはまる。明確に記述された変数があれば、どのような消費者にも最適な商品を見つけやすくなる。出版社では、デューイ十進分類法や米国議会図書館分類表に沿って、書籍をカテゴリーごとに分類する作業を百年以上も前から実行している。だから、例えば米国の南北戦争中の女性の歴史に関する本というリクエストでも、該当する本を難なく見つけることができるのだ。ジェフ・ベゾスが1994年にアマゾンをオンライン書店としてスタートさせた理由のひとつは、当時、出版各社が発行する季刊書籍カタログのデジタル化が始まっていて、このデータを基盤に会社を立ち上げようと計画したからだ。

同じ基盤の上で、アマゾンの買い物客は、書籍に限らずあらゆる消費財の選択、絞り込み、比較が可能になっている。しかも、ブランドや価格、購入者レビューだけでなく、マニアックな項目も含め、多種多様な特性に基づいて、商品を探し出せるのだ。洗濯機なら縦型・ドラム型、色、サイズ、洗濯容量、エネルギー効率などの情報がある。テレビでもハードディスクでも電子レンジでも同様にすでにいろいろな情報がある。電気製品の機能についてラベル付けするのは比較的簡単だ。メーカーからオンラインショップにリッチデータが十分に提供されるし、概念体系が非常に明快なのでオンラインショップがデータそのものを追加することも多い。一般に、シンプルで広く受け入れられている概念体系に適した製品分野なら、豊富に情報が流通している市場はもっとある。

一方、総合的な市場の概念体系を構築するとなると、はるかに難しい。だから、特定分野に特化していないユーチューブで動画を見つけるのは、アマゾンで洗濯機を買う場合に比べて、運を天に任せるような部分がずっと大きくなってしまうのである。例えば、宙返りの仕方に関する動画はどうやって探せばいいのか。ユーチューブは、ESPNで標準化されているキーワードの深さや広さにはかなわない。誰もがさっと理解できて、完璧に応用できるような汎用の概念体系の構築が我々人間にはまだ難しいからだ。

販売商品の見つけやすさという点で、イーベイでは、長らく苦労してきた。多様な条件で便利に絞り込めるアマゾンのユーザーと異なり、イーベイのユーザーは製品名や説明に使われそうな言葉で検索し、何ページにもわたる検索結果を1ページずつ見ていくほかなかった。これは、どこからどう見ても類のないような製品など、誰もが何でも販売できるというコンセプトで始まったイーベイゆえの負の遺産でもある。かたやアマゾンは、製品の概念体系が綿密に構築されている単一カテゴリー（書籍）のショップとしてスタートしている。

市場で概念体系が欠けていると、時間の経過とともに取引の量が減少する。客にとってたとえ好みの商品が存在していても、うまくその商品を探し出せないからである。商品を探しやすくする使い勝手のいい絞り込み機能がなければ、市場の効率はガタ落ちだ。

多くの市場では、いかに豊富なデータを流通させられるかに成否がかかっているため、効率的なラベル付け戦略を策定するうえでコスト的に大きなプレッシャーがかかる。こうしたデータの専門家であるマディ・ソロモンによれば、鍵は適切な概念体系を見つけることにある。[*10] むろん、容易ではない。ソロモン自身、「データの〝過酷な現場〟をいくつも渡り歩いてきた」というとおり、ウォルト・ディズニー（ESPNの80%を所有する親会社）で社内用語の分類専門家や、教育書出版社のピアソンでデータ構造・意味論プラットフォーム担当取締役を歴任している。

今後、適切な概念体系を特定するには、人間の独創性よりも、むしろ事務的なデータ分析のほうが重要になるとソロモンは見ている。データの概念体系づくりの原動力もデータというわけだ。

適切なラベルやカテゴリーを整えることがどのくらい重要で、これまで人間の能力がいかに乏しかったかを考えれば、IT系ベンチャー企業にとってデータの概念体系、つまりオントロジーが旬の分野であり、貨幣中心市場をデータリッチ市場に変容させる重要なツールであることがすぐにわかる。

イーベイが目下進めている大規模なデータ関連プロジェクトでは、販売されている商品のカタログ化機能を改善し、商品発見率を現行の42％から約90％にまで高めようとしている。すでにアレーションやコリゴン、エクスパートメーカーといったデータの概念体系づくりを手がけるベンチャー企業の買収や協業を通じて、商品情報の分類作業の自動化に取り組んでいる。[*11] イーベイに限らず、ほかのマーケットプレイス系企業も追随していて、豊富で多元的な尺度の情報を流通させるべく、データインフラの整備に躍起になっている。そうでなければ、オフラインかオンラインかを問わず、市場は従来の価格の呪縛から逃れられなくなるからだ。

我々はすでに旅行、ライドシェア、エレクトロニクスなど、いろいろな分野でデータリッチ市場の恩恵にあずかっている。だが、情報が豊富になればなるほど、情報の処理は難しくなる。つまり、自分の好みに応じて各尺度を評価し、最適な取引相手を選定する一連の作業が困難になるのだ。どっと押し寄せる情報を基に判断を下すのは容易ではない。Expedia（エクスペディア）などの旅行サイトで航空券を検索するときやAirbnb（エアビーアンドビー）で宿泊先を探す際に、絞り込み条件やオプションがあまりに多すぎてお手上げと思った経験は誰にでもあるはずだ。仮にすべての選択肢を見渡すことができたとしても、自分にとって最適なものを特定するのに苦労する。最適な選択肢を特定するまでの絞り込み条件や選択条件が多すぎることも含め、情報過多が問題なのだ。幸い、この点に関しても技術の助けを借りることができる。

ほぼ価格が中心の従来型市場では、買い手と売り手の好みをマッチさせることは割と簡単である。買い手が払ってもいいと思い、売り手も納得できる価格に到達した瞬間、すべての好みの条件がそこに凝縮されたことになる。両者にはそれぞれさまざまな好みがあるが、それを互いに価格という指標だけで主張し合い、市場に（数も多様性も）十分な参加者がいる限り、理屈のうえでは、自動的に歩み寄りが生まれることになっている。だが、現実には、好みに関する重要な情報は失われている。

おそらく市場参加者が自分の好みをもれなく正確に価格に反映させられないことも一因だし、周囲の人間も相手の提示する価格から好みを正しく推定してあげられないことも一因だ。こうした状況では、うまくマッチしたように見えても、実はそうでない。市場が適切に機能しているように見えても、現実にはそうではなく、全員がいまひとつ納得のいかない状況のままなのだ。

データリッチ市場は、わざわざ価格から好みを推定せずに済むメリットがある。価格だけの場合と比べて、別の優位性もある。取引に関して複数の好みを持てるだけでなく、好みの条件ごとに重みを変えられるのだ。好みを価格に凝縮していた時代には、好みの条件が二つあって、それぞれ同じ重みでも、まったく違う場合（例えばひとつめの条件は非常に優先度が高く、もうひとつはそうでもない場合）でも結局ひとつの価格になってしまう。一方、データリッチ市場では、相対的な重みづけも含め、好みに関するデータをそのまま利用できる。ただし、そのためには、複数の好みの尺度や、それぞれの尺度の重要度の差を考慮できるマッチング処理能力が欠かせない。これを手作業で処理するのは実に厄介であり、時間と手間を考えれば、まずその気になる人は皆無に近いだろう。好みに関するデータの詳細が何ら考慮されず、最良のマッチング探しにも利用されないのであれば、いくらデータリッチになっても意味がない。

ありがたいことに、ここ20、30年に数学者や経済学者の努力が実を結び、複数の好みの集まりや相互の重みづけを評価し、最良のマッチングを特定するアルゴリズムの開発が大きく進歩した。実際のプロセスは非常に専門的だが、データのパターン分析やマッチングという考え方と大きく違うわけではない。これはどう見ても単純な話ではないが、膨大なデータを使ったトレーニングによってアルゴリズムが大きく向上しているおかげで、作業は楽になっている。データリッチ市場では、こうしたアルゴリズムは市場参加者同士の最適な出会いを促進する手法となる。[12]

これは価格に基づいて取引を判断する方式に比べて、飛躍的な改善と言える。買い手と売り手が総合的なデータ流通のメリットをフルに生かし、データを効果的、効率的に取引につなげることが可能になる。市場自体が分権化の特性を備えているため、市場参加者の間でやり取りされる情報は二つの側面がある。

買い手が、購入先の候補となる売り手とのコミュニケーションを通じて好みについて情報交換し、双方が相手のことを把握できたとしても、市場全体のことまではわからない。しかも、市場参加者は、自分の好みをすべて市場に開示したくない可能性もある。このような行動を取れば、前述の「情報の非対称性」につながる。データリッチ市場では、そのような非対称性は取り除かれない。だが、一般に、データリッチ市場では好みに関する情報が増えるほどマッチング結果もよくなるため、ほかの参加者も、自分の情報を知らせないでおこうと考える動機はさほど高くない。

大幅にマッチングが改善されるということは、取引で最大の価値を得る取引相手を見つけ出すことでもある。当然、その取引相手は最も高い価格を支払う意欲がある。このようなメリットは、情報の非対称性から生まれる交渉のメリットを上回る。

データリッチ市場では、たとえ取引成立に至らなくても、潜在的な取引パートナー間のやり取りを通じて情報が表に出てくるから成果はある。高度なマッチングになれば、たとえ情報の非対称性が残っている状況でも、マッチング・プロセスをうまく協調させて全体の福利をめざすことで効果は期待できる。もちろん、このプロセスは反復性がある。[13]

もっとも、信号が高速に低コストで流通するようになったとしても、まだ努力すべき点は残っている。誰も他人の好みを何から何までわかっているわけではないので、取引の判断が大きく向上したとはいえ、完璧ではないからだ。

市場参加者の中には、自分の利益を促進し、ほかの人々を不利に追い込むような取引をよしとする人もいる。場合によっては、個別に見ればいい結果でも、エコノミストの言う「福利抑制」につながる。全体的な価値を創出するのではなく破壊する状況である。もちろん、常に全体の福利を最大化しなくてもいいなら、個々のマッチングプロセスを通じて相対的に大きな改善を達成することは安上がりになる。これはデータリッチに軸足を移したからにほかならない。

だが、特定のタイプの取引、とりわけ直接の取引相手だけでなく、無関係な参加者にまで広い範囲に影響をもたらすような取引（専門用語では「外部性」という）の場合、我々は、既存の市場で得られた教訓を生かそうと考える。余計な負担なしに効果が得られると思われるからだ。これは別のタイプのマッチング・アルゴリズムと組み合わせた創意ある市場設計で機能する。

例えば、腎移植対象患者を選定する場合を考えてみよう。提供腎臓は売買できない（少なくとも合法的には売買禁止だが、一部のエコノミストは売買解禁を主張している）ため、要望を表示価格に凝縮して、単純化するわけにはいかない。このような市場では、中核となる情報センター（斡旋機関）が、すべての市場参加者の要望（移植の条件）に関する情報を収集し[*14]、高度なマッチング・アルゴリズムで最適な参加者同士をマッチングさせて取引（移植）を成立させることが多い。この場合のゴールは、なるべく多くのマッチングを成立させることだ。こうした分野のマッチングも大きく向上している。やはりその背景には、アルゴリズムが強化されたことに加え、市場のタイプとマッチング・アルゴリズムの最適な取り合わせに関するノウハウが向上したことも大きい。

2012年、マッチング分野で世界屈指の専門家であるロイド・シャープレーとアルヴィン・ロスの2人[*15]がまさにこの理論でノーベル経済学賞を受賞している。

外部性（ある市場参加者の取引が、ほかの無関係な参加者に影響を及ぼすこと）が大きい取引の場合、データリッチ市場は同様の手法を利用する。流通するデータが膨大になるため、一種の情報センターの処理が必要な高度なマッチングが促進されるからだ。だが、マッチングの仕組みに関する原則に市場の全員が事前に合意しておくことと、この原則の厳守（市場参加者によるマッチング・システムへの信頼維持のため）が求められる。このように集権的なマッチング機関を使う方法（ただし、市場への参加・不参加についての最終的な判断は参加者に委ねられる）が威力を発揮するのは、あくまでもきわめて特殊な状況に限られる。

大半の市場で使われるマッチング・プロセスは、データリッチであること、アルゴリズムの力を借りること、反復性があること、分権的であることを特徴とする。実際、多くの分野で、豊富なデータを生かしたパターン・マッチング型が増加している。しかも、その形は多種多様だ。

例えばSpotify（スポティファイ）やアップルミュージックといった音楽配信サービスは、リスナーの好みと個々の楽曲とのマッチングを志向している。これは、Netflix（ネットフリックス）やアマゾンの作品・商品推奨システムにも当てはまる。この動きはまだ序章にすぎない。このようにお馴染みのアルゴリズムでも、好みのあらゆる尺度に完全に対応できているわけではない。これは、革新的なベンチャー企業にとっては、大きなビジネスチャンスにつながる。実際、多くのベンチャー企業がマッチング分野で次の革命を起こそうと、しのぎを削っている。

例えば、ロンドンのベンチャー企業、セイバーは、個人の性格に光を当てたアルゴリズムによる効果的な作業チームづくりの支援を謳っている。同社の共同創業者のアリステア・シェパードは、性格調査の結果に基づいて、特定グループに参加した場合の相性を判断するアルゴリズムを開発した。ある起業家コンテストで、このアルゴリズムの実験が行われた。参加者は互いに初対面で、まず９つのグループに分けてアンケートをとった。ただしアンケートでは、個々の職歴や学歴は一切尋ねていない。アルゴリズムの最初のデモで、コンテストの優勝チームと、残る８チームの成績を見事に予測できたという。[16]

また、シェパードは、マイクロソフト・イマジン・コンテスト（ＩＴ人材育成を目的に８カ月にわたって開催する学生向けＩＴコンテスト）の結果やベンチャーキャピタルのシードキャンプによる投資判断についても、独自アルゴリズムで追試したところ、やはり実際と同じ結果を導き出している。[17]現在、セイバーの取引先には、コンサルティング会社のデロイト、ルイ・ヴィトンなど高級ブランドを傘下に収めるＬＶＭＨ、ユニリーバなどが名を連ねる。

マッチングがよくなれば、市場参加者だけでなく市場全体にも利益になるため、嗜好をマッチングさせるアルゴリズムは、サービス強化の一環としてぜひとも市場に提供してもらいたいものだ。実はアップルやアマゾン、イーベイ、アリババ、ネットフリックス、スポティファイなどがめざしているのは、まさにこれだ。各市場は熾烈な参加者獲得競争を繰り広げているだけに、アルゴリズムの良し悪しで市場運営会社の競争優位が左右されることは容易に想像がつく。市場が価格重視からデータリッチのマッチングへと軸足を移すにつれて、マッチング精度の競争は熾烈になる。そうなればマッチング・サービスが市場の差別化ポイントになると考えても不思議ではない。

だが、長期的に見れば、ほとんどの市場が遜色のない高度なマッチング技術を採用していくため、競争優位は消えていくのだ。最終的には、マッチングは市場が提供して当たり前の基本サービスになるのである。

その伝でいけば、マッチング・サービスは必ずしも市場側で用意されなくてもいいことになる。市場参加者から好みや関連情報を提供してもらうことを条件に、精度の高いマッチングを代行する新たな仲介業はビジネスとしてありうるだろう。いわば、限定的な情報センターないし斡旋業者である。これが実現するなら、市場でのマッチング・プロセスで価値を創出する主役は、市場運営業者から最適なマッチングを提供する業者に移ることになる。すると、ほとんどの価値（とそれに伴う利益のほとんど）を仲介業者に持っていかれる結果、市場は差別化ポイントのない陳腐なサービスになる。市場運営業者にとっては、市場間の競争に加え、マッチングに特化した新たな業界破壊集団との競争も抱え込むことになる。実はすでにこうした展開は金融分野で始まっている。PeepTrade（ピープトレード）といった新たなデータ仲介業者は、既存の取引プラットフォームよりも充実した総合情報と高精度マッチング・サービスを提供している。こうした業者が質の高い独自情報を有料で提供する一方、従来の市場運営業者では、証券売買の促進などのサービスが低料金のサービスとして陳腐化していく可能性がある。

データリッチ市場の実現には、もうひとつ必要な要素がある。豊富なデータが流れていて、高度なマッチング機能があっても、それだけではエンジンなきクルマのようなものだ。市場参加者が自分の好みを表明する（と同時にそれをデータ化する）安定した合理的な手段が不可欠なのだ。

データが豊富にある環境では、市場参加者は互いの好みを把握して、マッチング・アルゴリズムで適合度合いをチェックするわけだが、そもそも市場参加者はどのように自分の好みやその優先順位を表明し、参加者間でやり取りするのだろうか。

これは厄介な課題で、何としても解決しなければならない。まさか市場参加に当たって、自分の好みや優先順位に関するアンケートに何時間もかけて答えるわけにもいかない。幸い、ここでも昨今の技術進歩を受け、有望な解決策が生まれてきそうだ。ここで再びアマゾンの商品推奨エンジンについて考えてみよう。一見すると、これはマッチング・システムである。我々の好みと商品を見事にマッチングさせ、「この商品もいかが」と勧めてくる。それだけのことかと思ったら大間違いだ。アマゾンは好みに関する情報を我々から直接聞き取っているのではない。アマゾンのサイト上でどの商品を閲覧し、いつ、どのくらいの時間をかけてどの商品を眺め、どのレビューを読んだのかなど、我々の行動一つひとつについて拾い集めた総合的なデータの流れから、我々の好みを割り出しているのである。膨大なデータの中で、アマゾンが探しているのは、我々の好みを物語る固有のパターンだ。こうしたパターンを特定することで、直接本人に尋ねることなく欲求やニーズを統計的に推定するのである。もちろん、正確にわかるわけでなく、概要をつかむだけだ（だから、ときにおかしな商品を推奨してくる）。また、アマゾンは、我々がなぜ商品Aよりも商品Bを好むのかという理由を把握しているわけではない。あくまでもAではなくBを選んだという事実を考慮しているだけなのだ。だが、アマゾンにしてみれば、好みに応じたマッチングのアルゴリズムを用意し、一番購入しそうな商品を見つけ出すには、これで十分なのである。

この戦略はアマゾン独自のものではなく、ビッグデータの典型例である。[*18] 特定の現象に関して包括的にデータを取り込み、データ内に潜む複雑なパターンを見つけるためのデータ分析手法である。従来の統計学は、平均計算から回帰分析まで、データを凝縮してエッセンスを取り出すことが中心なのに対して、ビッグデータはパターン分析に注力する点が異なる。ビッグデータによる多くの手法に共通する特徴なのだが、探し出すパターンを先に定義してから発見作業に入るわけではない。膨大な量のトレーニング・データ（入力する過去データ）を分析している中で、何らかのパターンが浮かび上がってくるのだ。

例えばアマゾンの推奨システムに当てはめて言えば、どのパターンがどの顧客の好みを示しているのかは、システムにはわからない。過去何年分もの行動や購入内容を洗い出す中で、システムが最もそれらしいパターンを見つけ出すのだ。システムはトレーニング・データを精査しながら学習するため、「人工知能」（ＡＩ）方式と呼ばれることも多い。本来、ＡＩとは、一般ルールがあらかじめ設定されたシステムを指すもので、トレーニング・データを読み込みながら学習するものではなかった。ともかくこうしたシステムは、人間のような感覚でデータを理解するわけではなく、あくまでも「浮かび上がってくる」パターンを特定するだけであって、その意味では、ポーカーのプロを相手に次々に白旗を上げさせたリブラタスに似ている。

こうした機械学習方式を的確に機能させる絶対条件が二つある。第一に、データに潜んでいる意味をはっきりさせるため、最初に機械学習システムに膨大な量のデータを読み込ませて徹底的なトレーニングを実施することだ。例えば、グーグルでは、ウェブ上のあらゆるテキストを基に単語が使われる確率パターンを明らかにして、同社の翻訳ツールに生かしている。第二に、最初のトレーニングの後も、システムが時間の経過とともに変化する個々の条件に応じて自己調整していけるように、頻繁にフィードバックをしてやらなければならない。[*19] 最近の機械学習システムは、単にデータに潜むパターン探し以外の機能も備えている。フィードバックのデータをニュアンスまで含めて独自の方法で活用する一方、古くなったデータの価値を下げるようになっていて、人間の記憶にやや似た仕組みだ。

こうしたシステムは、フィードバックが命である。特に重要な意思決定を支援するシステムの場合はなおさらだ。

Tesla（テスラ）のCEO、イーロン・マスクは、2016年末にツイッターに投稿し、同社の「オートパイロット」と呼ばれる半自動走行システムの運転実績が何億キロにも達したと豪語していた。[*20] とはいえ、単に数字を自慢したかったのではないはずだ。オートパイロット機能は貴重なフィードバック・データを生み出しては蓄積していく。これをテスラが集めてオートパイロット・システムをさらに鍛え、次のバージョンに生かすわけだ。ということは、誰かが1キロ運転するたびに、その結果がフィードバックされて、テスラの性能向上に生かされるのである。

この走行支援に使われるフィードバックの仕組みは、市場参加者の好みの変化を察知する目的にも応用できる。ある客がプリンター用に特定のトナー・カートリッジを価格にこだわらず繰り返し購入しているとすれば、この客の品質に対する好みが露呈していることになる。システムとしては、なぜこの客が価格にあまり執着しないのか理由を探る必要はない。だが、この客が最安値のトナーを買い始めたら、好みの変化を示すシグナルだから、システムはそれに合わせて軌道修正するのだ。

現時点で最強の適応型機械学習システムでは、まず膨大な量のデータでトレーニング、つまりシステムを鍛えてから、各個人に適応していく方式がいくつかある。例えば、アマゾンのAlexa（アレクサ）やアップルのSiri（シリ）といったシステムに組み込まれているAIアシスタントは、音声をテキストに変換する能力を備えている。あらかじめ何十億件という音声データの解析で鍛えられていて、発音の揺れを幅広くカバーしているからだ。ユーザーがアシスタントを使い始めると、そのユーザーの話し方や好みに関するフィードバックを基に自己調整を重ねて適応していく。この分野でも、世界中のベンチャー企業が、機械学習によるフィードバック・データから好みを徹底的に調べ上げる機能の開発に力を入れている。好みを特定するアシスタント機能であるイスラエル製のInfi（インフィ）は、スマートフォンやSNSの幅広いデータを分析している。

市場では、膨大なデータを使ったトレーニングに続いて、フィードバックによる適応や個人に合わせた学習機能が組み合わさると、大きな効率化につながる。適応型機械学習システムを利用すれば、人間の認知上の偏りが意思決定に及ぼす影響を抑えつつも、自分らしさを維持できる。こうしたシステムは最初の膨大なデータによるトレーニングに大きく左右されるため、このデータには多種多様な人々のフィードバックのシグナルが反映されている。人間は誰しもその人なりの偏見があるが、多種多様な人々がいる大集団からシグナルを集めれば、極端な偏見は抑えられる効果がある。我々の好みに潜んでいる認知上の制約までは解消できないが、こうしたシステムがあれば、（我々自身が望むなら）極端な判断をしない助けにはなる。

フィードバックのメカニズムが進化すると、あまり偏りのない情報源を基に、適応型システムが好みに関するデータを特定し、そのようなデータを優先的に使用できるようになる。こうしたシステムは、人間と違って学習できる量に限界がない。ということは、しっかりとした総合的な好みのデータをあらかじめ蓄積したシステムが登場してもいいわけだ。いわば、偏りのないバランスのとれた賢い意思決定支援エージェントだから、ユーザーが自分自身の判断に自信が持てないときにシステムの力を借りることができる。逆に言えば、我々の意思決定過程や、何らかの提案に対する我々の反応をシステムに学習させて、システム側を我々一人ひとりの好み（や偏見）に寄せることも可能だ。やがてはシステムが我々の分身のようになっていくかもしれない。システムから意思決定のアドバイスを受けたときの我々のフィードバックを分析していく中で、システムが暗黙のうちに理解できることはどのくらいあるのか。

ユーザーの偏見の一部をシステムが回避したときに、我々がそれを受け入れた場合も、受け入れなかった場合も、フィードバックとしてシステムは認識する。つまり、そのようなシステムは、システム側の判断基準とユーザーの判断基準の両方の世界のいいとこ取りの提案ができるわけだ。何千、あるいは何百万ものほかの市場参加者から集めた意思決定の知恵を垣間見せてくれる一方、我々自身の好みや優先度を徐々に学習して採用してくれるからだ。

機械学習システム自体は、市場に限らず、どのような状況でも使えるのだが、必要なフィードバック・データが生まれやすい環境という意味では、市場など一部の社会構造に一日の長がある。もともと、市場は分権型の構造のため、機械学習システムが拾い上げて学習できるシグナルがたっぷりと生み出される。取引成立時の商品と代金の交換はもちろんのこと、商品を見回していて、興味をそそられたとき（あるいは興味をそそらなかったときに）我々が見せるちょっとした仕草に至るまで、どのシグナルも情報としての価値がある。我々のやり取りや反応がどのように連なっていくのか、言い換えればシグナルが発生する順序さえも大きな意味がある。シグナル一つひとつは小さいので供給されるデータは大量になるが、どのデータも好みの分析に十分な関連性がある。

これまで見てきたように、市場の再編に必要な要素はそろっている。まず、しっかりとしたデータの概念体系を作り上げることは、膨大なデータの流れから貴重なデータを抽出し、さまざまな尺度に沿ってカテゴリー分けするうえで役に立つ。次に、マッチング・アルゴリズムの進化は、市場で最適な取引相手を発見・選定するうえで威力を発揮する。そして機械学習システムが我々の好みを明らかにしてくれるので、自分でわざわざ好み（やそれぞれの重要度）を明示する必要がなくなる。商品選びのアドバイスをくれるほか、偏見で物事を判断しようとすると（我々が望めば）警告を発してくれる。まさに信頼のおけるアシスタントだ。しかも、我々の代わりにさまざまな判断を任せることも可能である。こうした技術を味方につければ買い手としても売り手としても我々は手ごわい存在になる。交渉のたびに勝てるからではない。自分の好みに基づいて、とにかく最適な結果を出すために効率よく行動できるからだ。市場参加者に恩恵をもたらすだけでなく、市場全体を大きく向上させて人間の活動を調整する最も効率的な場に変えるはずだ。

すでに述べたとおり、市場には二つの大きな課題がある。ひとつめは、膨大で多元的な尺度の情報を低コストで利用できるようにすること、そして二つめが、その情報を駆使して意思決定を下すことだ。本章で説明した技術進歩はどれもこうした課題を克服するうえで重要な役割を担う。データの概念体系が構築されれば、情報の流れがよくなり、適応型の機械学習システムや、好みをマッチングさせるアルゴリズムは、我々の情報処理を支援してくれる。また、こうした技術は、微妙ではあるが重要なところで相互に補完し合う関係でもある。

機械学習システムの役割は、データから好みを抽出するだけではない。嗜好マッチング・アルゴリズムを向上させ、優れたデータの概念体系につながる言葉のパターン探しにも利用できる。同様に、データの概念体系を利用すれば、自分の好みに上手に優先順位をつけやすくなる。また、嗜好マッチング・アルゴリズムは最適な取引相手を探すときだけでなく、自分自身の好みを検討する際に、比較対象に適した他者の好みを選び出す際にも有益だ。

今後、こうした最新技術やコンセプトを生かして市場が次々に刷新されるようになるはずだ。地殻変動はすでに始まっている。ただ、道のりは決して容易ではなく単純な一本道でもなければ、一朝一夕にいくものでもない。市場を刷新していくうえで、参加者のニーズに合わせて技術と市場設計を上手に組み合わせる試行錯誤が必要になるからだ。

嗜好マッチング・アルゴリズムと機械学習を追い風に、貨幣中心市場がデータリッチ市場、つまり多元的な尺度の情報を基盤とする市場へと軸足を移し始めれば、もはや後戻りすることはなくなる。ある市場では、すでに刷新のモデルケースとして、こうした動きが見られ始めている。それは〝縁結び〟の市場である。

次世代恋人マッチングサイトはどう進化したか

人々は愛を求め、何千年も前から仲介者に頼ってきた。仲人は長い歴史を誇る職業だし、どの文化でもよきパートナーを求める人々にとって格好の相手探しの機会となる社交的な催しや行事がたくさんある。だが、こうした機会は地理的な障害や情報の欠如のために長い間、制約だらけだった。理想の相手は二つ先の村に住んでいるかもしれないが、そんなことは知る由もないから、永遠に出会えないわけだ。

このため、インターネット初期に交際相手を探す恋人マッチングサイトが登場して大きな話題をさらった。一番人気のサイトは、利用者の層の厚さがポイントだった。多種多様な参加者を大量に抱える市場ほど、出会いのチャンスも高くなるからだ。

ノースウェスタン大学の心理学・経営学教授で、恋人マッチングサイトに詳しいイーライ・フィンケルによれば、恋人マッチングサイトの第一世代は「出会いのスーパーマーケット」状態だったという。[*21] どのサイトも、市場にいかに多くの交際相手候補をそろえているかを売り物にしていたからだ。当初、利用者は歓迎したものの、膨大な候補の中から理想の相手を探し出す手間に圧倒されてしまった。理想の相手探しは無駄骨を折るばかりで至難の技だったからだ。

これを受け、恋人マッチングサイトはかなり手の込んだアンケートを用意するようになった。利用者の好みを調べ上げ、簡単にすばやく最適な相手を見つけ出すためだ。基本的に各サイトは多元的な尺度の情報提供に重きを置き、嗜好マッチングのアルゴリズムを導入した。一見すると妥当な動きなのだが、これが大きな失敗だった。利用者に求めたアンケートでは何百項目もの設問に答えなければならず、大変な時間がかかるにもかかわらず、マッチングの結果は、初期のスーパーマーケット型で成り行き任せで選ぶ場合と比べ、ほんのわずかに良くなった程度だったからだ。

こうした恋人マッチングサイトの対応は、従来型市場が犯しがちな失敗だった。ちょうどそのころに新規参入した恋人マッチングサイトは、利用者の認知能力が追いつかない点に問題があると考え、情報を増やすよりも、むしろ利用者は情報を絞ってもらいたいはずだと考えた。従来の貨幣中心の市場が価格を主役に据えて、好みをマッチングさせる手間を省いたように、Tinder（ティンダー）など最近の恋人マッチングサイトは、必要な操作をたったひとつの尺度に絞り込んでいる。つまり「好みのタイプかどうか」である。表示された候補の写真を見て、好みなら右にスワイプ（スマートフォンの画面を指でスライドさせる）、好みでなければ左にスワイプという実に単純な判断だ。判断をひとつの尺度に凝縮しているから、マッチングのプロセスは簡単になっている。ただし、価格比較だけで取引の判断に必要な要素をすべて把握できないのと同様に、たったひとつの尺度では、お目当ての候補と実際にデートするまでは、相性がいいのかどうか何の保証もない。

こうやって見てみると、冴えないマッチング結果を改善しようと各サイトが講じた措置は、結果的にサービスのレベルを落とすだけだった。後から考えれば、多元的な尺度の情報に移行したのは正解だったのだが、それだけでは不十分だった。フィンケル教授が指摘するように、アンケート方式は単に利用者間の共通項（または相違点）を見つけるだけで、あまりに安易だった。だから間違ったデータで恋人候補を紹介していたようなものだったのだ。[*22]

利用者同士の相性を見極めるには、少々難しく言えば、嗜好マッチング・アルゴリズムの強化とデータの概念体系の改善が必要なのだ。利用者本人に何時間もかけてアンケートに答えてもらわなくても、将来の恋人マッチングサイトは機械学習システムを使って、動画、写真、音声のほか、場合によっては活動量計などのウェアラブル端末も含む関連データから推定するようになる。意中の人の前で微笑んだり赤面したりするたびにシステムが記録し、双方の胸の鼓動が高鳴る瞬間もお見通しになるだろう。

利用者側に負担を強いることなく、システムが我々の好みを収集し、多元的な尺度の情報や適切なマッチング・アルゴリズムと組み合わせると、マッチングの成功率は飛躍的に高まるはずだ。こうした次世代の恋人マッチング市場ははるかに洗練されて効率も高くなる。その分、ドキドキ感は減るのかもしれないが。それはともかくとして、恋人マッチング市場の刷新に必要な技術はすでにそろっている。あとは、これを適切に組み合わせられるかどうかにかかっている。

恋人マッチングの世界で起こっていることは、ほかの市場にも言える。もっと先に進んでいる市場もあれば、遅れている市場もあるが、事業を続けたいのであれば、もはや抗いようのない流れである。数年後には豊富なデータを活用する強力なシステムが登場する。我々のことを十分に理解しているから、市場での取引の際にはこのシステムから有益な支援が得られるはずだ。我々利用者にとっては、手間も費用も時間もあまりかけずに精度の高いマッチングが得られるため、まさしく効率化の大きな恩恵にあずかることが可能だ。

しかもそれだけではない。人間の活動を調整するうえで、重要な判断に自分自身が関与するかどうか、そして関与する場合はどの程度関わるのかを選択できる日が到来するのは、人類史上初めてのことである。もっとも、充足感のある人生のための判断はまた別の話である。退屈な作業は機械学習システムに任せ、至高の喜びや満足感をもたらすような判断は機械任せにせずに我々自身のためにとっておくことも可能だ。我々の選択の一部をあえて手放し、自分にとって特に大切な選択に専念できるのだ。その結果、喜びのために選び出す行為と、必要性があって判断する行為とを切り離すことも可能なのである。

だが、市場を刷新してデータリッチな環境に仕立て直すには、企業の役割を把握し、再考しなければならない。

第5章

企業と統制｜COMPANIES AND CONTROL

集権型組織の終わり

集権型のアマゾン経営

アマゾンは1994年の創業以来、まるで創造的破壊が本業のような会社だ。今や、何でもそろうワンストップ型、簡単操作で購入が完了するワンクリック型の市場としてもてはやされ、オンラインのショッピングカートの分析で利用者の好みを推測し、年商1000億ドルを稼ぎ出している。[*1] 書店としてスタートしたアマゾンは、その後、ペット用品、靴へと次々に取り扱い分野を拡大し続けている。このオンラインショッピング界の巨人の襲来に小売業者は苦戦を強いられている。実店舗のショップに比べて膨大な品ぞろえを誇るだけでなく、高級チーズメーカーから自費出版の作家に至るまで、誰でもアマゾンの市場内で売り手として登録できる点も大きな特徴だ。

だが、アマゾンによる市場モデルの導入戦略は、個人への門戸開放にとどまらない。商品の評価やレビューを通じて買い手に大きな発言力を持たせているため、新たな買い手が品定めをする際に有益な市場情報を手軽に直接入手できる。企業というよりも市場のように振る舞って成功しているデジタル系企業のお手本があるとすれば、やはり〝何でも屋〟のアマゾンということになるだろう。

だが、話はこれで終わりではない。過去数百年にわたって世界は驚異的な経済成長を遂げてきたが、その大部分で企業は調整役を果たしてきた。アマゾンもしかり。重要な面では企業らしい階層構造の指揮命令系統を持った組織である。その意味でアマゾンは昔ながらの企業の組織構造であり、ジェフ・ベゾスも昔ながらのCEOとして、組織のあらゆる面に関して、効率的で効果的な統制を追求している。そんな彼が選んだツールが総合的な情報だ。

経営者としてのベゾスの細かさは有名だ。2011年、アマゾンの元エンジニアであるスティーヴ・イェギーは、SNSのグーグル・プラス上でベゾスについてボロクソに批判した内容を仲間内だけのコミュニティに投稿したつもりが、うっかり不特定多数向けに公開してしまい、その批判内容が世界的に注目を浴びた。その投稿で彼は「はっきり言って、ベゾスほど抜け目のない人間はいない。あの男にかかると、普通の管理魔上司が麻薬でラリったヒッピーみたいに（病的な管理魔に）なっちゃうんだ」と批判している。[*2]

さまざまな企業の従業員が匿名で自社の経営者や上司を評価できるサイト「グラスドア」でも、アマゾンはほかのシリコンバレーの人気企業に比べて仕事の満足度評価が恐ろしく低い。レビューを見ると、従業員に対する要求が厳しすぎるとの批判が多く[*3]、従業員が主体性を発揮しようがないという。[*4] 2015年の『ニューヨーク・タイムズ』の労働環境調査によれば、従業員は、同社の業務のさまざまな面で「とてつもない数の指標について責任を取らされる」[*5]（指標は50ページ近くある）うえ、効率の悪い部分が見つかれば、毎週、毎月の経営検討会議で説明を求められる。

そのように多くの情報を処理させると、士気の低下を招く。「アマゾンで優秀な従業員は〝アマボット〟（ロボットのように言われるままに勤勉に働くアマゾン従業員）だ」[*6]とある従業員が『ニューヨーク・タイムズ』の取材に答えている。最も優秀なアマボットは、データがあれば徹底的に読み込み、与えられた情報をどのように生かして判断を下したのか、どのような質問が飛んできても上司が納得いくまで答えなければならないから、週百時間は働くという。

それ以外の従業員はフラストレーションが溜まりに溜まって、燃え尽き、やがて辞めていく。そこまで待たなくても、成績が下位10％に入った瞬間に警告を突きつけられるか、クビだ。[*7] これだけの指標があるから、従業員の生殺与奪はベゾスの胸三寸。わざわざ現場で働きぶりを眺める必要もないのだ。

『ニューヨーク・タイムズ』の暴露記事が出るや、読者の反響は凄まじく、同紙サイトには5858件ものコメントが寄せられた。ここまで読者の反応を集めた記事は、同サイト始まって以来のことだった。『エコノミスト』誌が指摘しているように、コメントを寄せた読者の多くは「うちの会社も同じような方針だ。アマゾンは傑出した企業どころか、記事で指摘している新たな風潮の象徴だ」といった内容だった。ここでいう「新たな風潮」とは、同紙が特集していた「デジタル版のテイラーリズム（科学的管理法）」のことである。技師で経営学者のフレデリック・ウィンズロー・テイラーが提唱した科学的管理法の再来と指摘しているのだ。[*8]

新たな技術に加えて、従業員やプロセス、製品、サービス、顧客に関するデータという燃料も投下され、指揮統制系統の強化版が誕生したようにも思える。だが、市場のイノベーターとして名高いジェフ・ベゾスともあろう人間が、なぜ企業の集権的構造やルール、行動様式を駆使してアマゾン帝国で働く大多数の従業員を管理しようとするのか。なぜ市場らしい分権構造の力を生かす技術を開発しようとしないのか。

アマゾンだけでなく、デジタル界のユニコーン企業（企業としての評価額が10億ドル以上の非上場ベンチャー）、さらにはその同業他社は、データリッチ市場の発展を後押ししてきた。それが回り回って企業としての自社に影響を及ぼし、自社の存在意義、いや、少なくとも組織構造について再考せざるを得ない状況にあることに気づいていないのだろうか。

この問いに答えを出す前に、企業内の情報の流れ方や情報に基づく意思決定のあり方を確認しておこう。また、新たなツールや手法は企業という組織構造の発展をどのように支援してきたのかも、時系列に沿って把握しておきたい。

報告と会計——意思決定ツールの歴史

企業は、資本を調達する法的主体であり、リスクを抱え込む法的主体でもあり、経営と所有の分離を支援するための法的主体でもあるなど、さまざまな役割を担う。*9 だが、本書の文脈で言えば、企業とは、市場と同様に、人間の活動を調整する仕組みである。また、そのような調整を低コストで実現する点も市場と似ている。さらに、少なくとも原則的には十分な拡張性を持たせてある点も市場によく似ていて、成長（または縮小）に合わせて効率的に規模を伸縮できるようになっている。

市場と企業の最大の違いは、意思決定を誰がどのように行うかだ。市場では意思決定は分権化されていて、市場参加者全員に任されている。一方、企業では、意思決定ははるかに集権的で、比較的少数の個人に権限が集中している。この違いは、それぞれの情報の取り扱い方法や意思決定への生かし方と深く絡み合っていて、それがはっきりと反映されている。データの流通や、データ処理技術の変化に企業はどのように対応しているのだろうか。そこで、現時点での状況を吟味しておこう。実は技術面だけでなく、組織、社会の面でも企業はイノベーションの連続という驚愕すべき存在なのだ。

企業では、組織のあらゆる部署から正確でタイムリーな情報が十分に上がってきて初めて、リーダーは意思決定に必要な判断材料を手にする。この仕組みは、何世紀も前から全般的な報告を効果的に実行する原動力になってきた。とりわけ、会計の発明にもつながっている。この報告の手法は、世の中ではあまり注目されていない感があるが、実は企業というコンセプトの台頭や成功を支えてきた最も重要な要素なのである。少なくともマスカスタマイゼーション（大規模な受注生産）やグローバル化と比べても遜色ない。当初、企業の財務実績に関するデータを上げるために使われていたのだが、その後、企業活動のあらゆる面で利用されるようになった。

もともと、企業の報告という仕組みは、過去の結果について組織の責任を明確化することが目的だったが、未来に向けた戦略計画づくりのための情報活用という目的に転換するには、今の姿を総合的に俯瞰できる仕組みが不可欠だ。データが直観に取って代わり、合理的な管理をめざす意識が、いわば職人技的な意思決定に取って代わる。ここで重点を置いているのは情報の流れなのだが、もちろん究極の目的は効果的な判断を下すことにある。

企業というコンセプトが生まれたばかりのころは、事業活動の内部報告は口頭での伝達に頼っていた。取引で何が起こったのかを直接相手に語っていたが、その後、時間と空間の制約を超えるために徐々に日誌形式で伝達するようになっていった。こうした説明内容に数値計算の要素はあまり含まれていなかった。というのも、昔の記数法では、最低限の計算でさえ、いざ記入するとなると煩雑極まりないものだったからだ。これをがらりと変えるきっかけになったのが、アラビア数字の普及である。[*10]

おかげで商人は、原料、在庫、売り上げ、手元資金の量を表現する際に、認識しやすい標準的な〝言語〟を手に入れることになった。

歴史学者のジェイコブ・ソルの会計史に関する著書によれば、企業のリーダーが情報を自分に集めたほうが社内の活動をコントロールしやすくなると気づいた瞬間、企業内の報告制度が一気に本格化したという。この波に乗って、かつてのイタリアでメディチ家、バルディ家、ペルッツィ家といった数々の巨商が台頭し巨万の富を築き上げ、15世紀の欧州で一目置かれる有力銀行へと発展する足がかりとなった。*11

その筆頭格はコジモ・デ・メディチ（通称コジモ・イル・ヴェッキオ）だ。1429年に父の死を受けてメディチ家当主として銀行業を引き継いだ。コジモが事業を継いだ当時、複式簿記はすでに目新しいものではなかった。

ちなみに複式簿記とは、取引一件一件について、価値の入りと出のふたつの側面を記録することから複式と呼ばれる。フィレンツェの商人には、税額算定のため、こうした記帳が義務づけられていた。*12もっとも、そのころの簿記は国に対する義務と考えられていて、組織の内部統制の仕組みとは見られていなかった。コジモはこの常識を覆し、簿記を情報監視の強力なツールとして、自社の日常業務の根幹に据えたのである。全支店から定期的に詳細な報告を上げるよう求め、この情報を簡潔な帳簿の形で圧縮し、コジモが誤りや矛盾を簡単に発見できるようにしたのだ。さらにコジモ自身が直属の部下を引き連れて各拠点に対して年一回の監査を実施することも、各拠点の責任者は受け入れざるを得なかった。*13コジモは目ざとく商機を見つける経営者として知られたが、その背後には秘密があった。

会計が生み出す情報を駆使すれば、フィレンツェの豪邸にいながらにして自分の金融帝国を牛耳ることができるとコジモは心得ていたのだ。

それから数十年をかけてコジモは事業を拡大し、遠く離れたブリュージュ（ベルギー、かつてのハンザ同盟の中心地）やロンドンも含め、欧州全体で多数の支店や代理店を擁するまでになった。

彼の成功は、同族支配による賜物と昔から言われている。親族を多くの事業拠点の責任者として送り込み、緊密な血縁関係を軸に忠誠心を持って誠実に働かせる体制を確立したからだというのだが、実はそうではない。メディチ家がコジモの采配の下で繁栄できたのは、会社の会計、ひいては重要な情報を個人的に牛耳り、毎日、最新の情報を入手し、随時、帳尻を合わせることができたからなのだ。

こうした会計方式には、いろいろな利点があった。まず帳簿をつけるという行為は、常に勘定の帳尻を合わせる必要がある。そうすることで、集計ミスは簡単に見つかる。帳簿の矛盾点を突くことで、代理店の活動にも目を光らせることができた。代理店が売り上げを着服したり、[*14]業績に関するマイナスの情報を隠したりしようとしても、たちどころにバレてしまうのだ。会計のおかげで、企業のトップは代理店の良し悪しを判断し、それに応じて対策を講じることもできた。優れた会計ができているということは、企業が事業の規模や範囲を拡張するうえで欠かせない安定した情報流通の土台があるということだ。

ただ、その後も数世紀にわたって複式簿記が企業の標準となることはなかった。メディチ家でコジモから引き継いだ次の世代を始め、ほかの富豪らは、政治や芸術など、もっと〝知的〟な趣味にうつつを抜かし、会計には目もくれなくなってしまった。会計は彼らのエリート意識に照らせば、低俗と映ったのだ。企業という当時としては最新のコンセプトはまだ揺籃期だったこともあり、欧州各国の王室の肝いりで設立された世界初の株式会社である東インド会社を始め、多くの企業の役員は株価や投機に気を取られ、内部統制や経営効率、安定した収益確保がおろそかになっていた。ほとんどの企業は、法の定めにしたがって、基本的な帳簿類の記帳や決算が義務づけられていたが、会計自体が不正確なことも少なくなかった。場合によっては、投資家に資金を引き揚げられないように、帳簿を粉飾して財務上の問題点をもみ消す行為も見られた。コジモとは違って、多くの企業経営者は会計が事業の舞台裏について重要情報を安定して提供してくれる道具だという思いには至らなかった。もっとも、その一因は、簿記の先駆者たちがキャッシュフローばかりに重きを置いていたことにもある。

メディチ家など当時のイタリアの豪商は、基本的に銀行が事業の中心だった。取引とはいえ、大部分は貨幣のやり取りだった。18世紀になってようやく英国のジョサイア・ウェッジウッドという若き商人が原価に着目するようになり、会計の潜在能力がフルに引き出されることになる。

ウェッジウッドは陶芸の父として名を馳せた。彼の工房が生み出す陶器は、英国の上流階級の間で大いにもてはやされ、国王ジョージ3世の妻シャーロット王妃は、ウェッジウッドに「クィーンズウエア」と銘打った模様の陶器を作らせ、これを一般向けに販売する許可を与えるほどだった。

これほどの特別待遇を受けながら、ウェッジウッドは大して儲かっていなかった。しっかりと帳簿をつけていたからこそ、売り上げがあっても原料費や人件費を差し引けば利益はほとんど残らないことは本人もわかっていた。利益がほとんど出ていないことは確かなのだが、帳簿からはその理由は見えてこなかった。そこで、製造・流通を工程ごとに分けて精査し、工程単位で原価を記録していく中で、総合的な原価計算という概念を編み出した。この原価情報が手に入ったことで、ウェッジウッドは経営資源の無駄がある工程、人員を割り当てすぎの模様製作、最も利幅の大きな製品を突き止め、分析と費用配分を重ねながらコスト削減と売り上げ拡大に継続的に取り組めるようになった。会計はすでに終わった過去を記録するものではあるが、ウェッジウッドは、この過去の情報を、将来への事業計画のための戦略的ツールに変えてみせたのである。[*15] 集権的な意思決定権者を中心に築かれた企業という組織の実力が、総合的な原価計算で高められたことになる。

19世紀に入り、企業内の情報の流れを公式に標準化するうえで報告・会計が有益なツールになると、企業は非常に効率的な調整手段として大きく存在感を増していった。また、リスクを抑えつつ資本を蓄積する重要なイノベーションとして株式発行が威力を発揮し、人口増と取引のグローバル化を背景に企業が台頭するチャンスがもたらされた。企業の経営陣は、総合的な報告を通じて、情報面で十分な統制体制を築き、持続的な利益確保に踏み出すことも可能になった。むろん、こうした統制を実現するには、適切な技術と正しい帳簿だけでは不十分だ。誠実さや勤勉さに基づいて抜擢した人材で幹部グループを編成・トレーニングし、少なくとも正確な業務記録と比較結果の報告という任務を担わせる必要がある。

この企業の台頭を支えた知られざる功労者が、会計士である。会計士は往々にして割の合わない仕事と言われる。繰り返しの作業が多く、独創性を発揮するチャンスは限られている。もっとも、経理担当者が独創性を発揮して、社内の別の部署のようにイノベーションに取り組み始めても、[*16] 企業の長期的なメリットにつながることはまずない。企業の効率化は、誠実で正確な会計に依存しているからだ。

ただし、せっかくそのような会計が行われても、企業の意思決定の最終権限を握る人間が報告を真剣に扱わなければ、そこに価値はまったくない。企業というコンセプトは、全般的な統制の道具として、情報の流れと意思決定が集権化されたものだ。この重要なコンセプトの力を最大限に引き出すには、企業内部の仕組みにしっかりと組み込んでおく必要がある。

こうした広範な報告の制度が本格化したのは1890年代ごろのこと。折しも、米国の技師で経営学者のフレデリック・ウィンズロー・テイラーが新たな方法論を提唱した時期と重なる。今日ではテイラーといえば、生産工程ごとに細かい動作を規定する方法論の提唱者として知られる。[*17] この考え方は「テイラーリズム」とも呼ばれ、実際に彼が在籍したベスレヘム・スティール社などでそれなりに効果を発揮したこともあるが、人間の労働のあらゆる面を定量化し、人間を生産設備の単なる歯車として扱うものだと労働者の反発を招くことが多かった。だが、テイラーが重視していたのは、組立ラインの労働者の動作をスピードアップさせることだけではない。テイラーが提唱した新たな組織管理方式である「科学的管理法」は、報告、会計、そして何よりも比較計算を基盤にしている。この科学的管理法を実現するには総合的な情報の流通と処理が不可欠だと彼は主張した。この厳格な管理に基づくシステムなら駆け出しの管理職でも習得可能であり、率先して習得させるべきだとテイラーは提唱したのである。

テイラーが大量生産に取り組んでいたとき、彼を信奉する人々の間で効率化のための統制方法の体系化を望む声が上がっていることに気づいた。やがてハーバード・ビジネススクールの経営学修士課程の土台として、[*18]テイラーの方法論が採用されるまでになった。

折しも新しい技術が次々に登場し、テイラーの科学的管理法に必要となる膨大な量のデータの収集・伝達が容易になった。例えば、ある時期には企業の経営幹部がパンチカードのタビュレーティングマシン[*19]〔日本ではパンチカードシステムとして定着した〕の導入に熱心だった。これは発明家のハーマン・ホレリスが考案した表作成補助装置で、後に彼の会社はIBMへと発展している。ホレリスがこの新システムを引っさげて企業への売り込みを図ったものの、単なる計数機なら不要とけんもほろろだった。企業が求めていたのは、経営目標と連動し、利益改善につながるような情報だったのだ。そこで古くからの顧客であるニューヨーク・セントラル鉄道向けに、複数のカードの特定の位置にある入力欄に数値をまとめて記入する機能を追加した。この結果、同鉄道では、何百万件もの貨物運送状（貨物の輸送距離、輸送量などが記された書類）を効率的にチェックし、貨物利用客に正確な料金を提示できるようになった。意外にもこのデータは、条件に該当する貨物利用客の特定にも使えることがわかった。

科学的管理法を導入した企業の間では、情報の収集・処理業務が飛躍的に増加した。企業の経営者というものは、情報流通の円滑化に積極的だ。アマゾンのジェフ・ベゾスが幹部に大量のデータの収集・共有を命じ、その責任を負わせているのも同じ理由である。それだけでなく、科学的管理法では、こうしたデータを経営者が処理して理解しなければならないから、意思決定権のある者に過剰な負担を強いる恐れもある。これは社内の情報の流れが大きく改善されることの〝副作用〟である。

集権型プロセスと認知の制約

詳細な情報が経営の中枢に次々に流れ込むようになったら、企業はこの情報を基に優れた判断を下せるようにしなければならない。これは今も昔もきわめて人間的な要素が大きい仕事であり、技術的なツールはあまり役に立たない。つまり企業での意思決定を強化するには、複数の人々で作業を分担する仕組みづくりのような組織改革に頼ることになる。標準的な判断の指針を策定すれば、関係者の数が増えたとしても、意思決定の一貫性を確保できる。社内のリーダーを選定してトレーニングし、優秀な意思決定権者に育て上げれば、増え続ける情報を処理して、これまた増え続ける判断につなげていくニーズに応えやすくなる。

このような組織戦略は、企業の意思決定プロセスの改善にも役立つ。ただし、戦略として強力ではあるが、欠点もある。例えば、権限が過剰に委譲されれば一貫性が失われてしまう。こういった欠点に対処するには、さらに多くの措置を講じなければならない。すると、個々の企業の事情に合うようにカスタマイズされた複雑な組織構造になる。企業内の意思決定プロセスの改善となると、報告面のイノベーションとは対照的に、簡単で単純な成功術はない。

もちろん、企業の階層構造にしたがって決定権限を委譲するのが、戦略としては一番わかりやすい。意思決定をなるべく多くのメンバーに分散させるだけでなく、決定事項に優先順位をつけることも大切だ。言い換えれば、組織の特定の範囲に関わる判断はその範囲内で解決してもらい、組織全般に関わってくる最重要判断のみトップに任せるのである。

だが、意思決定の権限委譲には、絶妙なバランス感覚が求められる。あまりに多くの意思決定の権限を委譲してしまうと、意思決定に伴う組織中枢の負担は減るが、その代わりに企業としての実効性も下がる。逆に、権限委譲が小さすぎると、幹部の負担が重くなりすぎる。最適なバランスで権限を委譲するとともに、適切な情報の流れを作らなければならない。

ここでゼネラルモーターズの進化を考えてみよう。馬車の製造が同社の原点だ。1900年代初頭、同社はこうした馬車の製造で米国最大手の座にあった。創業者のウィリアム・デュラントは、最古の内燃機関を開発したビュイック・モーターが経営難に陥っていたことから買収を決意する。その後も創業間もない自動車メーカーを次々に手中に収めていった。

1920年にはすでにコングロマリットの様相を呈し、企業買収を無節操に続けたため、買収した企業間の融合方法や、いちいちデュラントを通さずに主要意思決定権者に情報を上げる仕組みづくりは後手に回っていた。会社の規模や事業範囲の割に、GMのクルマは、フォードの普及モデルであるT型フォードに負けていた。このためデュラントは株主から追い出される格好で経営権を手放し、株主の意向で外部のコンサルティング会社に「ゼネラルモーターズの経営効率評価」を依頼したところ、情報も意思決定も財務もすべてデュラントを通す仕組みになっていて、[20]経営の全責任がデュラントに集中していたことが判明する。このため、1920年に厳しい不況が訪れると、同社は麻痺状態に陥ってしまった。[21]

デュラントの後釜についたエンジニアのアルフレッド・P・スローンは、取りまとめ役としての天性の才能を発揮し、就任と同時に業務効率化に着手した。ただし、組立ラインをあれこれいじくり回すのではなく、情報の流れの最適化に注力した。会計などいくつかの中心的な機能を整理統合してデータ収集能力を強化した。ディーラーからの販売報告や販売予測が組織の階層構造をたどってスローンのもとに上がってくるまでにあまりに時間がかかりすぎることから、外部の専門業者にデータ収集を委託したほどだ。[*22]

スローンは、肥大化した組織を事業部制に転換し、各事業部が得意とする市場セグメントに特化する体制を整え、各事業部の担当役員に意思決定権限の委譲を進めた。各事業部の責任者は、担当する市場セグメントのデータだけを管理することになったため、情報処理体制が大きく合理化された。ほどなくしてGMは、フォードを抑えて米国最大の自動車メーカーの座を獲得する。スローンが著した『*My Years with General Motors*』（邦訳『GMとともに』）は経営のバイブルとされている。『ハーバード・ビジネス・レビュー』の調査によれば、企業の財務統制によって「標準化された明確な業績情報が頻繁に上層部に上がってきた。（中略）こうしたツールで武装した幹部は、最新情報に基づいて意思決定を下せるようになり、[*23]個人的な好き嫌いや固定観念の影響が軽減された」という。情報の流れを改善する一方、意思決定のネックになっていた部分を権限委譲で解消する合わせ技でGMの成功につながったのである。

第二次世界大戦後、フォードはこの戦略を見習い、データ関連分野の若手エリートを次々に雇い入れた。[*24]そのひとりがロバート・マクナマラだ。かつて「歩くＩＢＭコンピュータ」の異名をとり、戦時中には米軍で何十億ドルもの調達コスト削減を達成した実績があり、最終的にはフォードのトップに登り詰めた人物である。
マクナマラはフォードに最先端の情報管理技術をもたらした。人間の認知能力がハーマン・ホレリスのパンチカードに太刀打ちできないことを承知していたマクナマラは、フォード在籍中も、その後の国防長官時代も、世界銀行総裁時代も、大量の情報を処理できない人間の頭脳の限界と戦い続けた。とにかく複雑さを徹底的に解消するため、人間の頭脳が理解しやすいようにデータを簡略化していった。[*25] あたかも、市場の参加者が価格だけを見れば済むようにした状況に似ている。ときに総合的なデータがリアルタイムに入手できないためにマクナマラの取り組みは足踏みを余儀なくされることもあった。従業員の報告とパンチカードを読み込み、分析もしなければならない。ところが簡素化された指標では全体像がつかめなかった。
１９７０年代からはデジタル技術のおかげで、財務会計や財務報告、人事、製造、在庫管理、販売に至るまで企業内のすべてを網羅する多種多様なデータ源を単一のデータベースに統合できるようになった。経営資源の有効活用をめざした企業資源計画（ＥＲＰ）という概念に基づき、当時の独ベンチャー企業ＳＡＰから統合基幹業務システム（ＥＲＰパッケージ）が登場し、マネージャーは情報の流れを従来とは比べ物にならないくらい総合的に管理できるようになった。[*26]
情報の流れや意思決定の集権化は、情報を組織全体に流す必要を大きく減少させ、意思決定に一貫性を生むメリットがある。意思決定の権限を委譲する場合には、こうした利点が失われないようにすることが最大の課題となる。新たに権限を委譲された担当者は、企業の中枢から離れた場所にいることが多い。それだけに、経営中枢部と足並みのそろった選択ができるようにトレーニングを受けておかなければならない。そうでなければ、組織内に〝不協和音〟が生じ、非効率の原因になる。[27]

このような不協和音の回避を目的とする管理対策は昔からいくつかある。例えば、標準業務手順書（SOP）など、企業内の意思決定の指針をまとめた規則文書はその典型だ。こうした規則には、状況別の意思決定方法について従業員向けに明確で総合的な指示が盛り込まれているため、上意下達にはそれなりに役に立つ。この方法なら、リーダーの判断が組織全体にムラなく浸透する。同時に、このような標準化の目的は、企業の経営陣にいちいちお伺いを立てねばならない判断の数を抑えることにもある。このため、一般規則を定めておけば、権限委譲は促進される。

多くの人々が使っている情報処理ツールのひとつ、チェックリストは、いわばSOPの簡易版であるが、やはり意思決定上のメリットが期待できる。航空機がチェックリストを採用するようになって、パイロットのミスが激減している。[28]特にストレスの多い状況ではその効果が顕著だ。ハーバード大学医学大学院のアトゥール・ガワンデ教授は、病院のICU（集中治療室）でチェックリストを採用した結果、患者間感染が大幅に抑えられたと指摘する。[29]チェックリストのすべてのチェックボックスに印をつけていくのは退屈な作業かもしれないが、これが意思決定を向上させるのだ。チェックリストやSOPは定型業務のように手順の定まっている状況（そもそもこういう状況を想定して作られたものだ）で、結果も毎回同じかほぼ同じになる場合に特に効果を発揮する。

一部の企業、特に従業員の離職率が比較的高い企業では、SOP導入でさらに状況を改善し、ルールと手順を企業のツールやITに組み込むことができる。例えば、溶接機を使うときに目の保護シールド（遮蔽板）を下ろさなければ安全が確保できないのなら、最初から溶接機にセンサーを取りつけ、シールドが下りていることが確認できなければ溶接機が作動しない仕組みにしておくべきだ。機器が高性能になれば、そこに組み込めるルールも複雑化する。ただでさえSOP導入で複雑になるのだが、意思決定の権限委譲は予測がつく範囲に限られる。機械を使ったルール適用がうまくいくのは、すでに細部まで精査済みの高度に定型化された業務に限られる。

こうした情報処理戦略には、きわめて緩いものも含め、無数のバリエーションがある。どのケースにせよ、企業の経営陣が採用する目的は、意思決定権限を下位層に委譲することにある。情報処理の面で経営陣の負担を軽減しつつも、組織全体の統制と一貫性を確保するバランスが重要になる。この意思決定の集権化と権限委譲のバランスこそ、アルフレッド・P・スローンがGMで極めたポイントだ。[*30] スローンはこれを「統制を調整しながらの分権化」と呼んだ。[*31]

20世紀末には、企業の意思決定権を握る者は、かつてないほどの量の情報をワンタッチで手にするようになった。数百年以上前の帳簿をつける作業から始まった習慣は、驚くべき進歩を遂げた。総合的な情報の流れを作り、これを維持することが、昔から優れた経営の基本となっているのである。アマゾンを見ればわかるように、IT業界の有力企業でさえ、情報の流れを管理するという、歴史的に確立したコンセプトにこだわっているのだ。

もちろん、企業内には依然として不正確、不完全な情報が存在する。恐怖感や集団思考（集団の合意を優先しているうちに不合理な意思決定に陥ること）が原因で、最重要情報が意思決定権者にまで上がっていかないことさえある。ひょっとしたら「誰も気にかけなかったから」という原因もありうる。ただ、概して言えば企業は人間の調整活動を効率化する非常に効果的な手段になっている。調整の仕組みとして見れば、市場よりも優位な地位を築いているのが企業だ。だが、そうやって手にした効率化もほぼ限界に達しつつあり、これ以上の効率化をめざすのなら、企業上層部の意思決定権者による情報処理能力の向上に注力するほかない。ただし、人間の認知能力の制約というはるかに大きな壁が企業の前に立ちはだかる。

心理学者のダニエル・カーネマンとエイモス・トヴェルスキーが画期的な研究（後に行動経済学の発展にもつながっている）を通じて指摘したように、人間はさまざまな面で基本的な認知能力の限界に苦しめられていて、これが総合的な判断力を鈍らせている。[*32]すでにこの苦悩については、先に取り上げた価格の話にも表れているが、それにとどまらずもっと幅広い分野でこの制約が足枷となっている。例えば、人間は新しい情報に出くわすと、とりあえずさっと思い出せる情報と比較しながら検討するのが自然な対応だ。このため、飛行機墜落事故のような衝撃的な事態が発生する確率を過大に捉えてしまうのである。

また、人間は、現状維持に比べて現状変更のメリットを軽視し、未知のものより慣れ親しんだものを好む傾向にある。企業上層部の意思決定能力の改善をさらに難しくしているのは、こうした固定観念にまったく同じように影響を受けるわけではない点だ。特定の固定観念に強く反応する人もいれば、そうでない人もいる。市場の場合、多種多様な意思決定権者が存在するために、こうした認知上の制約が緩和されやすい（ただし完全には排除できない）。一方、企業では、意思決定が集権化されているため、こうした認知上の限界が増幅されてしまうのだ。

企業の意思決定を改善するには、意思決定権者の認知能力を高める必要があるが、そもそもそんなことが可能なのだろうか。認知上の偏りや誤り（認知バイアス）などに影響を受けにくい人材をトップに据えればいいという意見もあろう。確かに、情報を評価する能力が高い人材もいる。自説に有利な情報ばかりを集め、矛盾する情報を無視する傾向（確証バイアス）は女性より男性のほうが強いとの調査結果もある。[*33] また、何かが起こったときの原因探しの際に、その人の性格や個性に原因があると考え、その人を取り巻く文化や環境を重視しない傾向（「根本的な帰属の誤り」[*34]）は西欧文化のほうがアジア文化よりも強いと言われる。だが、こうした相対的なデメリットは、特定の偏見に関して顕著に見られるだけのように思える。また、知性と認知上の偏りには直接的なつながりはない。

少なくとも本書の文脈で言えば、人一倍賢いからといって必ずしも意思決定が優れているわけではない。だから、認知上の欠点を見事に克服できる人材をリーダーに選定する絶対確実な方法などないのである。選定に当たって、政治学者のハーバート・サイモンの言う「限定合理性」（合理的でありたいと思っていても、認識能力の限界が足枷となって、限られた範囲でしか合理性を発揮できないこと）から逃れられない。最適な判断には限りがあるということだ。[*35]

別の方法としては、認知能力を補完し合える人材を集めて集団指導体制を組む方法がある。そうすればチーム全体としては個々の偏見が薄まる。だが、仮にこの集団指導体制が実現して、相互補完型の認知能力が実現できても、ほかの重要分野でこの認知能力がマイナスに働かない保証はない。もっとも、企業のリーダーは従業員の触発や動機づけ、製品・サービスの開発、顧客や株主との意思疎通といった役割も担っている。企業を統率するには、意思決定能力に加えて、カリスマ性や専門知識、活力も同じように重要だ。情報分析力第一で人材を選定してしまうと、こうしたほかの役割での能力にしわ寄せがいく恐れもある。

組織内の幹部の意思決定能力を向上させようと、いろいろな方法を検討している企業もあるが、なかなか成果につながっていない。こうした企業では、ビジネススクール出身者や管理職トレーニングプログラムの修了者を採用・昇進の対象としている。彼らは、情報を駆使した意思決定方法や認知バイアスの軽減方法を身につけた人材というのがその理由だ。例えば、パイロットなら、航空機のフラップ（主翼後ろの下げ翼）が動いていなければ離陸に必要な揚力を確保できないとわかっている。医師なら、特定の薬を投与したときに患者の血圧低下を招くかどうかを必ず確認する。こんなふうに絶対にミスしてはならない判断というものがあるのだが、そういう判断に対する明確なフィードバックがあれば、認知の偏りは抑制できる。だが、このような明白なフィードバックが来る経営判断はほとんどない。

人間の意思決定の改善策に関しては、十年ほど前からある考え方が注目を浴びている。直観にしたがい、もっと単純なヒューリスティックス（理詰めで答えを出すのではなく、直観的に試行錯誤で一気に答えにたどり着く方法）を追求する限りは、人間の情報処理能力はそれほど悪くないという考え方だ。マックス・プランク人間発達研究所所長のゲルト・ギーゲレンツァーなど、ヒューリスティックスの支持派は、人間には判断の偏りがあるという多くの証拠に異議を唱えているわけではない。行動経済学でよく引き合いに出される実験はどれも周到に計画されたもので、現実から乖離していると指摘しているのだ。

この批判には一理ある。科学実験というものは、原因と結果を引き出すために変数（つまり条件）

の数を人為的に減らすのが常だし、心理学の多くの実験では、被験者に二者択一の選択肢を提示している。だが、人生は白か黒かで片付けられるほど単純ではない。

ギーゲレンツァーによれば、人間は「処理する情報が多すぎる場合の危険から身を守る」[36]ための情報フィルターを持っている。それは、認知上の制約をどうやったら穴埋めできるか考えるのではなく、何千年もうまく活用してきた「直観」や「第六感」を信じることだという。

ちょっと想像してみてほしい。自分が来る日も来る日も多種多様な重要案件の決断を担う経営幹部だとしよう。さまざまな案件について途切れることなく決裁を迫られる。案件の現状について深く掘り下げた詳しい事情を把握したいところだが、情報を分析することなど一切忘れてしまえというのが、ギーゲレンツァーの主張だ。

彼曰く、世の中の複雑なことは無視して、シンプルさをとことん追求せよ。情報は知らないほうがいいのだ[37]。本能に頼るほうが、情報過多に対処しているよりコストもかからずスピーディに対応できるのだという。

だとすれば、ギーゲレンツァーの助言がかなりの数の企業経営者に受け入れられているのも驚くに当たらない。2014年の調査によれば、経営幹部の約4分の3が判断に当たって自身の直観を信じているという。

「できるだけ（情報を）収集・分析してから意思決定を下す」と答えた「データ重視」のプロフェッショナルを自称する経営者でさえ、3分の2は直観を大切にすると回答している[38]。何時間もかけて情報を分析してから意思決定を下すよりも、安くてシンプルな選択肢があれば、そちらを選ぶのは決して不思議ではない。懸命に努力せずに結果を出せるなら、そうしたいと考えるのは普通のことだろう。ただ、ヒューリスティックスに伴う根本的な問題は、中世に普及していた治療行為の「瀉血《しゃけつ》」(血液を体外に排出することで健康を回復するという考え方)の問題に似ている。ほかにめぼしい治療方法がないのであれば、それもいいのかもしれない。総合的に情報を収集・処理して適切な判断に導くことができないのなら、瀉血よろしくヒューリスティックスに頼るしかないというわけだ。

だが、歩行を身につけた子どもが這い回るのをやめるように、問題解決の次善策はどれも本物の最善策が出てくれば脇に追いやられる。[*39] 18世紀の啓蒙運動に何か得るものがあるとすれば、無知は幸福ではなく、あくまでも応急処置であり、あとでもう少し手をかけるためのメモ書きのようなものにすぎない。ヒューリスティックスは、企業の意思決定に関わる認知上の課題に対して、シンプルな解決策にはならないのである。

揺らぐ従来型階層組織

過去数世紀にわたって企業は内部の情報の流れを改善し、組織改革の強力な道具として活用してきた。貨幣中心の市場や情報の還元主義よりも、企業というコンセプトが優位性を獲得した理由はここにある。情報を判断につなげる部分がそれほど進化していないのは、企業が努力を怠っていたからではなく、人間に認知上の制約があるからである。実際のところ、権限を委譲するか、SOPなどで標準化するか、適切な従業員を選択するくらいしか手立てがないから、ヒューリスティックスのようなものさえ力を発揮してしまうのだ。情報の流れという低いところにある果実はすでに収穫されてしまった以上、いっそうの進歩を望むなら意思決定を改善するほかない。これははるかに困難な課題だ。ジェフ・ベゾスがアマゾンを当初ずいぶん平凡な会社として立ち上げることにした本当の理由は、課題の大きさを確かめるためだった。たとえ世の中はデジタル時代に突入しようとも、アマゾンにとっては従来の階層構造が最も効率的な選択肢だったのである。データが豊富になれば、この状況は根本的に打破できる。デジタル・ツールは、我々の行動をスピードアップするために使われているが、同時に、調整という社会的な仕組みを再編する可能性も秘めている。市場の参加者は、データに重点を置いた最先端ツールを使えば、最適なマッチングを見つける能力が大きく向上する。すると、市場VS企業という対決の構図に変化が生まれ、市場に有利に動く。

貨幣中心市場からデータリッチ市場へとシフトする中、市場が進化する一方で、従来型の企業は大きな打撃を被ることになるのか。企業も同様のデータ主体のツールを使って情報過多に対処し、途方もない量の意思決定を緩和し、幹部による意思決定を改善し、市場と同じようにデータ時代の恩恵にあずかることはできないのか。詳しくは次の章に譲るが、企業が市場とまったく同じように進化するわけにはいかない。だからといって、企業はお先真っ暗という意味ではないが、多くの企業は組織のあり方について抜本的な見直しを迫られるはずだ。とりわけ、忍び寄るデジタル時代の創造的破壊者の影に不安を感じている従来型企業は真っ先に変わらなければならない。ただし、時が経てば、ジェフ・ベゾスでさえアマゾンの運営方法の見直しを迫られることになるだろう。

第6章

企業の未来｜FIRM FUTURES

２つの選択

富国生命とダイムラー――二つの選択

2016年12月26日、保険会社で保険金請求時の支払い査定業務についている人々にとっては残念なニュースが飛び込んできた。日本の生保大手の富国生命保険〔フコク生命〕が発表したあるプレスリリースである。もっとも、このニュースに気づいた人はほとんどいなかったようだ。というのも、一番気がかりな情報は、プレスリリースの目立たぬ場所にあったからだ。同社は、顧客から保険金請求があった際の支払い査定業務に、IBMが開発した機械学習システム「Watson〔ワトソン〕」を使うと発表した。[*1] 同システムの導入によって「業務処理の負担を30％程度削減できる」と明るい見通しが記されていた。発表から数日後、毎日新聞がワトソン導入で富国生命の支払い査定部署の従業員のおよそ3割が余剰になる見込みと報じた。

その数カ月前、日本から地球をぐるっと回ってドイツのシュトゥットガルトでは、自動車大手ダイムラーの従業員がいつものオフィスに入ろうとすると、関係者に制止された。ついに解雇かと思ったら、まるで違う理由だった。実はダイムラーのCEO、ディーター・ツェッチェが思い切ったリストラ策を発表したのである。その対象はドイツの企業保守主義の象徴とも言えるダイムラー自体と、伝統的なトップダウンの企業風土だ。ツェッチェの狙いは、全世界の従業員のおよそ20％に相当する6万人を1年以内にこれまでの命令系統や部署から外すことにあった。[*2] ホワイトカラーはレイオフを免れ、柔軟なチーム編成と階層数を削減した刷新後の組織に異動させられた。

すらっとした長身のツェッチェは、大学時代に電気工学を専攻している。口髭とユーモアのセンスがトレードマークだ。自動車業界は、テスラや中国勢といった新しいライバルに引っ掻き回される恐れがあるうえ、自動運転車など常識を打ち破る技術進歩からも目が離せない。しかも、ライド・ヘイリング（配車）サービスのような斬新なビジネスモデルも立ちはだかっている。こうした状況の中、ダイムラーのトップとして、全社にベンチャー精神に立ち返れとハッパをかけたのだ。グーグルのようなＩＴ系の巨人にならって、細胞分裂していくような組織構造を採用することで、「階層型のピラミッド構造に機能横断・部門混在型のグループを追加し、最終的にはピラミッド構造に代わるものとする」[*3]とツェッチェは説明する。そのゴールはイノベーションを加速することにある。そしてゴール達成の鍵は、意思決定を劇的に改善できるかどうかだ。

「現時点で社内の意思決定は6階層ある。これを２０２０年までにいかなる課題でも2階層の意思決定に抑えたい」（ツェッチェ）

市場の力を大きく伸ばしたデータ革命に、富国生命とダイムラーは大きく異なる対応を見せた。両社の戦略には、企業を救うという共通のゴールがある。どちらも慌てふためいている感はなく、主力の事業は順調だ。両社ともオールドエコノミーを生き抜いてきた老舗企業だが、市場が抜本的に変わるときは企業も変わらねばならないとおそらく競合より一足先に、悟ったのである。

富国生命の戦略は、自動化に重点を置いていて、これまで事務職の従業員が担っていた判断を、データに基づく機械学習システムに任せる内容だ。かたやダイムラーは別の方針を打ち出した。管理職の意思決定過程の合理化である（自動車製造の高速な自動化も継続する）。両社の旧来のライバルや新たに台頭している競合を押しとどめるだけでなく、ますます力をつけている市場陣営の攻勢から自社を守る狙いもある。おもしろいことに、ダイムラーが選んだ武器は、もともと、市場陣営が得意としているものだ。本当にうまくいくのだろうか。

自動化はどこまですすむか

企業は、人間の活動を市場よりも効率的にまとめ上げられる領域ありと見るや、必ず進出してくる。また、ライバル企業よりも効率的に運営できる限り、そこに粘り強く存在するのが企業の特徴だ。となれば、市場復興の流れに企業が対抗する戦略は、言うまでもなく効率化である。富国生命のワトソン導入の要となっているのが、この考え方なのだ。蒸気機関から産業用ロボットに至るまで、大昔から企業が人間を機械で置き換えてきた根拠も、まさにここにある。この戦略は産業革命の前から存在していた。手作業で穀物をひいて粉にしていたのが、風車に取って代わられたし、筆写は印刷機に取って代わられた。

いや、もっと昔もそうだ。古代の発明（や発見）の代表である車輪のおかげで、人間よりはるかに効率的に荷物を運ぶことができるようになった。人間よりも機械を好む戦略は、18世紀にジョン・ケイの発明した飛び杼《とひ》（織物を織るときに、縦糸の間に横糸を通すための道具）やジェームズ・ワットの蒸気機関の登場でますます拍車がかかった。

当初、機械の導入効果は、ほんのわずかにとどまっていた。機械を使うにしても、制度的な支援

（法制度の整備、資金調達手段など）が少なからず必要だったが、[*4] 徐々に改良・改善（組織的な変更を含む）が進むにつれて、飛躍的な効率化につながり、最終的にはほぼすべての分野で不可欠な存在となっている。また、テイラーリズムやシックスシグマ、経営のスリム化など、企業内のあらゆるプロセスの最適化も効率向上に寄与している。

効率重視が戦略として適切かどうかは、基本的に二つの要素で決まる。第一は業界内に非効率な部分が存在していて、排除可能かどうかである。例えば、さまざまな路線網を擁する従来の大手航空会社は無駄が多いため、効率的な格安航空会社（ＬＣＣ）が航空旅客輸送市場でかなりのシェアを獲得できた。これとは対照的に、最近の大型スーパーマーケットチェーンは業務効率が比較的高いため、新規参入組（ネットスーパーのベンチャーを含む。ウェブバンなどというネットスーパーも当初話題を呼んだが、もう誰も覚えていないだろう）が古参を打ち負かすチャンスはかなり小さい。

もちろん、業界に効率化のチャンスがあるかどうかだけでなく、企業が効率化を推進することで業界内での位置付けを改善できるかどうかもポイントになる。ほとんどの大手航空会社は、効率の悪い部分があることを承知していて、ジェットブルーやライアンエアといったＬＣＣのビジネスモデルの優位性も把握しているはずだが、既存のしがらみやら、硬直した組織構造やら、もろもろの事情で自己改革する力を失っている。

第二の要素は時間である。相対的に効率化を達成しても、その優位はほぼ例外なく一時的なもので、遅かれ早かれ競合に追いつかれる。だからこそ、汎用品の分野でしのぎを削る企業は、コスト削減の取り組みが終わったら、間髪を容れずに次のコスト削減に着手している。ところが時間の経過とともに非効率な部分がなくなっていくと、自動化やプロセス効率化などのコスト削減策を推進する限界効用も逓減していく。長い目で見れば、それほど頻繁に成功しているわけではない。やはりほとんどの経営戦略が長期にわたって順調にいくことはめったにないのである。成功の秘訣は、絶えず環境に適応する努力と状況に合わせて適切な戦略を採用する能力である。

こうした制約を念頭に置くと、富国生命のワトソン導入はきわめてありきたりの選択と言える。それはそれで問題ない。保険業界は非効率な部分が割と多いからだ。相変わらず大量の紙が使われていて、労働集約的なうえ、自動化が進んでいない。収益性は、保険料を適正な水準に設定できるかどうかと、保険金請求時に的確に支払い査定ができるかどうかにかかっている。

こうした判断は、ずいぶんと単純明快であるにもかかわらず、さっと自動化に移せるほどには標準化が進んでいなかった。そんなところに、ワトソンのようなデータに基づく高度なシステムが登場したのである。その意味では、現在の保険業界は、ワットの蒸気機関が発明される前の鉄鋼業界のようなものだ。事務作業の判断プロセスを自動化する富国生命の戦略は、十分な成果を上げるはずだ。ワトソン導入は初期投資だけで約2億円、保守管理に年1500万円程度がかかる。その一方で、人員削減による人件費削減効果として年1億4000万円程度を見込んでいる。2年間の投資回収率は、製造業での機械導入による自動化の場合をはるかに上回っている。富国生命では、ワトソンが示した判断に、さらにベテラン従業員によるチェックと承認を重ねていると明かすが、すでにこの二重チェック作業も、別の機械学習システムで置き換える方向で検討中だという。

何十年も前からIT専門家の間では人工知能が人間の知識労働者に取って代わると言われてきた。

いっそうなってもおかしくないように見えたが、実際にはほとんどそうなっていない。保険会社で定型化している事務職の判断でさえ、十分に標準化されていないうえに、さほど単純でもなかったため、所定のルールに基づいて人工知能システムで自動化するには至っていなかった。だが、人工知能は、一般ルールに基づくシステムから、膨大な量のデータでトレーニングした学習型システムへと進化している。富国生命がワトソンに舵を切った結果、定型化された保険金支払い請求の査定業務の自動化は、ついに歴史的瞬間を迎えた。ライト兄弟による動力飛行と同様に、〝離陸〟の瞬間を迎えるまでには長い時間がかかっている。

技術基盤を使いこなせるようになると、爆発的発展の秒読み段階に入り、そこからは青天井だ。ここまで来ると、定型的な意思決定作業の自動化は、保険業界にとどまらず、どの分野でも最高潮に達する。ヘンリー・フォードが自動車製造を自動化してコストを削減したように、富国生命は査定業務の自動化でコストを削減した。業界は違えど、発想は同じだ。富国生命は、フォードと同じように自動化による効率アップの配当を手にし、競争力を高めるはずだ。

なぜそこで終わりなのかと疑問に思う読者もいるだろう。なぜ自動化の対象が事務作業止まりなのか、なぜ中間管理職、さらには経営幹部まで広げないのか、と。なるほど、おもしろいアイデアだ。機械学習システムで経営判断を支援し、人工知能を重役クラスに押し込んでみてはどうか。[*5]

実はその領域に足を踏み入れようとしているのが、世界最大のヘッジファンドであるブリッジウォーター・アソシエーツだ。長年同社が手がけてきた1600億ドルに上る預かり資産の投資先の選定だけでなく、人材の採用や昇進、解雇など全般的な経営判断も含めた機械学習システムを構築する計画だ。同社の伝説の創業者兼CEOのレイ・ダリオは、データ利用に熱心なことで知られ、2022年までに経営判断全体の4分の3を自動化する意向だ。[*6] ブリッジウォーターはデータの使い方に特徴があり、こうしたシステムの構築に関して同社の右に出る企業はほとんどない。

普通、企業は意思決定のプロセスを日常的に記録していないが、ブリッジウォーターでは社内に蓄積している豊富なデータを着々と増やしているのだ。例えば、会議や打ち合わせはほとんどが記録されていて、今後のデータマイニングに利用される。さらに、従業員は絶えず同僚の業績評価を求められている。

こうしたすべてのデータの意味を汲み取るため、ダリオは、人工知能ワトソンの開発者であるデイビッド・フェルッチを引き抜いた。ちなみにワトソンは、2011年に米国の人気クイズ番組「ジェパディ」に特別出場して、最高賞金を獲得して話題になった。ブリッジウォーターでフェルッチは「システマイズド・インテリジェンス・ラボ」と呼ばれるチームの責任者に就任した。主な任務は、同社の意思決定を司る総合的な管理ソフトウェア・システム「PriOS」の開発である。状況によってはPriOSは人間の意思決定に取って代わるのではなく補完役に回ることもあるが、最終的なゴールは、人間に代わって意思決定を下し、人間には、意思決定の際にシステムで使用する条件の設定作業を担ってもらうことにある。

投資銀行のように日頃からデータに精通していてアルゴリズムに慣れ親しんでいる業界なら、人工知能がすんなりと受け入れられているのも、うなずける。

だが、旧態依然とした福祉サービスのように、意外な分野にも広がりを見せている。例えば、高齢者介護に特化した企業で戦略的意思決定に機械学習システムが使われているとしたら、どうだろう。ワンタッチで必要十分なデータを呼び出せるロボット社長が、あれこれ予測しながら、多数の介護スタッフのチームを率いて効率的に業務を舵取りする可能性もある。週末のシフトを組むときは全体的な視点で処理し、一部の利用者には時間延長の請求を忘れることもない。緊急時には最も近いところにいる介護スタッフをすばやく特定して指示する。ロボット社長なら、個人的な好き嫌いで特定のスタッフをえこひいきしたり、特定の利用者だけを特別扱いしたりすることもなく、判断に妙な偏りが入り込まない。*7

あるいは、パワーショベルを1台追加しようとしている小規模の建設会社が、機械学習による意思決定支援システムを導入して、購入かリースか、はたまたレンタルかを決定することも考えられる。*8おそらくこの会社の社長は、限られた情報を基に、最後は直観で判断を下してきたはずだ。ひょっとしたら、ピカピカの新しいパワーショベルの外観についつい釣られて判断がブレるかもしれないし、レンタルの日額以上の価値があることに気づかない可能性もある。これに対して、機械学習システムは、社内の受注書類や会計システムからデータを集め、パワーショベルの予想保守費用や短期的な景気動向に関する情報も併せて吟味したうえで、こんなふうに助言する。

「社長、申し訳ありません。キャタピラー社の高性能パワーショベルの購入には賛同しかねます。確かに性能評価は申し分なく、建機オタクが集うオンラインのフォーラムでもレビューは非常によいのですが……」

データに基づく機械学習システムが本格化すれば、管理職数を抑えつつ活気ある企業が実現するはずだ。やがて意思決定を担う経営陣を含め、企業の隅々まで自動化が行き渡るようになる。だが、判断の自動化を経営の領域まで押し拡げたくても、企業には根本的な問題が横たわっている。

市場なら直接の取引判断はどれもよく似ている。自分の好みや意向を相手方の好みや意向と比較したうえで、取引するかどうか、あるいは誰と取引するかを決定すればいい。細かい部分に違いがあるかもしれないが、市場に参加すれば、毎回、このような判断が待ち構えている。

データリッチ市場になれば、好みに関する総合的なデータが手に入るので、このデータを使って意思決定支援システムを鍛えればいい。

これに対して、企業の経営幹部は、実に多種多様な判断を抱えている。企業には豊富なデータによる意思決定支援といった贅沢な機能はない。似たようなパターンの意思決定がはるかに少なく、特定のタイプの意思決定に使えるデータが限られているからだ。

経営幹部は、市場参加者よりも多様な意思決定の選択肢を抱えているため（市場参加者は取引するかしないかを判断する「だけ」と言ってしまうと身も蓋もないが、とにかくそれ以外の選択肢はない）、機械学習システムを機能させるには、市場参加者用のシステムよりもたくさんのデータが必要になる。しかも、十分な情報が得られる状況でも、実際の意思決定のプロセスに関するデータはまだ足りないのである。いったいどれほど多様な情報の評価、重みづけを比較したうえで判断を下せばいいのかわからないのでは、機械学習は暗礁に乗り上げてしまう。

つまり、企業の比較的限られたデータは、データ洪水とも言われる市場に比べてまったく勝負にならないのである。もちろん、企業が有用なデータの収集をめざすこともできるが、意思決定の幅の広さを考えると、人間が手がけている一般的な経営の意思決定が、近いうちに機械学習システムに取って代わられるとは考えにくい。

企業は組織構造に手を加えて、似たような意思決定はまとめてひとつの部署に集中させ、機械学習システムがうまく機能するように十分なデータを集めることができるのだろうか。富国生命がワトソンに移行できたのは、正確に言えば、もともと、保険金支払い査定はひとつの部署が担当していたからだ。担当部署内にワトソンに任せられるだけの十分なデータが蓄積されていたのである。だとすれば、経営上の定型的な意思決定が事務職の定型的な意思決定と大差ないなら、十分なデータがあれば機械学習システムでどちらも処理できないのだろうか。これは昔からある権限委譲の考え方とそれほど違うわけではない。任務を分割し、時間の経過とともに特定分野の専門知識が蓄積されれば、意思決定の効率化につながるはずだ。そうなれば、組織内のさまざまな部署で、データに基づく経営上の意思決定の自動化が次なるステップになるだろう。

確かにその方向への動きが見られる。デイジー・インテリジェンスなど、データに基づく機械学習システムの開発企業は、すでに小売業者向けに意思決定支援システムの総合的なツールキットの提供に乗り出している。在庫管理、週ごとの特売品選定、売り場の商品配置、最適な価格設定などを支援するものだ。ただし、零細の家族経営商店やファッション・ブティックなどニッチな得意客相手の商売は、十分なデータが得られないため、どう見てもうまくいかない。だが、病院・医師向けに数千点程度の商品を扱う中規模小売店なら、激しい競争があり、在庫と価格についてかなり似たような判断をすることになる。このようなシステムがあれば、定型的な経営上の意思決定の質が上がるだけでなく、コスト削減にもつながる。

　経営上の意思決定でも、低レベルで定型化されていて専門知識に基づくものなら、社内のほかの部分と相互依存関係がほとんどないから、十分なデータで支援できれば自動化可能だ。ということは、その管理職は、データに基づく機械学習システムに仕事を奪われることになる。

　逆に言えば、経営上の意思決定であっても、十分なデータが確保できないケースや、定型化されていないケース、あるいは社内のほかの部分との調整がかなり必要になるケースでは、やはり基本的には自動化の対象にならない。非公式な状況での情報共有や他者との調整（例えば仕事後の飲み会など）は、依然として機械にやらせるよりも人間のほうが簡単に実行できるからだ。

　ただし、特定部署からのデータのみを使用する機械学習システムであれば、そのデータに基づく細かい判断が可能だが、会社全体として見ると、まずい判断になっていることもある。

　複数の部署に関わるような複雑な意思決定の状況では、人間のマネージャーのほうが対応上の苦労は少ない。彼らは自分が所属する部署に関する知識・ノウハウに加え、他部署の同僚とのコミュニケーションや協力の能力を併せ持っていることが多い。こうしたマネージャーは、特定分野について深い知識を持つと同時に、自分の専門外である他分野のマネージャーと協力できる能力があり、「T型人材」と呼ばれる（専門分野の深い知識が「T」の縦棒のイメージ、横の関係の広さが「T」の横棒のイメージ）[*9]。このイメージで言えば、機械学習システムは縦棒の専門知識を獲得できても、横の協力関係を構築できない設計になっている。自分の担当部署の外にまで目が行き届く意思決定権者がいない企業は、空中分解してしまう。

これは、我々人間にとっては勇気づけられる話ではないか。企業のトップレベルの意思決定権者は、まだまだ機械と入れ替えが利かないということだ。汎用の意思決定スキルは、現状では人間の独占分野となっている。多種多様な判断結果から得られた多種多様なデータで機械学習システムを鍛えて、こうしたスキルを機械学習システムが獲得するまでは一安心というわけである。

もっとも、ここには安心以上の意味がある。機械学習システムの限界を知ることで、中期的に、優秀なマネージャーに求められるスキルが明らかになるからだ。これからの実力あるマネージャーは、特定分野の深い専門知識に特化するのではなく、むしろ、博学を良しとし、広い分野に通じていたかつての「ルネッサンス人」にはるかに近くなる。多くの分野でかなりの知識を持っているため、情報を文脈に照らして全体像を描き出す権限が与えられるようになる。木よりも森を見る力である。

さらに、意思決定に直結しないスキルも必要になる。例えば、相互依存の行動や相互乗り入れ的な行動を促進するコラボレーション能力がこれに当たる。

最後に忘れてはいけないのだが、人間のマネージャーはラディカル・イノベーション（根本的な変化をもたらすイノベーション）を促進する必要がある。ラディカル・イノベーションは、データに基づく機械学習で実現できるような継続的な改善とは異なり、保有するデータに含まれていない斬新なアイデアなのである。人間的な想像力に欠ける現行の人工知能システムは、まったく未知のものに対応する際の評価基準を持っていない。もちろん、これも最終的には変わる可能性がある。おそらくラディカル・イノベーションとは名ばかりで、実は大して抜本的、急進的ではなく、既存のアイデアの延長線上にあるのではないかと気づく日がくるかもしれない。あるいは、ラディカル・イノベーションは、不規則性を取り入れることで模倣できるのではないかと実感する人も出てくるだろう。

現に、機械学習システムに関わる世界中のエキスパートは、自ら手がけるシステムに創造性を持たせようと、さまざまな方法で積極的に取り組んでいる。ただし、現時点ではほとんど成果は出ていない。これまでのところ、機械にとって創造性は相当厄介な難題のようである。ここに変化が生まれない限り、マネージャーは今後も創造的破壊という複雑なプロセスを自ら舵取りしていく必要がある。この創造的破壊は、経済学者として著名なヨーゼフ・シュンペーターが広範にわたるイノベーションの原動力と位置付けている。

市場に近づく企業——Spotifyの分権型組織

富国生命の選んだ道は、ここでは「オプション1」と呼ぼう。このオプション1はコストを重視した選択肢だ。この解決策は、企業が意思決定を的確に自動化・最適化し、間接費の削減や労働力の恒久的な縮小が可能な場合にのみ有効である。だが、基本的にオプション1は後ろ向きで、組織構造ではなく労働者にツケを回す戦略を前提としている。富国生命はデータや最新のデジタル・ツールに重点を置いていて、外部から見ると先進のデジタル系企業のように見える。

しかし、こうしたツールが人間の労働に代わるわりに、階層構造や部門の縦割り構造といった同社の内部構造はそのままである。経営上の意思決定に関しては、データは引き続き集権的な流れを維持し、最終的に経営陣に届く。こういう状況でも〝ルネッサンス人〟型のマネージャーが活躍する可能性性はあるが、全体的には、きわめて昔ながらの指揮命令環境が残るはずだ。

次にダイムラーの戦略は、「オプション2」と呼ぶとしよう。こちらはまた別の考え方だ。高級車を扱う同社は、機械に重点を置くのではなく、経営上の意思決定のプロセスを再構築することで、BMWやテスラといった競合に対してだけでなく、市場というコンセプトに対しても優位性を獲得しようとしている。組織的には、未来志向と言えよう。ダイムラーは昔ながらの階層型組織をあえて放棄し、活気ある市場やデジタル系の新規参入組に後れを取らないようにしている。

ダイムラーが抱える課題は決して珍しくない。むしろ業績のいい大手企業にありがちな課題である。実際、意思決定の負担を軽減しようと、多くの企業がトップによる意思決定のメリットと、意思決定の過剰な負荷を回避するための分権化の必要性との最適なバランスを模索している。この落とし所を探すのは容易ではない。意思決定の最適なバランスを実現したと思っている企業は、何が何でも現状維持にこだわる傾向が強い。仮に一度うまくいったという理由で、意思決定プロセスのバランスが取れているように思えても、実際には徐々に最適な状態から外れていくものである。昔の解決策にしがみついていると、組織としての決断力、適応力、進化力の低下につながる。

ディーター・ツェッチェが打ち出した抜本改革の対象は、ダイムラーの硬直した経営体制と時代遅れの意思決定プロセスだった。意思決定に時間がかかりすぎていて、事なかれ主義の蔓延や迅速な適応力の欠如を招き、競争環境で必要な改革を維持できないと、ツェッチェは不満を抱いていた。また、世界に拠点が広がっている同社全体でもっとイノベーションを進めるべきだとも考えていた。伝統にあぐらをかいた凝り固まった状況を打破するアイデアが必要だったのだ。彼の掲げるゴールは、意思決定権者の責任の所在と当事者意識の明確化にあった。自動化の新たな波を作り出そうとしているわけではない。むしろ、組織構造に手をつけようとしているのだ。簡素化、迅速化、フラット化を追求し、意思決定の分権化を促進するモデルに転換することだったのである。

これと同じ方針を掲げているのが、デジタル系企業として頭角を現している音楽ストリーミング配信のスポティファイだ。*10 スウェーデン発のベンチャーだが、今や1億以上の音楽ファンをユーザーとして抱える世界最大手だ。スポティファイのビジネスモデルは、アップルの音楽ダウンロード販売事業であるiTunes（アイチューン）を破壊した。もっとも、街のレコード・CD店で音楽を販売するという昔からの音楽業界にダウンロード販売という創造的破壊をもたらしたのは、ほかならぬiTunesだった。そんなiTunesを音楽業界は愛憎入り混じった複雑な思いで受け入れた。iTunesは利益の大部分を持っていったが、その代わりに売り上げをきちんと著作権者と分け合う方針を取った。それ以前の音楽ダウンロードの分野にはP2Pのファイル共有方式による違法配信がはびこっていた。

だが、スポティファイに代表される音楽ストリーミング配信は、ダウンロード販売よりも抜本的な破壊力を持っていたことになる。価格と商品を切り離し、コストと消費量を切り離したプラットフォームを生み出したからだ。ほとんどのユーザーは無料でサービスを利用している。聴取料を払う代わりに個人情報を提供しているのだ（つまりその情報に基づいて表示される広告を受け取っている）。料金を払う代わりに広告や制限がなくなる有償プランのユーザーは、2017年現在で5000万に達する。わずか月額10ドルで3000万曲以上が聴き放題となるプランである。1日中流しっぱなしにしていようが、再生されている曲を飛ばそうが、何の制限もない。ケチケチ使う必要がないのだ。

従来の市場と違い、スポティファイの音楽市場では、従来価格が持っていた情報伝達の機能がほとんど失われている。どんなユーザーが、どの曲を検索し、どの曲を飛ばしたのか、そして友達とどの曲を共有したのか。こんな多種多様なシグナルが価格の代わりに価値を持ったわけだ。

スポティファイは、商品を右から左へ流すだけの、破壊されかけたビジネスを、マッチメイキングのプラットフォームへと転換させたのである（リスナーと音楽のマッチングであるとともに、広告主と広告の受け手＝リスナーのマッチングでもある）。だから、直接の料金支払いは、情報伝達という意味ではあまり大きな役割を担っていない。

だが、本書読者にとってスポティファイの注目点は、組織構造だろう。同社は２００６年の創業で、その２年後にサービスを開始した。音楽ストリーミング配信の実現を夢見ていたのは、スウェーデン人の創業者であるダニエル・エクとマルティン・ロレンツォンだけではない。複数のストリーミング配信ベンチャー間の激しい競争があった。ただし、一部の競合と違ってエクは、使いやすいソフトでファイル共有の利便性を高めたミュートレント（マイクロトレント）の元ＣＥＯだったこともあり、平等主義が浸透しているスウェーデンのビジネス文化の中で、有力プログラマーを大量に抱えた急成長企業の舵取りについて明確なビジョンを持っていた。

エクは、活気あふれるストックホルムのベンチャー界で「トム・ソーヤ」と呼ばれている。[*11] トム・ソーヤの物語の中にこんな話がある。トムがいたずらの罰として壁のペンキ塗りを命じられ、しぶしぶ塗っていたが、いやでいやで仕方なかったので友達に助けを求めたが見向きもされない。そこで楽しそうにペンキ塗りをしてみせたら、今度は友達が自発的にぜひやらせてほしいと手土産まで持って集まってきたという話だ。

そんなトムよろしく、エクは、壁を見つけたら誰かにペンキ塗りをさせる才能の持ち主なのだ。ただし、エクの場合、こちらの言いなりにペンキ塗りをさせるのではなく、彼らがいいと思うように塗らせている点がポイントだ。スポティファイの組織文化は指揮命令型の環境とは正反対である。エクは、いわゆるアジャイル開発と呼ばれるソフトウェア開発手法（小さな開発単位をいくつもつなげていくことで、リスクを最小化する手法）の仕組みを生かした経営体制を構築している。彼はこれをスクワッド体制と呼ぶ。

「スクワッド」は分隊という意味で、この小さな部隊が製品の特定部分（例えば検索機能やユーザーインターフェースなど）や特定の事業活動（特定市場の営業など）について完全な責任を負う。スクワッドには上司はいない。その代わりに、スクワッド内の全メンバーに仕事を的確にこなしてもらううえで必要なものをもれなく用意する「プロダクト・オーナー」がいる。また、このプロダクト・オーナーは、スクワッドが自ら設定したゴールと納期を管理する役割も担うが、従来のチームリーダーとは異なり、強制力は持たない。ソフトウェアのアジャイル開発モデルには、メンバーの指導者としてコラボレーションの盛り上げ役となる「アジャイル・コーチ」がいるが、スポティファイはアジャイル開発の影響を受けているとはいえ、そのようなコーチは存在しない。

根底にある哲学が、従来の階層構造の企業とは決定的に違う。

つまりこういうことだ。

マネージャーに聞くな。そもそもマネージャーはいない。データを基に試行錯誤して自分で根拠を見つけ出せ。そうしたら、その根拠をチームメートだけでなく、関連のある課題に取り組んでいるほかのチームとも共有せよ。さらに、社内でその分野に精通していると思う社員がいるなら、その社員とも共有せよ。周囲からフィードバックをもらい、自分自身で（あるいはスクワッドとして）判断し、できるだけ迅速に採用せよ。問題があれば、責任を持って解決せよ。

このような哲学で組織を作っているのである。

スクワッド間の縦割り意識を回避してコラボレーションを育むため、関連の専門知識を持つスペシャリストたちが集う場が「チャプター」（支部）である。また、似たようなプロジェクトに関わっているスクワッド同士が集まって、「トライブ」（このトライブは「演劇人仲間」などの「仲間」に相当する言葉）を作っている。トライブは多くても150人程度に抑えられている。トライブの上位にある集まりが「ギルド」だ。こうした構造の最大のゴールは、社内の情報や知識の流通を促進することにある。経営戦略の意思決定の一貫性を確保するため、スポティファイの流動的な組織には、「システム・オーナー」と「チーフ・アーキテクト」というランクが用意されている。だが、実務上、この二つの管理ポストでさえ、命令を下す権限を持たない。スクワッド・レベルのプロダクト・オーナーやアジャイル・コーチのように、あくまでも取りまとめ役に徹する。どうしても自分の意見を実行に移したければ、説得術というソフトパワーとデータに基づく根拠という確かな事実を駆使するしかない。

スポティファイが誇っているのが、フィードバックとコーチングの社風だ。会社にとって学ぶところがある限り、失敗しても許される（事実、失敗から得た教訓を張り出した〝失敗の壁〟なるコーナーを作っているスクワッドもある）。この文化の中心には、フィードバックや学びと、給与・業績に関する公式協議とを分離した体制がある。後者の給与・業績の協議は公式の階層構造と連動している。学びのためには同僚からの意見が大いに求められるが、個人の給与や業績に関わる件がスクワッドで協議されることはない。スポティファイでは、この仕組みによって率直で中身のあるフィードバックが促進されているとみている。スポティファイ。相手に取り入るためにわざわざ好意的な感想を述べる動機がないからだ。実際、同社ではフィードバックを頻繁に引き出すための社内ツールも開発している。*[12]

スポティファイのスクワッド・モデルは、創業者や従業員の共感を得た理想・価値観から誕生した。これがうまく回っている背景として、スポティファイの事業分野が医療や金融のように規制の厳しい業界ではなく、競争が激しく、絶えずイノベーションが必須の業界だったことが挙げられる。

もうひとつの理由は、豊富なデータが容易に利用できるデジタル系のベンチャーにスポティファイの組織構造が見事に馴染んだ点だ。スポティファイがスクワッド化をめざしたのには、別の理由もある。共同体主義を彷彿とさせる言葉や緩い結合で適応性を高めた小規模グループとの外観上の類似性はともかくとして、同社は市場のＤＮＡを組織構造に取り込もうとしている。

そもそも、分権的な意思決定は市場の特徴である。こうした過激な分権化方針を企業に採用すれば、ちょっとした市場が内部に生まれることになる。スポティファイは、半分企業、半分市場のハイブリッド組織を志向することにより、昔ながらの企業に後戻りできないようにしている企業の好例と言える。

市場を企業に組み込む発想は、それほど目新しいものではない。いろいろなバリエーションが考えられるが、共通しているのは、経営上の意思決定を、根本的に分権化されている市場型の仕組みに権限委譲する点だ。有力農機ブランドのジョン・ディア（正式にはディア・アンド・カンパニーが社名だが、創業者の名前のジョン・ディアのほうが定着している）がトラクターメーカーから世界トップクラスの総合農機メーカーに発展できたのは、自己管理型チームを中心に迅速で分権的な意思決定を追求する社風が醸成されたからである。[*13] ゼネラル・エレクトリックやシーメンスでは、サプライチェーンや製造の意思決定に関して、地域別部署への分権化を進めている。[*14] 本社の意思決定では現場から遠すぎるうえに、あまりに頻度も多くなるからだ。メディア大手のトムソン・ロイターは、コンテスト形式でアイデアを募る方法でイノベーションを推進している。[*15] 優れたアイデアには賞金が授与されるだけでなく、アイデア提供者に社内ベンチャーキャピタル制度から資金を拠出し、アイデアを実現にまで持っていくという。

市場が新たな競争力を獲得する中、今後、企業は追い上げを迫られることになる。これからの企業には、市場のＤＮＡ、分権化、社内競争の要素が多く見られるようになるはずだ。だが、企業が市場ならではの特性を取り込む計画があるなら、市場取り込み戦略を少々修正しておいたほうがいい。市場自体、貨幣を中心に回っていたものが、豊富なデータを原動力にしたものへと軸足を移している最中であり、どうせならデータリッチ市場の考え方を取り入れたほうが、企業対市場という構図で見ても得策だからだ。こうした新しい市場には複数の要素がある点を理解しておきたい。

豊富な情報だけそろえて終わりではなく、これをマッチング・アルゴリズムと機械学習システムで補う必要がある。市場の文脈で言えば、多種多様な好みを抱えながら最適なマッチングを探そうとする市場参加者を支援するのと同様に、企業の意思決定権者を支援することになる。実はそのような戦略は、部分的ではあるが実に人間的な目的で、すでに企業に導入されているのだ。それが社内の人材管理である。

各種プロフェッショナル・サービスを手がけるデロイトが2016年に実施した調査によれば、大企業の幹部のうち、必要な人材を「ほとんど採用できていない」あるいは「まったく採用できていない」と回答した人は39％に上った。[*16] このように外部からの人材採用は容易ではないため、社内で適切な人材を見つけるほうがよい場合もある。そのため、大企業の多くがデータに基づく社内市場を作って人材管理を改善してきた。単純な解決策のように見えるが、企業が人材面で次々に直面するさまざまな課題を解決できるのだ。

人事業務が本社に集約されている企業では、人材獲得・人材囲い込みのノウハウをひとつの部署に蓄積できるため、すばやくベストプラクティスを共有し、必要に応じて調整を加えられる。ただ、どのような集権体制にも言えることだが、情報処理のネックが存在する。人事スタッフは知識が豊富だとしても、組織全体で人材配置を最適化するには大量の情報を処理せざるを得ない。人材配置の判断に当たって、各人材と空きポストを比較し、経験や特定分野の知識、給与水準など、さまざまな尺度からマッチングを図る必要がある。たとえどの人材も有能で勤勉、人柄がよいとしても、マネージャー泣かせの仕事なのだ。

社内の人事異動には、ほかにも難しい側面がある。腕のいい若いアシスタントを持つマネージャーの場合、こういう部下を手放したくないので、なんとか部署内にとどめようと画策する。その挙句に、一番優秀な部下の長所を低めに査定して人事に報告して引き抜かれないようにする土壌が生まれる。

人事としては、優秀な人材をなるべくハードルの高いポジションにつけようとするからだ。

こういう非効率な慣行に終止符を打つため、アメリカンエキスプレスやAT&T、IBMといった企業はイントラネット上で空きポストを告知する際、単なる求人広告のような告知にとどまらないソフトウェア・プラットフォームを段階的に導入している。このシステムでは、詳細に（しかも標準化された形式で）記述された職務内容と詳細に（しかも標準化された形式で）記述された人材プロフィールのマッチングが可能だ。絞り込み機能を使えば、人材と空きポストを簡単に検索できるため、新たな職種にチャレンジしたい従業員のニーズにも、新たな人材を求めているマネージャーのニーズにも応えられる。また、さまざまな尺度に基づいてマッチングを成立させる際に助言をしてくれる推奨機能まである。

これはいわば社内人材市場であり、多彩なメリットがある。第一に、マッチングが分権化でき、人事部門内の情報過多の解消につながる。検索とマッチングの作業は、人事部門が関知しないところで進む。空きポストを抱えているマネージャーや新たな行動を起こしたい従業員が自ら実行するのだ。多種多様な尺度に基づく情報と人材マッチング・ソフトウェアが使えるようになったおかげで、検索コストは比較的低く抑えられる。また、求人側にも求職側にも、自身を過小評価したり、好み（要望）を秘匿したり、ニーズを誇張したりする理由もない。その結果、市場で入手できる情報はそれなりに精度が上がり、ムラや偏りも少なくなる。

その結果、マネージャーは優秀な部下の〝囲い込み〟ができなくなる。人材とポジションの最適なマッチングを阻止するために上司が情報を利用（乱用）することは不可能になる。その結果、組織内に労働力の流動性が生まれ、企業として変化への迅速な適応力が高まる。[*17] また、従業員にとっても、(幹部が必要に応じて異動を命じる権限を残しておきたいと考えたとしても) フリーエージェント制のように活動するチャンスがもたらされる。一般に若い世代は、自分の可能性への挑戦、自分らしい働き方へのこだわり、新しい課題への挑戦心、ひとつのキャリアだけで人生を終わらせたくないという姿勢が強い。フリーエージェントのような制度は、こうした若い人材の好みにうまくマッチする。

また、社内人材市場では、価格（ここでは給与）重視の考え方が抑制されやすい。その理由のひとつには、社内にオープンな価格競争の仕組みを導入することに企業が抵抗感を抱いている点が挙げられる。もうひとつは、こういう市場があれば、市場参加者（社員）は、多種多様な好みや要望が存在することに気づきやすくなるからだ。当然、職業や職務の選択にも影響を及ぼす。社内人材市場で給与が前面に押し出されていれば、マネージャーと従業員が主として価格という尺度に基づいてマッチングを最適化しがちなため、仕事の満足度につながるほかの重要な尺度を市場参加者が見逃してしまうリスクがある。逆に、全関係者が全社的に一律の給与体系（個別交渉の余地なし）にしたがうという前提であれば、こうした社内のジョブ・マッチング・プラットフォームで価格に重点を置かない手もある。そうすれば、給与面で合意する柔軟性が確保される一方で、給与重視の風潮は薄められる。

情報が豊富な市場を、企業という組織構造に取り込むうえで、人材マッチング・プラットフォームは魅力的な方法である。約10年前から徐々に始まり、今や、外部人材にもゆっくりではあるが、門戸を開き始めている。ただし、その大部分は事前承認済みのフリーランサーである。一般消費財大手のP&G（プロクター・アンド・ギャンブル）では、社内プラットフォームさえも開放し、イノベーション活動に関わる従業員と社外人材の橋渡しも担っている。*18

ここには、まだ改善の余地がある。第4章で説明したデータリッチ市場のコンセプトを適用するのである。情報の概念体系（キーワードの階層構造）の標準化をさらに進めるとともに、マッチング・アルゴリズムに磨きをかけることが大切だ。

現時点では、こうした人材市場には機械学習システムが欠けているため、状況を観察しながら意思決定権者の好みを把握する仕組みがない。だが今後、世界中の企業でこのようなシステムが徐々に導入される見込みだ。この波は、社内にマッチングの要求を大量に抱え、十分なデータが確保できる大企業から始まる。こういったシステムの必要条件となるのが十分なデータの確保である。ただし、時間の経過とともに中規模企業もこの流れに乗る見通しだ。当初は人事系で採用が相次ぐだろうが、多種多様な尺度が使える市場という考え方自体は、必ずしも人材配置だけに限られるわけではない。マーケティングや調達、在庫管理、財務、さらには製品開発まで、ほかの分野でも採用が進むだろう。

このような市場のメカニズムが定着すると、その範囲は社外にまで広がる可能性がある。このメカニズムが組織外部の参加者も惹きつける場合、需要と供給は制限されるのだろうか。もちろん制限はあるし、内部市場によっては法的規制（企業間の反競争的癒着の防止）や安全・セキュリティ上の懸念、保護が必要な企業秘密のために、部外者に門戸を開かない可能性もある。それに内部市場を外部からの参加者に開放する場合は注意も必要だ。例えば、人材市場を開放する場合、価格の尺度を前面に押し出さないのなら、単純な給与水準とは違う戦略が必要になる。だが、ほかの分野では企業の外部からのほうが内部市場にすばやくアクセスできる可能性が高い。

企業がデータリッチ市場の肝ともいうべき特徴を取り込んで、ほかならぬデータリッチ市場を相手に戦おうとしているというのは、実に皮肉だ。おまけに、企業というコンセプトを守りたいがために、企業がデータリッチ市場の要素を取り込むというのも皮肉な話だ。そのおかげで、企業は膨大なデータを確保できるようになり、その結果として意思決定の自動化に向けた新たな取り組みが促進されることになる。

企業に残された道——意思決定の自動化と組織構造の転換

市場の再興に対抗しようとしている企業には、二つの戦略が考えられる。第一の戦略は意思決定の自動化で、第二が企業の組織構造（とそれに伴う意思決定の仕組み）の転換である。例えばアマゾンなら、データリッチ市場を組織構造に取り込むのもひとつの手だ。もともと、同社が多くの顧客のために用意している市場と合致した戦略と言える。だが、組織や意思決定のあり方がデータ重視であることを考えれば、アマゾンが意思決定自動化の道を選ぶ可能性もある。最終的にどの戦略を選ぶかは、アマゾンが競争優位の柱をどこに置くかにかかっている。ベゾスがアマゾンの階層型組織を競争優位の柱と見ているなら、それをあえて放棄することに何の旨味もないはずだ。アマゾンの人工知能システムや大規模なコンピューティング・リソースは最先端を走っているため、経営判断の自動化を追求する環境は十分に整っている。もっとも、意思決定の自動化に舵を切るには少々時間がかかる。その間に、アマゾンは組織変革の実験に手を出す可能性もある。

ここで理解しておきたいのは、企業が追求すべき具体的な戦略ではない。大切なのは、企業の崇高なビジョンではなく、企業としての能力やそれを競争優位につなげられるかどうかを前提とした適切な戦略である。これはどの企業も直面する難しい選択だ。

さらに、企業が取りうる二つの戦略と書いたが、必ずしも両立できないわけではない。双方の要素を部分的に組み合わせた戦略を採用してもいい。こうすれば、確実に大きな改善が見込めるが、それで従来型の企業を救えるかといえば難しい。確かに従来型の企業は人間の活動を調整する仕組みとしては最も効率的で傑出しているコンセプトではあるが、長期的には今挙げた二つの戦略のどちらも、従来型の企業を根底から揺るがすようになるからだ。

前述の第二の選択肢である組織構造の転換は、まぎれもなく人間が生み出した構造物である組織の再編に重きを置いている。だが、意思決定権限はマネージャーの手を離れて社内市場システムへと移る。すると、意思決定は、多種多様な尺度の豊富なデータの流れと機械学習システムの組み合わせに依存し、強力なアルゴリズムによって取引が実現する。このプロセスは依然として人間の参加が必要だが、ゆくゆくは人間が下す判断は少なくなる。

第一の選択肢である意思決定の自動化では、組織構造はそのまま手つかずになるから、市場が企業を浸食することはないが、自動化を通じて、経営上の意思決定はますます人間から機械へとシフトしていく。

きわめて長期的な視点に立てば、企業には二つのモデルが考えられる。まず事業に必要な経営資源の大半を自己所有する形だ。この場合、依然として人間も雇う必要があるが、管理・運営の大部分は機械に委ねられる。もうひとつのモデルは、市場メカニズムに委ねる形だが、そのプロセスで組織的な機能の大半は削ぎ落とされる。このタイプの企業は、最終的に〝ひとり組織〟になる。つまり、市場メカニズムを調整するたったひとりの人間だけの組織である。言い換えれば、たったひとりの市場参加者になるのだ。

ところで、老舗企業も新興のベンチャーも、やらなければならないことは山のようにある。どのような判断を機械に権限委譲し、市場の力を生かして調整のあり方を向上させるか決めなければならないからだ。

第7章

資本の凋落 | CAPITAL DECLINE

金融資本主義からデータ資本主義へ

金融業界を襲う3つの脅威――「史上最悪の大嵐」

1991年10月27日、北大西洋の衛星写真と気象データを眺めていた気象学者のボブ・ケースは一瞬、緊張を覚えた。米国海洋大気圏局に勤続何十年のベテランだけに、即座に危険を察知した。北上する大型の寒冷前線が、カナダ沿岸から南下する高気圧にぶつかる恐れがあったからだ。

「これだけでも凄まじい嵐になっていたはずですが、火に油を注ぐかのように、ハリケーン・グレースという巨大ハリケーンまでやってきて熱帯性の巨大なエネルギーが投下された結果、史上希に見るパーフェクト・ストーム（史上最悪の大嵐）が生まれてしまったのです[*1]」

パーフェクト・ストームというだけあって、ハリケーン級の暴風と高さ30メートルに及ぶ高潮まで連れてきた。その結果、損害額は2億ドル以上。[*2] ケースの推定によれば、米国東部がこれほどの被害に見舞われたのは、50年に一度か100年に一度のことだという。ケースによるこのパーフェクト・ストームの予想は賞賛を集め、後にベストセラー本やヒット映画にもなるなど大変な話題となっただけでなく、パーフェクト・ストームという言葉が日常用語として定着した。

そして今、新たな〝パーフェクト・ストーム〟を前に金融業界の大部分が戦々恐々としている。1991年は三つの気象現象が重なって史上最悪の大嵐に化けたように、三つの脅威が金融業界を根底からひっくり返そうとしていて、その脅威は深刻化するばかりだ。一つひとつの脅威自体、大変なことなのだが、その三つが合流することで金融業界のかなりの部分が絶滅に追い込まれる恐れもある。

ひとつめの脅威は、2007年のサブプライム住宅ローン危機で顕著になった金融業界の構造的な弱さだ。当時の金融危機が引き起こされた原因のひとつは、不正確な情報、不完全な情報、あるいは情報の間違った解釈にあった。一説によれば8兆ドル以上が吹き飛び、多くの先進国で大規模な銀行救済措置が講じられた。*3 米国では2008年に緊急経済安定化法（金融安定化法）が制定され、連邦政府が7000億ドルを超える公的資金を投入して、経営難に陥った金融機関を救うことになった。この資金投入のおかげで、金融危機の真っ只中にあった米国の金融システムはほどなくして安定を取り戻した。

英国、ドイツ、イタリアでは、何千億ドルという規模で金融機関に公的資金を投入したのだが、基本的には、金融機関が保有する不良債権を買い取るのではなく金融機関の株式を取得して国有化に持ち込んだ。金融業界の中でも特に銀行はサブプライム危機に苦しみ、銀行の安定性に対する信用を失ったことから、銀行側も条件を飲まざるを得なかったのである。

第二の脅威は、2008年に端を発するグレート・リセッション（大規模な景気後退）から生まれたものだ。多くの国々の中央銀行が景気後退策として利下げに踏み切った。その利下げも下限に達すると、一部の国では預金に対するマイナス金利適用といった事態まで見られた。そのしわ寄せが行ったのは預金者ばかりではなかった。現実には、預金の金利がゼロ以下になることはない（マイナス金利はあまりに不人気で、預金引き出しが相次ぐ恐れもある）。また、低金利の状況では利ざや（銀行が資金調達先に支払う金利と銀行が顧客に支払う利息の差分、つまりは銀行の儲け）も小さくなる。

すでに銀行は競争の激化で利ざやが縮小していて、その影響にあえいでいる。*4 米国ではかつて5%

ほど（1994年）あった利ざやが3％程度（2016年）にまで落ち込んでいる。それでも欧州に比べればまだましで、欧州は1・4％にまで低下している。[*5]

同時に、新しい銀行規制で銀行の間接費も増加している。市中銀行の多くは、もう従来の融資業務や貯蓄業務で高い収益を上げられない状態だ。実際、ドイツ中央銀行の調査部門によれば、金利の利ざやは小さいまま変わらず、今後、資本コストに対して相応のリターンを上げられる銀行はせいぜい5行に1行だという。[*6]

また、決済業務を巡る環境の変化も収益に影を落としている。ネット銀行は、従来型の銀行に比べて、顧客当たり従業員数が桁違いに少なく、劇的なコスト差につながっている。そのため、ネット銀行ははるかに安い手数料で決済サービスを提供できている。さらに、かつては旨味のあった国際送金サービスも、トランスファーワイズといったベンチャーの出現で競争上の圧力にさらされている。

全般的に見ても、20世紀から使い続けている高コストの情報インフラを抱える銀行は、ペイパルやアップル・ペイなどのデジタル系のライバルとはまともに戦えない状況だ。こうした新興勢力の消費者向けサービスはとにかく低コストで提供されている。ペイパルはコストのかかる支店網を持っていないし、アップル・ペイも十億台を超えるiPhone（アイフォーン）に組み込まれた独自セキュリティ技術基盤に付加する形でサービスを提供しており、小さい間接費が特徴だ。

銀行側は、総合的なコスト削減や自動化推進、実店舗の縮小で対抗してきた。1990年時点で商業銀行全体の雇用数は百万人弱で、その半数が米国だったが、2007年の金融危機からこの水準を回復することもなく、[*7]現在は1990年代初期の水準にも満たない状態である。欧州の状況はもっとひどい。2016年現在、銀行支店数はあの大恐慌前の水準より2万7000店も少なく、従業員数は21万2000人も下回っている。[*8] スイスでは2015年だけで民間銀行の10行に1行が姿を消した。[*9] その中には何百年もの歴史を誇ったラ・ロシュ銀行（創業1787年）も含まれている。

銀行危機の波は有名銀行にも容赦なく襲いかかる。ドイツのコメルツ銀行は2020年までに2割のポストを削減する計画で、[*10] イタリアの大手ウニクレディト銀行は全支店のうち26%の閉鎖を決めた。[*11] こうした動向だけを見ても、銀行業界が窮地に立たされていることは想像に難くない。それに輪をかけて第三の脅威が忍び寄っている。ひょっとしたら超大型タンカー級の銀行でさえ、この波に飲み込まれる可能性もある。この第三の脅威は、貨幣の役割と切っても切れない関係にある。

貨幣の衰退と銀行の未来

データリッチ市場では、参加者は、主要な情報伝達手段として価格を利用しなくなる。もちろん、貨幣は依然として価値の蓄積手段であり、参加者が今後も貨幣を使って支払うことに変わりない。だが、効率的に情報を伝達する手っ取り早い手段としての貨幣が不要になるなら、経済の中で貨幣が果たしてきた重要機能のひとつが消滅することになる。データの標準的な概念体系、マッチング・アルゴリズム、機械学習システムが進化し、豊富な情報に基づく効率的な取引を市場参加者がさらに受け入れるようになるなど、データリッチ市場への移行が今後も続けば、貨幣の役割はさらに小さくなる。

もっとも、ほとんどの人々にとっては日常生活にすぐに影響が出ることはない。銀行サービスのコストが下がれば費用対効果はよくなるものの、これまでどおり支払いは貨幣を使うわけだ。だが、市場では明らかな違いが表れるはずだ。候補となる複数の取引相手について、さまざまな尺度から比較しやすくなれば、情報の勘案方法も変わってくる。この結果、圧倒的に効率的な市場取引につながる。かつては雑音だらけの海で、ひときわ目立つ道しるべのような存在だった価格が、数あるデータのひとつに降格するわけだ。

この変化は、貨幣に関わる産業全体に、ただならぬ影響をもたらす。市場参加者がもっと豊富なデータを求め、データを検討材料として扱うようになれば、自ずと貨幣への依存度は低下し、以前のように貨幣の情報伝達機能まで含めた金額の支払いを渋るようになる。その煽を受けるのは金融業界全体だ。あとで詳しく述べるが、このしわ寄せは必ずしも均一に広がるわけではない。市場を円滑に動かすうえで貨幣はそれほど重要ではなくなるため、経済に対する我々の見方が変わるはずだ。貨幣至上主義の時代なら、市場と貨幣、あるいは経済と金融資本主義はイコールでもよかったが、これからは（貨幣ではなく）データが豊富に流通するため、市場が大きく躍進すると考えられる。金融資本主義は、60年代のヒッピーたちのスローガン「フラワーパワー」のように時代遅れになる。なくなったら困る人もいるはずだが、それは郷愁の念からくるものだろう。

情報が豊かになれば、新たな伝達手段や解釈方法も必要になる。簡単な例として店頭のショーウィンドウを思い浮かべてみよう。昔はショーウィンドウにはセール品が並び、それに値札がついていた。将来は各商品についてもっといろいろなことを知りたくなる（売り手も同じだろう）。そんな情報を値札という数字しか書き込めない紙切れ一枚に詰め込むことは不可能だ。このため、別の方法で情報を伝えなければならない。間違いなくデジタルの力を借り、おそらくワイヤレス方式で客に伝えるのだろう。そしてアプリで分析し、最も自分の好みに合う選択肢を見つけ出すことになる。

このように詳細な情報を運ぶインフラは、すでに整備が進んでいる。デジタルの先進的な市場プラットフォームの多くは、圧倒されるほどの多種多様な尺度に沿った情報を提供している。かたや、実店舗の小売店を含む従来型の市場は、自らのニーズに合わせて技術をどのように適用すればいいのか考えあぐねている。例えば小売店は拡張現実（ＡＲ）という技術に期待をかけている。店内に並ぶ商品の詳しい情報を（特殊装置を通じて）実際の商品と重ねて表示することで、売り場を見違えらせようというわけだ。これは眼鏡型ディスプレイであるグーグル・グラスを何倍も高機能にしたようなもので、この眼鏡を通して売り場を眺めると、自分の好みに一番合う商品をいくつかピックアップしてくれる。特定の商品にフォーカスを合わせると、その商品についての詳細を知ることもできる。

どの技術ソリューションがどのような形で最も豊かな情報を提供してくれるのか正確に予測することも大切かもしれない。だが、本書の目的から言えば、銀行などの金融機関が築き上げた「貨幣と価格」という既存インフラには依存しないソリューションが出てきたことに気づかなければいけない。

価格からの脱却は、歴史に残る変化のしるしだ。何しろ、決済という行為と（豊富な）情報の提供とが切り離されるのである。貨幣中心市場は、経済で傑出した役割を貨幣に与えてきた。取引相手の探索・選定に始まり、取引完了に至るまで、市場取引のあらゆる段階で貨幣が中心だったからだ。

銀行などの金融仲介機関は、市場の根幹を握る重要なシステムの支援役と推進役を担ってきたからこそ、貨幣は市場システムとほぼ同義語になっていた。そして貨幣が業界全体に広がっていった。金融業界は、単に富を保有するだけでなく、洞察力に長けた頼もしい存在と周囲から一目置かれることに満足していた。それは間違いではない。銀行は、市場全体を流れる大量の価格情報へのパイプ役だった。銀行はこの情報を分析していれば、顧客の意思決定を支援することさえ可能だった。ただ、現実には、結果は完璧というにはほど遠いものだった。だが、銀行は情報にアクセスできる立場にあったため、銀行の助言に素直に応じるほうが、何も知らずに判断するよりもましなことが多かった。少なくとも、その後に襲いかかる金融危機までは……。

上をめざすのは結構だが、今あるよいものを否定してしまっては元も子もない。意思決定に豊富な情報を生かすことは、貨幣だけに頼るよりもいい。経済がデータリッチ環境に向かい、市場の効率化が進めば、こうした市場を動かすうえで必要な情報の大部分は、あえて銀行を窓口にする必要がなくなる。

依然として銀行は、価値の移動や蓄積を通じて取引を完了させる役割を担っていて、今後もおそらく情報の総合的な流れにささやかながらも寄与するのだろう。だが、市場では情報の重心が貨幣から離れつつある。言い換えれば、銀行から離れつつあるのだ。

決済機関としての銀行は、基本的に汎用的なサービスを提供する役割を担うわけだが、旧来のインフラに縛られない有能な新興勢力を相手に戦わざるを得なくなる。

例えていうなら嵐の中で救命ボートの空気をもっと抜けと言われているようなものだ。それでも沈むことはないだろうが、半分壊れたような救命ボートではまともに進むわけもなく、ましてめざす目的地にたどり着くかどうかは言わずもがなだ。金融業界に義務づけられた煩雑な規制で少しは嵐を抑えられるかもしれない。ただ、こういった規制を遵守すると、それなりにコストがかかるだけでなく、各社が競争からある程度隔離される一方、新規参入組は規制をなんとか乗り越えようと工夫を凝らす。

ピンと来ないかもしれないが、規制があるがゆえに銀行業界の再編が加速する可能性があるのだ。デジタル系のベンチャーにとって既存の銀行規制の多くは複雑で対処が難しいのだが、規制当局は、銀行が果たしてきた情報のパイプ役としての役割に気づき、現在の銀行が持っている力を認識し始めている。正確に言えば、こうした情報が非効率な取引につながっていると考え、これを阻止する対策に向けた取り組みが進行中だ。例えば欧州連合（EU）では、2018年に発効した「第二次決済サービス指令」（PSD2）で、[*12]銀行は顧客の請求があれば、同行が保有する当該顧客のデータを競合他社や第三者にデジタル形式で提供することを義務づけている。その狙いは、顧客が銀行を乗り換えやすくする（携帯電話業界でナンバー・ポータビリティを義務づけた結果、電話会社の乗り換えが容易になったのと同じだ）ことと、金融情報仲介会社の新たな市場づくりにある。

この金融情報仲介会社が豊富な銀行データを入手できるようになれば、消費者の意思決定を支援可能になる。これも、従来の（ますます独自性が薄れつつある）銀行業務と、豊富で総合的な情報に基づく価値創出を切り離す一例である。少なくともEUの規制当局は、金融情報分野でのこうしたイノベーションが従来の銀行ではなく新規参入業者によって実現されると見ているようだ。

このような新たな環境になれば、ほかの従来型の金融仲介会社、特に貨幣や銀行業務が持つ情報伝達の役割に特化した金融機関は、先行きが銀行よりも悪くなりそうだ。こういった金融機関は、最後の頼みの綱となる決済機能を持たないため、いわば救命ボートなしで嵐の海に向かうことになる。例として独立系証券会社や従来の保険代理店を考えてみるといい。どちらも再編された市場からどっと押し寄せる情報洪水に溺れかねないではないか。

金融資本主義の突然死

市場で圧倒的な存在感を誇った情報伝達役としての貨幣が終焉を迎えれば、資本の役割の地盤沈下も進む。現行の市場システムでは、金融資本は、生産の代替要素であるがために重要視されている。必要なときに、特に必要な経営資源と交換が可能（逆も可）であり、経営資源の効率的な利用が実現するからだ。

だが、資本には情報伝達の機能もある。ある会社が、ほかの生産要素と自由に交換可能な資産を保有していると世界に向けてシグナルを送ることになるからだ。それは選択の自由と相対的な力を意味する。外部から投資を得ることで企業の柔軟性が高まり、さらに多くの情報が伝達される。その情報とは、この企業の実力と、それに対する投資家の信頼である。

外部からの投資に伴って発生する情報は、資本流入自体よりも価値があることが多い。シリコンバレーのベンチャー企業が、セコイア・キャピタルといった定評あるベンチャーキャピタルからの出資を受けると、19世紀のイングランドで爵位が授けられたかのような意味を持つ。投資を受けた企業は即座に知名度が上がり、その結果として時価総額も上がることが多いからだ。

市場が多様な情報を取り込むにつれて、資本が持つ情報と価値という二つの機能は、必ずしもセットである必要はなくなる。それどころか、分離される機会はますます増えるだろう。ただし、将来、資本が用なしになると言っているのではない。価値という機能に関して言えば、資本は今後も経済で有益な存在である。だが、情報の機能としては、もはや唯一の選択肢ではなくなる。

この資本が持つ二つの機能を切り離すと、それぞれの機能の重要性は状況によって変わることがわかる。例えば、企業が文字どおり資本流入を必要としている状況は確かにある。だが、これとは別に、広く信頼されている専門家から自社の事業の価値を認めてもらったという事実を市場に発信することのほうが真の目的ということもある。

もちろん、すべてのシグナルが同じように信頼できるわけではない。口で言うだけなら簡単だし、推奨すると言われても誰も信用しなければ大した価値はない。高額小切手でも切って保証してくれる場合に比べれば、その差は歴然だ。これとは対照的に、信頼できるシグナルは、乱用されないためのコストがかかる。貨幣は常に信頼できるシグナルというわけではないし、これが唯一というわけでもない。例えば貨幣が潤沢にあるときは、そのようなシグナルとしての価値は大幅に低下する。MIT教授のサンディ・ペントランドが指摘するように、ネットワークやSNSのデータから生まれるものも含め、さまざまなシグナルが信頼に値する可能性がある。[*13]

新しく生まれ変わった市場では、こうしたシグナルの収集も伝達もまったく問題ない。市場参加者も、コンピュータ支援による意思決定方式だから、そのようなシグナルを簡単に考慮できるようになる（だからといって完璧な選択肢にたどり着けるとは限らないが、最終的に選んだものは、好みに関するすべての情報が考慮された結果である）。

このことは、貨幣が潤沢にあって、投資機会が限られているときには特に重要である。そのような場合、もはや資本投資自体は推奨・是認の強力なシグナルにはならない。情報伝達手段としての価値を失っているからだ。例えばベンチャーキャピタルが資本を潤沢に持っていて、気に入ったベンチャーがありながら、現時点の投資ラウンド（「起業前段階」、「経営安定化段階」など、投資対象企業が置かれている成長の段階）はすでに応募超過になっているために投資ができない状況を考えてみよう。仕方なく別の企業に投資することになるが、そのような投資は、投資対象企業が最良の選択肢というシグナルにはならない。単にほかにないから選んだ結果にすぎない。

資本余りの世界というと非現実的な感じがするが、最近の情報によれば、世界中のベンチャーキャピタルがそのような状況に突入しているという。投資案件の取引高が増加していて、2000年のドットコム・バブル以降では記録的な高水準に達しているからだ。従来の堅実な投資の仕組みでは最低水準の金利しか得られない。このため、全般的な傾向として、資本投資に使える資金が増えれば、投資家は、もっとましなリターンの投資機会を見極めようとする。とりわけベンチャー企業にとって資金調達は、活動場所さえ間違っていなければ、過去に比べてはるかに容易になっている。シリコンバレーの某ベンチャー企業のCEOに聞いた話だが、とりたてて緊急性がないのなら、その気になれば簡単に資金を調達できるという。[*14] 同時に従来の証券市場では投資先の選択肢が狭まっている。米国では、1990年代後半に9000社以上あった上場企業が2016年には6000社弱に減少している。[*15]

資本が豊富にあっても資本を求めている企業の数が少なくなれば、資本市場は供給超過であり、投資利益の激減につながる。これは、いわゆる金融資本主義の終焉を意味する。確かに金融資本主義といえば、投資家に莫大なリターンをもたらす活発な市場を連想する。だが、金融資本の栄光の日々が戻ってくることはまずない。市場がデータリッチになるにつれて、貨幣を使ってシグナルを送る必要は減少する。貨幣中心市場からデータリッチ市場へのシフトが原因で、たとえ経済が繁栄しても、金融資本は一緒に繁栄できないのである。

データの助けを借りて市場経済が進化する中、金持ちに権力が集中するという意味合いで今後は「資本家」という言葉は使わなくなるだろう。データの力で強化された市場の台頭を受け、貨幣の役割が小さくなるとすれば、何とも皮肉なことだが、間違っていたのはアダム・スミスではなく、カール・マルクスということになる。

要は、データが貨幣に取って代わり、その割を食うのが投資家なのだ。投資家全般にとっては災難だが、特に老後に備えて安定した毎月の収入を確保するためにせっせと貯金や投資に励んできた人々にはなおのことだろう。彼らは、貨幣が傑出した役割を持ち続けると見込んだにもかかわらず、今や予想外の問題に直面している。汗水流して働きながら毎月コツコツと節約してきた人々の間には不満が広がる。夢にまで見た悠々自適の老後は文字どおり夢で終わってしまうのかと騙された気分だろう。

窮地に立たされるのは政策当局も同じだ。過去のイノベーションがもたらした創造的破壊の事例からもわかるように、この先に待ち受ける大変化への適応は痛みを伴うが、決して避けて通れない。労働者としての日々を送る間、老後に備えて貯蓄すべきだという資産運用の原則を守れそうな政策面の解決策は、ありそうもない。

リターン率の低下や投資の資産価値の目減りに伴って、途方もない金額の個人所有財産が蒸発するなど、データリッチ市場はシステムに強烈なショックを与えるが、これは一過性であって頻発するものではない点には、胸をなで下ろしてもいいだろう。

ひとたび資本の価値が低下し、そこから得られるリターンへの期待がリセットされれば、資本の価値が落ち込み続けることなく、リセット後の水準を維持するはずだ。むろん、こんなことを言ったところですでに投資運用している人々には慰めにもならない。特に十年ほど前に定年退職となって今は資本投資による安定したリターンに頼りきりの人々にとってはなおさらである。こうした投資家は、過大な期待を集めながら突然死を迎える金融資本主義によって最大の打撃を被る世代になりそうだ。

もっとも、長期的にはデータリッチ市場のおかげで投資家それぞれの好みに合っていて、しかも人間の偏見の影響を受けない投資機会が見つけやすくなる。そんな需要に応えようと、新しい仲介機関が続々と現れ、高度なマッチング・ツールや機械学習システムを駆使して膨大な情報を分析し、事実に基づく投資アドバイス業務を手がけるようになる。今後も投資アドバイスが必要なことに変わりないが、助言者が人間から機械に変わる可能性が高い。このデジタル投資アドバイザーは、具体的には豊富なデータを前提とするソフトウェアのため、わざわざ事務所などに出向かなくても、我々ユーザーの手元にあるデジタル機器（スマートフォンなど）で動作可能だ。その場合、希望すれば、かつてないほど高度なプライバシー保護が可能である。きわめてプライベートな個人データ（自分の投資行動など）へのアクセスを機械学習システムに許可すれば、投資に関するユーザーの好みのエッセンスを取り出し、これを外部に漏らすことなく、最適なマッチングの投資先を見つけ出すことが可能だ。

その逆もありうる。システム自体のトレーニングや、低料金による全般的な市場予測など、投資以外の目的のために、データの利用をシステムに許可するようなケースである。機械学習システムの運用も、人間のアドバイザーに頼るよりも安上がりだ。また、少なくとも原則的には、最適なアドバイスを得るうえで邪魔となる隠れ手数料を排除するような設定も可能だ（アドバイザーが取引ごとに一定割合の手数料を徴収するといったケース。そうなれば、必要のない取引を勧めてくる温床になりかねない）。

また、こうしたシステムはどのような要件にも合わせることができるため、既存の抱き合わせ型サービス（例えば投資アドバイザーが取引執行も兼任するなど）は解消される見込みだ。それに代わって、多彩なサービスを提供するさまざまな業者からなる投資指針のエコシステムが台頭する。こういうサービスであれば、個人投資家であっても、必要なサービスを簡単に組み合わせることが可能だ。しかも、すべてのサービスが包括的なデータを基盤に運用されるため、投資家が自分自身に関するデータを公開して、最適な仲介業者を選択できるようにするのは、自然な流れだろう。

投資アドバイスの市場は、将来の投資市場と同じで、データリッチ環境が徹底される。投資家にとってはハイリターンが享受できた過ぎ去りし日々を嘆いても戻ってこないのだが、データリッチ市場ではマッチング率が向上するため、利益を手にする機会は増えるはずだ。

銀行業界はタイタニック号なのか

一方、銀行や従来の金融仲介会社にとっては、貨幣の役割が小さくなった結果、複雑な課題を抱え込むことになる。こうした金融機関は、これまで基本的に二つの戦略で対応してきた。ひとつは、主に自動化によるコスト削減だ。もうひとつは、自己改革、つまりデータリッチ市場での情報仲介機関への転換である。

コスト削減の第一歩は、物理的なインフラからデジタル・インフラへの移行である。オンラインやモバイル機器を利用する顧客が増えれば、銀行は広範に支店網を整備する必要がなくなり、その分、銀行員も必要なくなる。続いて、投資管理、融資、決済を問わず、取引ごとのコスト削減策が講じられる。

ディスカウント・ブローカー（格安手数料の証券会社）のチャールズ・シュワブは、1970年代から1980年代にかけて、売買注文の取引コストを十分に抑えられれば、手数料を下げても採算はとれることを証明してみせた。

だが、21世紀の今、銀行が戦う相手はチャールズ・シュワブのような企業とは違う。デジタル技術を徹底的に活用し、データから新たな視点を獲得して圧倒的に安い手数料でサービスを提供する新世代のベンチャーだ。シリコンバレーに拠点を置くロビンフッド・マーケッツは、従来の証券市場に高頻度取引技術を応用し、米国の証券取引所での株式売買が手数料ゼロでできることを謳い文句に100万人以上の顧客を集めている。これは、現在の電子取引の実際のコストが非常に安いからこそ実現できている。同社はコストのかかる物理インフラ（店頭や大規模なサポート部門など）を持たないうえ、顧客から預かったばかりでまだ投資されていない資金が生み出す利息を主な収入源としている。銀行がいくらコストを削減したところで、無料サービス相手に戦うことは難しい。

同様の展開は決済サービスにも見られる。ペイパルやアップル・ペイ、中国の微信支付（ウィーチャット・ペイ）といった有力デジタル系サービスは、モバイル決済ベンチャーのストライプやスクエアの支援の下、銀行をあっさりと打ち負かしつつある。しかも、自分たちは価値ある取引データをもれなく手に入れながら、実際の送金業務を担う銀行には必要最小限のデータしか渡さない。決済分野の状況は、まるで携帯電話業界の再現ドラマを見るかのようだ。というのも、当初、携帯電話会社は顧客が利用したトラフィック・データをすべて見ることができたにもかかわらず、何も行動を起こさなかった。今では携帯電話会社は単なる回線屋に成り下がり、そこを流れる情報の中身を覗くこともできない（たとえ物理的に可能でも、契約上は許されていない）。データ・トラフィックが生み出す〝旨味のある部分〟は全部他業者に持っていかれるのだ。

英国のココナツやフィンランドのホルビなど、フィンテック系のベンチャー企業が重点を置いているのは、格安手数料ではなく、革新的な付加サービスだ。ニッチ市場（ホルビの場合は小規模企業、ココナツの場合はフリーランサー）をターゲットにしていて、決済と銀行口座を組み合わせて高度にカスタマイズしたサービスを提供している。例えばココナツでは、顧客である自営業者が入出金のたびに税額をすばやく自動計算（再計算も対応）して、その分を蓄えておくことができるので、年度末に税額計算で慌てずに済む。一方、ホルビでは、無償の請求書発行・帳簿記帳の総合サービスなどがある。

代替決済システムを提供する企業と提携したり、こうした企業に投資したりすることで、コスト削減と自動化をさらに推進している銀行もある。金融分野では、ビットコイン（とその基盤技術であるブロックチェーン）が銀行に不安を与えている一方で、銀行業の救世主との希望も生み出しているが、その行方ははっきしない。価値の移動や保存に関して、ブロックチェーンなどの分権化推進の技術を支持する銀行でさえ、現在提供している集権型サービスがこうした技術によって排除されることを完全には理解できていないようだ。

基本的にはコスト削減が賢い対応のように思えるのだが、銀行業界ではほかの企業と同様に組織構成や内部構造の制約を受けていて、当の銀行もそのことにはすでに気づき始めている。コスト削減は短期的には業界にプラスに働くとしても、長期的には、沈みゆくタイタニック号で少しでもバランスを取ろうと甲板のデッキチェアの配置をあでもないこうでもないと変えている程度のものだろう。

貨幣のコストに対応するなら、貨幣が持つ情報機能の終焉を気にしないことだ。データリッチ市場が本格化するにつれて、情報流通の大部分を担ってきた貨幣の役割は終わりになる。デジタル通貨であっても、これを抜本的に変える力はないし、[*16] 最先端のブロックチェーン技術をもってしてもお手上げだ。というのも、基本的にデジタル通貨は、別の問題を解決する手段だからだ。

だが、価値交換の手段として見ても、貨幣はもはや絶対的な独占の地位は失っている。取引促進につながる情報が市場にあふれてくると、そのような情報自体が価値を持つようになる。この情報が利用されるたびに、新たな気づきが生まれ、市場が円滑化される。市場を流れるこうした情報は、特定の市場参加者にとってだけでなく、市場全体にとっても有益な価値のある資源となる。

将来は取引の支払いに貨幣ではなくデータが使われる可能性がある。ただし、データの応用範囲が広く、それなりに多くの市場参加者に求められるだけの価値があり、しかも交換コストが十分に安いという条件が付く。

「データで支払う」という行為は夢物語ではなく、すでに日々の暮らしの中で実行されつつある。グーグルの検索エンジンを利用するときも、フェイスブックにログインしているときも広告表示を強いられるのだが、実はこれが支払い代わりなのだ。それで我々が何を支払ったのかというと、個人データだ。現にグーグルにせよ、フェイスブックにせよ、何十億人もの人々がサービスの対価として個人データで支払っていなかったら、今日のような成長はありえなかっただろう。同様に、企業がデータ分析サービスを外部業者に委託する際、データで支払うケースが増えている。つまり、こうした外部業者にサービス対価を貨幣で支払うのではなく、別目的でのデータ再利用を許可しているのだ。

これが貨幣の終焉を意味するわけではない。データには、交換手段として重大な欠点がある。データはそれ自体に価値があるため、紙幣よりもむしろ塩や金貨に近い。そのため市場での交換を促進する役割が少し複雑になるからだ。だから貨幣は交換促進という重要な役割を今後も担い続ける（そして中央銀行は、貨幣の供給を管理し続ける必要がある）。

こうした貨幣が担っている役割が一晩で変わってしまうようなことはないが、貨幣が持つ情報以外の機能が必ずしも破壊から守られているわけではないことは確かだ。

全体として貨幣の重要性が低下していくとすれば、市場の基本的な潤滑油としての貨幣に今後も依存しつつも、コスト削減を最重要視する戦略は短期・中期的に効果を発揮するが、長期的には効果がなくなっていく。

金融資本主義からデータ資本主義へ

一方、まったく違う戦略を打ち出す銀行や金融仲介機関が増えている。データの扱いに精通した仲介機関への転身をめざしているのだ。こうした金融機関は、〝ポスト貨幣〟の世界に備え、金融業界の新規参入業者との提携も厭わない。

データ技術を使って金融サービスを提供するフィンテック企業の多くが従来の銀行を引きずり下ろそうとしているのだが、こうしたフィンテック企業に銀行が出資するという事実にはそれなりの理由があるようだ。銀行の思惑はこうだ。自分が創造的破壊の犠牲になるのなら、破壊者のせめて一部でも所有しておきたいということなのだ。

こうしたフィンテック企業は、2015年だけでも全世界で190億ドル以上の投資を集めている。[*17]この血迷った行動をフィンテック・バブルと指摘する専門家もいる。[*18]多数のフィンテック企業が決済ソリューションに重点を置いているが、その多くは、きっちりと二つの分野で創造的破壊のイノベーションを起こそうとしている。それが融資と投資計画である。そこでこの2分野について、簡単に解説しておこう。

ここ数十年の間に融資は、個人の信用に関わる案件（例えば地域金融機関でマネージャーが住宅ローン申し込みの可否を判断するケース）から、単一の統計指標に基づく判定（個人の与信スコア）へと進化している。人間の信用を数字に落とし込めば、銀行による融資先の選定が容易になるように見える。だが、ご存知のとおり、現実はもっとショッキングだ。従来の与信スコアは過去の信用取引に極端に重点が置かれ、ごくわずかなデータで左右される。重要ではないデータばかりだと、データの誤りが強調され、与信スコアは過大評価や過小評価につながる。ローン返済の能力や意思を判定するにしては、バカバカしいほどに未熟なのだ。

この是正策として、新型のローン会社を中心とするエコシステムが誕生し、大量の情報を収集・提供するようになっている。例えば、フィンテック系ベンチャーのSoFi（ソーファイ）は、もともと、学生向けローン専門でスタートしたローン会社で、多種多様なデータを信用力の予測に生かしているため、信用実績の乏しい個人にも低金利での貸し付けを実現している。また、小規模企業向けに同様のローンを手がけているカベッジというベンチャーもある。

従来の与信スコアから、多種多様なデータを分析するリスク・モデルへと切り替えるということは、言い換えれば、貨幣中心の市場からデータリッチ市場への移行を意味する。両社とも複雑な情報を単純なスコアに濃縮するという考え方から脱却し、ITや自動化を生かし、多様な情報源から集めた包括的で豊富な情報に基づいて判断を下している。この方式であれば、実際の債務不履行のリスク分析精度も上がるため、ソーファイは従来型のローン会社よりも低い利率で多くの顧客にローンを提供できるのだ。[*19] ソーファイのモデルはめざましい成功を収めている。2017年までに融資残高は160億ドルを超え、同社によれば（従来型のローンを利用した場合に比べて）顧客が節約できた金利の総額は14億5000万ドルになるという。同じくフィンテック系ベンチャーのアップスタートは、従来の与信スコアに学歴データも加えて信用リスクを評価し、貸付先としてのリスクの大きさを見極めている。

さらに、米国では次の給料日までの返済を前提に法外な高金利で小口資金を貸し付ける高利貸し業者（いわばサラ金・闇金）が横行しているが、こうした業者に戦いを挑んでいるのが、Avant（アヴァント）やZestFinance（ゼストファイナンス）（元グーグルCIOのダグラス・メリルが創業）といったフィンテック企業だ。こうした企業は、融資申し込み者ごとに機械学習・解析技術で膨大な種類のデータを処理する方式で、従来の銀行よりもはるかに高い精度でリスク分析を行うことが可能なため、これまでなら行き場がなくて仕方なく高利貸し業者の餌食になっていたはずの消費者に融資を提供できるようになるという。2016年には中国のIT大手である百度が、多様なデータを生かした消費者の信用評価システムを中国にも導入する狙いで、[*20]ゼストファイナンスに投資している。

フィンテック系のスタートアップの創造的破壊の波は、従来の資産運用の分野にも押し寄せている。例えば、Stash（スタッシュ）では、株式を投資可能な最小単位にまで切り離す方式を取っている。一株を分割して購入可能にするのとは違う。こうすることで消費者はそれぞれの投資方針に合わせて少額予算で投資ができる。音楽に例えれば、アルバムの収録曲をバラ売りするようなイメージだ。

フィンテック系のスタートアップの多くは、好みのマッチングや好みの抽出に関して、従来のファイナンシャル・アドバイザーよりもはるかに優れたツールを提供しているのが売りだ。例えばBetterment（ベターメント）は、キャピタル・ロス（売却損）の発見機能を売りにしている。キャピタル・ロスがあれば顧客は課税額を下げることができる。また、ライバルのシグフィグでは、ユーザーが同社仲介で実施した投資に関するデータを収集・分析することで、同様のリスク特性を持つ代替ファンドが見つけられるため、ユーザーにとっては選択の幅が広がる。さらに同社では、各証券会社に支払う手数料（と他社への乗り換えで節約できる金額）の計算機能も提供している。

フィンテックは、ほかの多くの投資家の投資行動を選んでコピーする機能があるズルートレードやeトロなど、データリッチなプラットフォームを生かした斬新なニッチ市場を生み出している。

こうしたプラットフォームでは、自分と好みが似ている投資家に学び、その投資行動を真似ることができる。プラットフォーム側は、ユーザーが真似た取引での上前をはねることで利益を出している。ほかにも、ピープトレードといったサイトでは、有力投資家の投資判断の情報をユーザーが入手できる機能がある（この機能に由来して、「覗き込む」という意味のピープが社名に使われている）。やはり、有力投資家の戦略を〝後追い〟した取引の一部がサイトの利益になっている。

また、資金調達と投資が組み合わさったP2Pレンディング[*21]（ピアツーピア融資＝金融機関を介さず、ネット上で資金が必要な個人と資金を提供したい個人を結びつける仕組み）というサービスを提供するフィンテック企業もある。P2Pレンディングのプラットフォームでは、個人間の融資のマッチングを促進するのだが、マッチングのプロセスはまだ発展途上だ（個人ではなく小規模企業を融資対象とするファンディング・サークルというフィンテック企業もある）。P2Pレンディングの草分けであるZopa（ゾパ）は、これまでに20億ドルの融資仲介を実現してきた。だが、このアイデア自体、すでに中国では本格的な実用段階に入っている。というのも中国の銀行は昔ながらの官僚的な制度のままという事情があるからだ。そんな中国ではすでに数千ものフィンテック企業が乱立しているが、最も成功を収めている陸金所（ルーファクス）は、すでに融資残高でゾパを上回っている。中国のP2Pレンディングの市場規模は、2016年に1000億ドルを超えたと言われる。

これに関連したサービスを提供しているのがKickstarter（キックスターター）やIndiegogo（インディゴーゴー）だ。ベンチャー企業の直販事業を支援し、キックスターターだけで、これまでに30億ドル以上の売り上げをベンチャー各社にもたらしている。キックスターターに登録されているプロジェクトの三つにひとつが希望調達額を確保している（このうち、資金調達に成功しながらも、最終的に暗礁に乗り上げたプロジェクトは約15％程度にすぎない）。先ごろキックスターターは、株式型クラウドファンディングを手がけるMicro Ventures（マイクロベンチャーズ）と提携し、支援者が小規模企業の株式を購入する機会を提供している。興味深いのは、キックスターターが構築するベンチャー向けのプラットフォームが単なる購入や資金調達の取引にとどまらず、支援者向けに総合的な情報を豊富に継続的に提供する点にある。これは少なからず初期のデータリッチ市場と相通ずるものがあり、意思決定時に豊富な情報を提供するとともに、その後も常に状況に関する情報提供を怠らない。

一般的な企業と同様に、フィンテック企業もデジタル技術と豊富なデータへの対応方法は異なる。特に低コストの送金サービスを提供する企業などは、既存サービスの廉価版を手がけている。こうした企業は、基本的には過去のやり方を踏襲しつつ、金融業界に吹き荒れるパーフェクト・ストームを追い風に、荒波をうまく乗り越えている。

一方、豊富なデータをきっちりと使いこなすことに全力を挙げる企業もある。前出のベターメントやシグフィグを始め、多くのP2Pレンディングを手がけるフィンテック企業がこれに相当し、包括的なデータにユーザーの好みとアルゴリズムを組み合わせ、最適な取引相手を見つけ出している。長期的には、このクラスのフィンテック企業（と、こうした企業と手を組む従来の銀行）は、貨幣と価格に依存する企業を超えた能力のある情報仲介機関の座をめざしている。こうしたフィンテック企業は、貨幣からリッチデータへと軸足を移す中で、貨幣や金融の力に対する信頼を根底から揺るがしている。しかもその多くは、かつて従来の大手銀行の縄張りだった業務に市場というコンセプトを投入している。これだけをとっても、本書全体を通じて主張してきた経済の全般的なシフトがはっきりと表れている。それが企業から市場へのシフトだ。

これまでのところ、フィンテック勢と手を結ぶ道を選んだ銀行の成果は何とも言えない。貨幣からの脱却というシフトは始まったばかりなのだから、安定した確固たるビジネスモデルが固まってくるまでは、不透明感に包まれていて、試行錯誤の連続なのは当然といえば当然だ。ドットコム・ブーム前夜の1990年代半ばの電子商取引に似ていなくもない。だが、今回のほうが課題は根深く、文化との関係も深い。理屈のうえでは、銀行はデータが豊富になれば快適に業務を進められるはずだ。現に銀行は、長年にわたって多様な金融データを蓄積していて、詳細な顧客情報を含む大規模なデータストア（大量のデータを蓄積する仕組み）も抱えている。にもかかわらず、銀行はこうしたデータにあまり手をつけていない。その意味では、銀行はデータこそリッチだが、洞察力が乏しいのだ。

これは、データ分析が難しくコストもかかった前時代の生き残りと言うべきか。しかも銀行は伝統主義ときている。概していえばリスクを取るより現状維持の気風だ。スタッフにもその気風が浸透している。また、顧客の強い意向が反映されている可能性もある。仮に銀行がこれまでに収集した多彩な個人情報を新たな商品・サービスづくりに生かそうと考えたとしても、そこまで銀行を信用していない消費者は首を縦に振らないからだ。

構造的な問題もある。経済の潤滑油としての貨幣に注力してきた組織にとって、自社の成功体験を乗り越えて新たな考え方を打ち出すことはさぞ難しいはずだ。何しろ貨幣一本やりで来たからこそ、銀行や関連の金融仲介機関は金融資本主義の中で傑出した存在となれた以上、想像力は制約されるうえ、データリッチの未来を受け入れがたいはずだ。

一方、こうなる必要はないという反対の例もある。[22] 投資銀行業務が生まれた百年以上前は、企業からの依頼を受けて、外部の投資家を探してくる零細業者にすぎなかった。また、こうした業者は、超大手の民間企業や機関が最適な投資先を探す際の支援役でもあった。

つまり、もともと、マッチメーカーであり、特定の関係者だけが知る情報にいかに食い込めるかが成否を左右していた。顧客と長期的な関係を築くのが一般的で、明確に言葉に表せないような暗黙知や、パートナーを結ぶ包括的なネットワークが投資銀行の成功に直結していた。よい評判を維持する必要があったため、多くは誠実な姿勢を旨とし、価値ある情報を入手した場合も秘密はきっちり守っていた。要するに、アナログ時代のデータリッチな情報仲介機関だったのである。

時は流れて1960年代に入ると、業界は急速に変化していった。投資分野に新規参入してきた大手銀行が従来の投資銀行と競合し始めたこともその一因だ。この新規参入組は、特定の関係者だけに開かれた情報ネットワークを持っていなかったが、事業規模が大きく、貨幣第一の姿勢を徹底していた。

こうした攻勢を受けて多くの投資銀行は、情報に強い機関ではなく、貨幣を扱う機関としてのイメージを新たに打ち出した。そのために、顧客との特別な提携関係を解消して、上場株の発行も手がけるようになった。さらに大がかりな合併や事業拡張で大規模化を追求し、借入資本も大いに導入するようになった。やがて借入資本の割合が大きい金融機関へと大きく舵を切った。2007年にサブプライム住宅ローン危機が襲いかかった際、世界最大級の投資銀行であるベア・スターンズ、リーマン・ブラザーズ、メリル・リンチの3行が経営破綻し、ほかの多くの投資銀行も通常の銀行との合併を余儀なくされ、業界地図はがらりと変わった。

だが、貨幣へのシフトに背を向け続けた投資銀行もいくつか存在した。情報仲介機関としての立ち位置を守り、順調な業績を上げていた。その後を追う投資銀行も増え、今日では高度に特化したブティックファーム（特定分野に特化した少数精鋭型のコンサルティング会社）が続々と登場し、最新のデジタル技術を導入している。こうしたブティックファームは、Contix（コンティックス）やKensho（ケンショー）といったビッグデータ分析会社と手を組み、機械学習システムを駆使して、最適な投資取引に関する洞察あふれる情報を市場参加者に提供するという、本来の投資銀行の業務を手がけている。

この事例からは、ビジネスチャンスと同時に、自己改革の危険性も見て取れる。貨幣第一の姿勢で金融資本主義を支えてきた銀行など主要機関は、画期的な新規事業会社へ自己改革すればいいといった楽観論には、暗雲が垂れ込める。だが、この事例は、貨幣中心の市場が台頭し、やがて衰退していくことのメタファーであり、また、情報仲介機関が金融仲介機関を圧倒するようになることのメタファーと見ることもできる。このような大々的な変化が金融業界全体を覆い尽くす日が来るとすれば、それは金融資本主義がデータ資本主義に取って代わられるときだ。

キックスターター、シグフィグなど金融分野の多くの有力ベンチャーに資金提供してきたベンチャー・キャピタリストのアルバート・ウェンガーは、リッチデータ時代の従来の銀行の運命について、嵐に翻弄される船に例え、「強奪した金塊を満載するスペインのガレオン船が嵐の海に沈んでいくようなもの」と表現する。あらゆる資本を自由に動かすことができるが、情報を駆使して、危険に満ちた悪天候を巧みに回避する洞察力に欠けているのである。[*23]

第8章

フィードバック効果 | FEEDBACK EFFECTS

独占をいかに防ぐか

フィードバック・システムの落とし穴

2009年6月1日、エアバス社のジェット旅客機A330がリオデジャネイロの国際空港から威風堂々と夜空に向かって飛び立った。エールフランス447便の乗客216人はパリに向けていつもどおり平穏な旅を期待していた。

商用旅客機が驚異的な安全記録を達成できているのは、少なからず高性能なコンピュータと高度なトレーニングを積んだ乗員のおかげである。だからこそ、綿密なフィードバック体制が確保されているのだ。フライト中にさまざまなセンサーから送られている膨大な量のデータは、コンピュータで処理されて航空機の運航維持（これがフィードバックのループになっている）や安全な飛行につながっている。そしてパイロットは、コンピュータに常に目を光らせ、航空機の位置、飛行経路、機体の状態など、モニターに表示される多種多様な情報を確認する。

しかもパイロットとコンピュータは相互にチェックし合う関係にもある。パイロットが航空機を危険にさらすような指示をした場合、コンピュータは指示を無視することもあるし、逆にパイロットも、必要に応じてコンピュータによる飛行制御をオフにすることも可能だ。

だが、ときにどちらのチェックも実行されないことが往々にしてある。実際、コンピュータは飛行制御能力がきわめて高く、誤った人間の指示を補正して調整する能力も高いからこそ、航空機メーカーはコンピュータを民間機にもれなく導入している。その結果、基本的にはコンピュータが航空機を飛ばし、パイロットはそれを見守るという関係になっている。

エールフランス447便が離陸してからの数時間は確かにそのような状態だった。が、同機が大西洋上で雷雨に近づいたところ暗闇に包まれた。対気速度センサーが凍結して機能停止に陥った。コンピュータが障害を検知し、パイロットの手動操縦に切り替えるため、自動操縦を部分的に停止する。この時点でパイロットは手動操縦が可能になると同時に、コンピュータからはあれこれ指摘されることもなくなった。すでに同機は最高高度に近づいていたにもかかわらず、どういうわけか副操縦士は機体を上昇させるために機首を上げようと考えた。この操作が原因で同機は危険なほどに速度が落ち始める。このまま失速状態に陥れば、揚力を失って墜落する。

コンピュータからは失速警報が鳴り響く。ところが、パイロットはその対処方法で致命的なミスを犯す。機首を上げる操作をいつまでも続けていたため、失速警報が停止したのである。というのも、この時点でコンピュータは、異常な機体姿勢のデータが入ってきても、それ以上データを信用しないようになっていて、データ自体に異常ありと判断したからだ（だが、実際にはデータは間違っていなかった）。パイロットらが何が起こったのか見極めようとしているうちに、致命的な悪循環に入ってしまった。何しろコンピュータは、パイロットが機首を下げようとすると、機首が上がっていると判断するのが妥当と受け止めるようになっていたため、失速警報を出す。さりとて機首を上げようとすると、失速警報は止まるが、それは同機が失速していないからではない。コンピュータがデータを信頼できないほどに失速しきっていたからだ。

このように人間とコンピュータの双方は確かに合理的に行動していた。機械は、データが正しいと判定したときに警報を鳴らし、人間は失速警報に対応していたからだ。だが、双方とも、まさか航空機が海に向かって急降下しているとは夢にも思わなかったのである。それからほどなくして、乗員乗客全員死亡という最悪の事態になる。

パイロットらは、最後まで事態を把握しようとしていた。このような人間と機械が連携するシステムでは、ほとんどの場合、フィードバック・ループがうまく機能する。仮に問題が発生しても、極端な異常事態に陥ることなく、適切な形で徐々に機能を停止させるようになっている。だが、複雑なフィードバック・ループに依存するシステムは扱いに注意を要する。定型的なケースでは実にうまく機能しているだけに、極端な異常事態に陥るリスクが潜んでいることをなおざりにしがちだ。[*1]下手をすると、忘れてしまう可能性もある。

幼少時に神童と呼ばれ、数学者として大成したMIT教授のノーバート・ウィーナーは70年前、フィードバックの一般理論を考案し[*2]、人間と機械が行動を制御する際に有益だと主張した。ウィーナーの理論の中核をなしているのが、フィードバック・ループという考え方だ。つまり、フィードバックのデータを収集して解釈することにより、システムを制御し、最終ゴールを調整していくのである。要するに十分なフィードバック・ループが組み込まれていれば、いかなるシステムでも望む方向に進んでいけるというのが、ウィーナーの一大構想だった。

概念として、機械が単独で作動する仕組みを理解することは、大きな飛躍だった。今風の言葉で言えば、自律走行である。これが技術発展の基盤となり、大陸間弾道ミサイル（アポロ月面着陸船もそうだ）の誘導システムに始まり、最近の適応型機械学習システムに至るまで、さまざまな成果をもたらしている。

だが、ウィーナーは、想定外の状況が引き金となって、フィードバック・システムが前兆なしに突然故障する可能性に着目し、懸念を抱いていた。フィードバック・システムを構成する要素が間違ったループに陥れば、そのような故障に突き進む恐れがあったのだ。それがまさにエールフランス447便の事故でもあった。

ウィーナーが提唱したシステム制御の概念は、何かをコントロールしたいという人々の欲望にも火をつけた。コントロールできるものがあるなら、そうあるべきで、集権的にコントロールすべきだという発想である。ウィーナーは、実際にこの点を念頭に置いて、システム制御の研究を「サイバネティクス」と命名した。*3 その語源は、ギリシャ語で「舵を取る者」を意味する「キベルネテス」だ。

第二次大戦後、ウィーナーは自ら火をつけたサイバネティクス革命について、いち早く批判する立場に転向した。ウィーナーは、著書『*The Human Use of Human Beings*』（邦訳『人間機械論』）の中で、フィードバックを柱とするサイバネティクスでは情報の流れが原動力になることを検討したうえで、適応型のシステムに懸念を示している。その理由は、サイバネティクスが「人間を自律的に支配する危険があるから」ではなく、「ひとりの人間あるいは特定の人間集団が人類に対する支配力を高めるために（サイバネティクスを）利用する恐れがある」からだった。*4

フィードバックを使ったシステムが基盤のデータリッチ市場にも同じような特性が見られる。ほとんどの状況では問題なく機能するのだが、学習の際に多様性が欠如している場合と、ベールに包まれた中で支配力の集中化がある場合には、ゾッとするような危険性を帯びかねない。したがって、適切な統治手段の下で、こうした二つの危険を何としても阻止しなければならないのだ。

フィードバック効果が野放しなら市場集中化は止まらない

市場は混沌としていて無計画に動いている。おびただしい数の個人による判断のうえに成り立っているのが、基本的な特性だ。中央による統制こそないものの、どの社会的なメカニズムもそうだが、市場も単なる空っぽの箱とは違う。市場の一つひとつの機能には、物理的なものもあるし、社会的なものもある。また、内部で固く守られてきたものもあれば、外部から押し付けられたものもあるが、いずれにせよ、こうした機能によって成立可能な取引が決まっていく。

例えば中世にフランス北東部のシャンパーニュ平原のさまざまな都市でシャンパーニュの大市と呼ばれる大規模な交易市が開かれていたが[*5]、商人は一定の基準を満たす必要があり、これを破れば市から追放されて取引機会を失う恐れがあった。また、市場での行動も、物理的なデザインによって左右される。市が立つ一部区画に柱を立てて屋根で覆えば、商人は取引の場に出入りしやすくなる。中世の欧州主要都市に点在していた壮麗な建造物である衣料会館（織物会館とも）のおかげで、買い手と売り手は悪天候に悩まされることなく売買取引ができた。凍えるような冬に突入しても市場を運営できたわけだ。つまり、いつ、誰が、何を売るのかが、市場の物理的なデザインで決まってくるのだ。

適切な機能を備えた市場のほうがほかの市場よりもうまくいくことは誰でもわかる。市場を形成する多くの基準が個々の環境に依存するとはいえ、こうした特徴を超えた基本原則がいくつかある。その基本原則の中で最も重要なのが、意思決定の拡散性だ。この原則を破れば、市場は人間の活動を効率的に調整する能力を失うことになる。

残念ながら、実際には時間の経過とともに多くの市場で集中化が発生し、その悪影響が出ている。19世紀後半の鉄鋼業界では、ごくわずかな大メーカーが結託して価格操作に手を染めている。多くの売り手に対して買い手がひとりしかいないような状況でも同じような事態が見られる。地域に乳業会社が一社しかなく、ここに多くの零細酪農家が生乳を売るケースを考えてみるといい。乳業会社は生乳買取価格を自分に都合よく設定するようになる。

集中化が進んだ市場は問題が多い。多くの参加者には有利な取引をさせない一方、最も力のある参加者に過剰な利益が集まるからだ。

オンライン市場は特に集中化に弱いようだ。デスクトップPCからの検索の5件に1件、携帯端末からの検索の10件に9件がグーグルで実行されている事実をどう見るだろうか。[*6] 米国でネットショッピングの売り上げの40％以上がアマゾンに集中し、[*7] フェイスブックは全世界で20億人近いユーザーを集めている。[*8] 今挙げたのは超大手の例だが、それだけではない。もっと小規模なニッチ分野でも市場の集中化が進んでいる。GoDaddy（ゴーダディ）は、ドメイン・レジストラ（インターネットで使われるドメインネームの登録機関）としては世界最大で、[*9] 世界第二位の業者と比べて4倍の規模を誇る。ブログ分野ではワードプレスが、動画ストリーミング配信分野ではネットフリックスがそれぞれ支配的な地位を占めている。[*10]

少なくともカール・マルクスの時代以降、こうした力学が生まれる正確な理由を巡り、激しい議論が続いている。市場の集中化が進むと、3種類の効果が生じることが多い。まず「規模の効果」と「ネットワーク効果」だ。どちらもずいぶん前から研究が進んでいて、すっかりお馴染みだろう。そして三つめとして、適応型システムでフィードバックが拍車をかける効果を挙げたい。ここでは「フィードバック効果」と呼ぶことにしよう。いずれの効果も、市場の参加者が自分の利益を増やそうとする戦略がもたらす当然の結果である。

産業革命のころ、生産業者は大量生産が持つ可能性に気づいた。T型フォードの工場で毎週百台ではなく、千台を量産するほうが、生産の固定費を多くの台数で割ることになるため、一台当たりのコストは下がる。製造業で始まった発想は、小売やサービスなど多くの分野に広がっていった。20世紀後半になると、スーパーマーケットやファストフードチェーン、小売チェーンが急激に広がった。大量化によるコスト削減をめざした結果だ。この戦略が功を奏し、消費者は規模の効果がもたらした低価格化と製品の多様化という恩恵にあずかっている。

ネットワーク効果は通信業界に表れやすい。1890年には米国の市場を電話が席巻した。電話のおかげで他者との調整がすばやく簡単にできるようになり、大企業は電話なしには業務が成り立たなくなった。だが、電話業界は数社が競合していて、それぞれが独自規格のネットワークを構築していたため、企業経営者はデスクに電話会社ごとの電話機を用意しておき、取引先が加入している電話会社に合わせて電話機を使い分けていた。20世紀を迎えるころにAT&Tを中心に電話業界の整理統合が進んだ。すると、新たな加入者が増えるたびに、既存の加入者全員にとって使い勝手が向上することを実感するようになった。電話で話ができる相手が増えるのだから当然だ。このため、AT&Tを選ぶ消費者が増える動機が高まった。サービスは何も変わっていなくても、加入者が増えるだけで、あたかもサービスが向上しているかのように感じられたのである。*11

今ではこのネットワーク効果（経済学者は「ネットワークの外部性」という用語を好む傾向がある）は我々にとって大変馴染みがある。このネットワーク効果こそ、インターネットがデジタル情報の流れを支配するようになった原因であり、*12 フェイスブックや微信（ウィーチャット）、Twitter（ツイッター）、Instaglam（インスタグラム）といったSNSプラットフォームの成功の原動力となったのである。また、ネットワーク効果は、イーベイやアリババといった市場プラットフォーム、Uber（ウーバー）や滴滴出行（ディディチューシン）などの配車サービス、恋人マッチングのティンダーやP2Pレンディングの Funding Circle（ファンディング・サークル）など、さまざまな市場プラットフォームの価値向上にも役立っている。ただし新規の参加者が加わることによる正確な価値は、本人もさることながら、市場の既存参加者にも左右される。例えば、同性愛者を含まないオンライン恋人マッチング・プラットフォームがあり、会員の90％は男性だったとしよう。ここに男性がひとり加入しても、その有効性は非常に限られている。この場合、少なくとも既存の男性会員にとって、新規の女性会員の加入ははるかに価値がある。同様に、あり余るほど多くの売り手が存在する市場では、買い手がひとり増えるたびに大歓迎される。

第三のフィードバック効果は、規模の効果やネットワーク効果とも関連があるのだが、コンピュータ・システムが学習用にフィードバック・データを使うときに発生する。グーグルの検索欄に間違った単語を入力すると、自動的に補正してくれる機能がある。直されたものを我々は素直に採用するわけだが、この正しい綴りを採用する行為自体、グーグルのスペルチェッカーの精度を向上させるフィードバック情報になっている。IBMの人工知能であるワトソンは、皮膚がんの〝診断〟件数が増えるにしたがって皮膚がんの検出精度が高まっている。つまり、最も人気の製品やサービスは、それだけ多くのデータが得られるため、改善率も高くなるのだ。その意味では、イノベーションとは、画期的なアイデアではなく、いかに多くのフィードバック・データを集められるかにかかっていると言える。

規模の効果はコストを削減し、ネットワーク効果は有用性の向上につながり、フィードバック効果は製品そのものを改善する。いずれも市場参加者にとっては大きなメリットになる。生産コストの削減、サービスの価値向上、継続的に自己改善しているように見える製品の提供が可能になるからだ。

こうした効果は相容れない関係ではない。その気になれば、二つ、場合によっては三つすべての効果を同時に実現できる。好例がアマゾンだ。圧倒的な規模を誇るため、顧客の注文を低コストに処理できる。また、膨大な数の売り手と買い手が集い、多くの顧客がほかの顧客のために貴重な商品レビューを残すなど、ネットワーク効果によって層の厚い市場が実現されている。さらにアマゾンは適応型システムとフィードバック・データを生かし、アマゾンの商品推奨エンジンだけでなく、同社のパーソナル・アシスタントのアレクサにも磨きをかけている。

アップルのiPhoneもそうだ。量産できるため、大きな利益率を確保しつつ、消費者に納得してもらえる価格帯を維持している。そして活況を呈するアプリ市場へiPhoneユーザーが続々と入ってくる。さらに、増加の一途をたどる膨大なフィードバック・データのおかげで、（音声AIアシスタントの）シリは絶えず改善されている。

このように三つの効果が重なると、市場に出回っている製品・サービスの種類が大幅に増える。残念ながら、ここでも集中化が進行していて、市場の効率性から見ると命取りになりかねない。市場の集中化が特に顕著なのは米国と英国で、大陸側欧州ではさまざまな分野・業界で広がりを見せている。この結果、大企業は大きくなる一方だ。確かに、一定の地位を築いている既存企業に対して、新興企業がイノベーションで創造的破壊を仕掛ければビジネスに活力が生まれる。[*13] 我々はうわべだけは起業家精神やらベンチャー企業やらを賞賛してはいるものの、現実はというと、特にハイテク分野でこうした動きは弱体化しているのだ。

どの国家でも、少なくとも一世紀以上にわたり、集中化の危険を回避するための包括的なルールが導入されてきた。だが、こうしたルールは基本的に集中化を禁じるものではない。独占禁止や競争の専門家は、市場の集中化はかなり問題ありと見てはいるが、それだけで阻止する理由にはならない。規模の効果とネットワーク効果に起因する集中化は、大手が市場支配力を乱用しない限り、許容されてきた。その証拠に、米国では1998年にMicrosoft（マイクロソフト）が独禁法違反で提訴され、[*14] 同社の解体もありうる展開だったが、裁判で焦点となったのは市場でのマイクロソフトの地位ではなく、行為だった。

同様に、先ごろ欧州ではグーグルが独禁法違反で提訴された。[*15] グーグルの検索エンジンが表示する検索結果にはグーグルのサービスが競合他社のサービスよりも上位に表示される点が問題視され、単に同社の市場シェアが大きい点ではなく、むしろ同社の行為が焦点となった。

規制当局は、企業の行動を精査するだけでなく、新規参入企業が、すでに一定の地位を築いている大手企業と競争する際の難易度にも注目している。それほど困難でなければ、新規参入企業が競争に加わることができるため、規制当局が介入する必要はない。だが、非常に困難を伴う場合、規制措置が講じられる可能性がある。

製造や小売チェーンなど規模が物を言う世界では、かつては規模の効果が新規参入企業にとって大きなハードルになっていた。こうした市場では一定の規模を確保するには、大変な初期投資が必要だったからだ。だが、ベンチャー・キャピタルの登場や低金利が追い風となって資金調達が容易になり、ベンチャーは規模の面でも範囲の面でもすばやく成長可能になっている。さらに、クラウド・コンピューティングの活用などで、情報の処理・蓄積のコストが急激に下がっているおかげで、ベンチャーに必要な初期投資が工業化時代よりもはるかに安く済むことも多い。

これに対して、ネットワーク効果はいろいろな問題をはらんでいる。ベンチャー企業は、資金が潤沢にあったとしても、顧客獲得にかなり苦労することが多い。そこで唯一の成功への道はイノベーションだ。既存企業の製品を大きく凌駕する製品を提供するのである。イノベーションがネットワーク効果をどこまで打ち消すことができるのかについては、法律家やエコノミストも巻き込んで激しい議論が交わされている。マイクロソフトのウィンドウズやSNSのフェイスブックなど、支配的なプラットフォームのしぶとさを指摘する声もある。

一方、かつてSNSで支配的な地位にあったMySpace（マイスペース）を引きずり下ろして後釜に座ったフェイスブックが、今度は「消えるメッセージ」という斬新なアイデアを引っさげて乗り込んできた独創的なベンチャーのSnapchat（スナップチャット）にその座を脅かされている点に着目する人々もいる。同じ視点で言えば、ウィンドウズに対してリナックスが台頭している状況もあれば、携帯端末やタブレットで完結する作業が増えているために最近はPC用OSの重要性が低下しているといった事実もある（しかも携帯やタブレットは、マイクロソフトが支配的な市場シェアを享受できていない分野だ）。

これまで規制当局は主に規模の効果とネットワーク効果を注視してきたが、フィードバック効果が市場にもたらす脅威の重大性にはまだ気づいていない。フィードバックされるデータを機械学習システムで処理するようなサービスの場合、ユーザーの裾野が広がるにつれて、ますますコストをかけることなくイノベーションが〝手に入る〟ようになる。こういうと何やら錬金術のように聞こえるが、サービスを使ったときに出てくる〝副産物〟が、サービスを改良する〝原料〟に使えるのだから、まさしく錬金術なのだ。

これは市場の競争に重大な影響を及ぼす。すでに大きな顧客基盤を抱えているために膨大なフィードバック・データを獲得できる既存企業は、いわば機械的にイノベーションを生み出してくれる泉が手元にあるようなものだ。

こうした企業を相手にベンチャー企業が競争することは望むべくもない。製品開発の原動力として使えるだけの量のフィードバック・データがないからだ。

機械学習システムが競争を阻害することについては、法学者のアリエル・エズラチやモーリス・スタッキを始め、多くの専門家が懸念を示している。こうした専門家らは、競争抑止的な行動の規制にとどまらない措置を講じるよう求めている。[16] また、大企業がこの学習のアルゴリズムを〝開放〟して、[17]競合他社や一般の人々にも利用できるように義務づけるべきだとの指摘もある。オープンソースのソフトウェアのソースコードを公開するのと同じ形だ。いわばオープンソースならぬオープン・アルゴリズムというわけだが、これを要求しても問題の根源を見誤るだけで、市場の集中化の対策としてはあまり期待できない。

アルゴリズムは、学習の手段であると同時に、学習の成果でもある。手段としては、すでに広く公開されていることも多く、著作権なしに自由配布可能なパブリックドメインになっているケースも多い。一方、データを取り込んだ適応型システムから得られる具体的な成果という意味では、システムは新たなデータから学習するたびに変化していく可能性があるため、一連の成果を入手できれば、これまでの経過を濃縮した形で垣間見ることができる。つまりアルゴリズムは、貨幣中心市場での価格のような存在で、それなりの情報を保持しているが、詳細が欠けている。アルゴリズムだけあっても小規模な競合他社や新規参入企業が大企業を相手に戦うことは難しい。というのも、小規模な競合他社や新規参入企業は、それぞれにデータに基づく適応型学習システムを持っているわけだが、大企業から手に入れたアルゴリズムは、自社のシステムに必要な原料ではないからだ。

なぜこのような誤りが発生するのか。それは共有すること自体が間違っているわけではなく、共有対象に問題がある。規制当局が競争市場を確立したいのであれば、アルゴリズムの透明性を求めるのではなく、データの共有を義務づける必要がある。

エコノミストのイェンス・プリュファーとクリストフ・ショットミューラーが提唱している興味深

いアイデアを紹介したい。[*18] フィードバック・データを使用している大手企業を対象に、そのデータを競合他社と共有するよう義務づけるのだという（ただし、データは明らかに個人特定につながる要素を取り除いたうえ、プライバシーが甚だしく危険な状態にさらされないよう厳格な条件を適用する）。彼らは、幅広いシナリオを想定して、こうした強制的なデータ共有の効果を算定したところ、ほとんどのケースで最終的にプラスの効果があることがわかった。とりわけ単一の大手企業が市場をほぼ支配しているような状況では特にプラスの効果がある。

筆者としては、このアイデアをもう一歩進めて、規模に連動して応分の負担をする「累進型データ共有命令」を提案したい。仕組みはこうだ。企業の市場シェアが、例えば10%といった一定のラインに到達すると自動的に適用となる。適用対象となった企業は、同一市場の競合他社から要求があれば、自社のフィードバック・データからランダムに選んだ所定の量を提供しなければならない。共有するデータの量は、市場シェアの大きさに連動して決まる。市場支配の状態に近づくにつれて、競合他社と共有するデータ量も増えていく。これは第7章で取り上げた銀行業界での共有命令とは異なる（ただし、競争市場の確立という最終的なゴールは同じ）。第7章の共有命令は、ほかの金融機関への乗り換えに伴うコストを下げることが目的だったのに対して、こちらはイノベーションの源泉となるデータを広めることにある。

大企業は自ら集めたフィードバック・データのメリットを失うことはない。収集するデータ量が増えるにつれて自社製品が改善されることに変わりないからだ。だが、データの一部を競合他社と共有することで、データから得られる価値は拡散する。その結果、小規模の競合他社にメリットがもたらされ、大手との競争が可能になる。

しかも規模に連動して応分の負担をする累進的な段階制のため、市場の集中化が進めば、必ずデータ共有量も増える。これがフィードバック効果を相殺するフィードバック・メカニズムになる。集中化が競争を脅かす度合いが高まるほど、強力なデータ共有命令が発動されるからだ。

逆に大企業が、小規模企業のフィードバック・データを要求できたとしても、大企業は小規模企業からのフィードバック・データを追加したところで、得られるメリットははるかに小さい。また、市場のすべての企業にフィードバック・データを共有させる命令があれば、市場シェアについて虚偽報告や誇張をする動機は生まれない。大企業2社で競合している市場を考えてみよう。一社は市場シェアが45%、もう一社は40%である。残る15%は多くの小規模企業が分け合っている形だ。ここで最大企業だけが他社にデータを提供する一方通行のデータ共有命令の場合、常に大企業2社のどちらかが必ずデータ提供を迫られるため、市場シェアが2位になるように操作しようとする動機が生まれてしまう。だが、業界内に分け隔てなく適用される共有命令であれば、大企業2社とも互いのデータを利用できるため、制度のメリットを享受できる。確かに相対的にはこの2社以外の小規模企業が制度的に一番得をするわけだが、そこは問題にならないはずだ。

今挙げた累進型データ共有は、グーグルやフェイスブック、アップル、マイクロソフトからテスラまで、フィードバック・データと適応型機械学習を使ってサービスを改善している企業が増えている実態に対応するものだ。はじめのうちは、こんなことをしても経済全体から見れば焼け石に水のように見えるかもしれない。だが、データ中心の適応型システムを使った製品改良は驚くほどの効果があるため、この方式を採用する企業は続々と増えている。言い換えれば、先に挙げた累進型データ共有の適用範囲も広がっていく。

集中化がはらむ危険性は根深く、おそらく貨幣中心市場からデータリッチ市場への移行に伴ってさらに深まっていく。有力企業側の不正な行動に絶えず目を光らせておかなければならない。また、そうした行動とは無関係に、前出の累進型データ共有命令などの新たな措置を導入して、フィードバック効果を相殺することも大切だ。データ時代には、フィードバック効果はネットワーク効果に匹敵するほど無視できない存在だからだ。

多様な機械学習システムがカギ

データリッチ市場では、機械学習システムにマッチング・アルゴリズムを組み合わせることで、我々の意思決定を支援してもらえる（場合によっては判断自体を任せることも可能だ）。だが、構造的な欠陥がないわけではない。

市場が悪影響を受けるのは集中化が進んだときだけではない。多くの市場参加者が一斉に間違った判断をした場合も深刻な影響がある。例えば多くの人々が同じ偏見に感化されやすくなっている状況で、同じ誤ちを犯してしまった場合などだ。市場の意思決定は分権化されているのだが、意思決定権者とて人間であることに変わりなく、同じような認知上の制約に悩まされている。第4章で触れたように、こうした悩みの原因となる偏見を克服するために、必要に応じて学習システムの世話になることも可能だ。これを突き詰めれば、全体的に誤った判断に左右されにくく、麻痺状態に陥りにくいデータリッチ市場になっていく。こうなれば、従来の貨幣中心市場と比べて大きく改善される。

だが、そのためには、単に問題なく機能するだけの機械学習システムでは不十分だ。相互に十分な独立性を保って機能する機械学習システムが欠かせない。これはきわめて重要な条件である。データに基づく適応型機械学習システムがすべて一社あるいは数社から供給される状況を想像していただきたい。これでは、市場の意思決定が全体的に影響を受けても不思議ではない。しかも、過去に見てきた市場の集中化のケースよりも透明性は劣るのだ。我々の意思決定を支援する適応型システムが集中管理される恐れがあり、これがデータリッチ市場のアキレス腱ならば、一社ないし一握りの企業による支配を何としても排除しなければならない。何らかの事情で産業界の影の権力に従わざるを得ない状況なら話は別だが……。

目を光らせておくのは、支配の問題だけではない。意思決定支援システムを提供する企業が善意の塊のような企業であったとしても、データリッチ市場の構造上、たった一カ所が狂うだけで全体が麻痺するような弱点があれば、外部からの攻撃を特に受けやすくなる。市場はもちろん、それを使う我々にも被害が及ぶわけだ。例えて言うなら、すべての人々が一種類しかない自動車を運転しているようなもので、ブレーキ機構に誰かが不正な手を加えていることが判明したら、どうだろう。エールフランス447便の例に当てはめれば、最近のエアバス製航空機に搭載されているフライト・コンピュータはすべて動作特性が同じである。だからあの事故を受けて、エアバス製航空機を操縦する世界中のパイロット全員が失速警報の意味と警報発動の条件を正確に理解する訓練を受けなければならなかったのである。誰もが同じシステムを採用するということは、それだけで欠陥が増幅され、全体的に脆弱性を抱え込むことになるのだ。[*19]

このようなシステム全体に及ぶ壊滅的障害を回避する方法はある。データリッチ市場の参加者は、さまざまな開発元が設計・管理する多様な意思決定支援システムの中から、しっかりと考慮して選び抜く目を養わなければならない。各開発元が独立してシステムを設計しているのであれば、まったく同じ欠陥を抱える可能性は低い。ただ、このように確実に異なる意思決定支援システムがいくつも混在する状況を生み出すのは容易ではない。フィードバック・データを処理するシステムの市場が集中化しやすいからだ。そのうえ、全体的に欠陥を抱え込む状況を防ぐためには健全な競争が必要だが、集中化すればその競争もなくなってしまう。

したがって、市場が本来的に集中化しやすいとしても、それを放置せず、意思決定支援システム間の競争をしっかりと確保することが、持続性のあるデータリッチ市場を構築する鍵となる。

機械学習システムの市場の集中化を防ぐ対策として本書が紹介した累進型データ共有命令は、一般的に支持されやすい仕組みだ。大企業のフィードバック・データが小規模のライバルにも提供されれば、意思決定支援システムのイノベーションは上位企業だけに集中しなくなり、小規模のライバルにも戦える余地がある。

要するに、ほかの市場と同様に、データで動く市場であっても、意思決定の分権化を守り、市場の効率性を維持するにはルール（と、その厳格な適用体制）が必要なのだ。従来の貨幣中心市場とは異なり、データリッチ市場は人間にありがちな偏見に左右されにくく、壊滅的な崩壊状態にはなりにくい。

ただし、市場参加者を支援するシステムの多様性が確保されていて、本当の意味で人間が自由に選択できて初めてこの意思決定上の優位性が得られる。

そのためには、フィードバック・データにきわめて大きな偏りが出ないように、問題の根本原因を排除する特別な規制措置が欠かせない。

政府による規制の重要性

データが豊富にある状況では、市場参加者が自身についてほかの参加者に通知するようになる。ただし、現実は多種多様である以上、これを取り込むための道具にも、微妙なニュアンスを取りこぼさず拾い上げる能力が求められる。つまり、報告や会計の業務も、透明性に関するルールも、もっと包括的で詳細に掘り下げたものでなければならないのである。

例えば、昔から会計基準では、企業の貸借対照表にある資産の価値は取得原価と等価になるのが決まりだ。これは単純明快で、土地を100万ドルで購入したら、純資産額も100万ドルになるということだ。ところが、この資産額には必ずしも現実が反映されているわけではない。土地はその間にも価値が上がったり下がったりしている。純資産額というひとつの数値は、過去の取引に関する情報をもたらしてくれるが、現行価格については十分に教えてくれるわけではない。つまり、貸借対照表の数字は信頼できないのだ。数字自体が間違っているからではなく、古い情報だからだ。

1990年代に米国で始まり、その後多くの国々も追随した会計制度改革の一環として、特定資産は「時価」を採用することになり、現行の市場価格とほぼ連動している。この結果、貸借対照表はそのときどきの企業が置かれた状況をこれまで以上に正確に反映するようになった。問題は市場価格が変動することだ。時価会計の影響で貸借対照表は発表したその日からどんどん古くなるうえ、そのような変動は、企業の財務状況を正確に反映せず、一時的な異常な変動を示している可能性もある。例えばある土地の前を通るクルマの通行量が増えれば、地価は下落する可能性があるが、もしかしたらたまたま高速道路の建設に伴う暫定的な迂回路になっていて、地価は一時的な現象にすぎないかもしれない。そして、この土地を持っている企業の貸借対照表に地価の変化が反映されたら、急落から一転して大幅増という変化を示すわけだ。すると、そのような乱高下を受けて投資家は同社株の売りあるいは買いを決めるかもしれないし、財務状態に大きな変化はないにもかかわらず銀行から融資の返済を迫られるかもしれない。

時価会計反対派の間では、2007年から2009年まで米国を覆い尽くしたサブプライム住宅ローン危機など世界金融危機があそこまで深刻化したのは時価会計のせいだと指摘する声もある。[*20]時価は取得原価よりも有用な一面もあるのだが、ある瞬間を切り取り、単一の数字として価値を捉えたものでもある。人間にしてみればパッと見て把握しやすいが、概念としては情報を過度に単純化したものであるため、それを参考に行動するのは難しい。

そこでデータリッチ市場の台頭を受け、特定資産の保有期間に関する企業側の意向、資産価格の変動幅、それに伴う相対リスクなど、もっと深みのある詳細な情報を伝達できる新たな会計方式を開発しなければならない。こういった情報があれば、第三者は当該企業の真価を詳しく捉え、ある瞬間の姿だけでなく、時系列での全体像も把握できる。

物事を包括的に捉えたいというニーズは、何も価値や価格の問題にとどまらない。貸借対照表には企業の財務状態だけでなく、はるかに幅広い内容を反映できる。エネルギー消費量、環境負荷、労働基準を示す数値も盛り込める。このように企業に関する包括的なデータが入手できれば、データリッチ市場の投資家にとっては、よくある企業ファンダメンタルズにとどまらず、多様な好みに応じて最もマッチする投資先を見つけやすくなるはずだ。また、投資家にとって有用なものなら、取引をする者同士にとっても基本的に有用だ。ただし、適切なデータを標準化された形式で確実に入手できるようにすることが前提条件だ。ここで、報告や透明性に関するルールが生きてくるのである。

これまで本章では、情報の流れの活性化と情報不足の解消に向けて、政府が果たす役割に注目してきた。具体的には情報の共有命令や報告ルールを通じて、情報の開放を促進するわけだ。だが、状況によっては、規制当局が情報の流れに歯止めをかけようとする傾向が強まっている。そのおかげで情報量の不均衡が生じ、有利な取引条件にたどり着けなくなる。これはまさしく従来の情報プライバシー法制が狙っている状況だ。めざすゴールこそ立派だが、そのような収集制限のルールがあると、企業は抜け道を探したり、無節操な情報収集について消費者に同意させたりする行為の温床になる（現にオンライン・サービスのユーザー登録手続きの際、びっしりと書かれた細かい規約など読まずに「ＯＫ」ボタンをクリックするわけだが、そこで企業によるとんでもない情報収集について同意させられているのだ）。

実際のところ、収集制限措置で情報不均衡が解消されることはめったになく、きちんとした競争がある有効なデータリッチ市場の促進にもつながらない。そこで、データリッチ市場に関して政府にできることがあるとすれば、収集を制限するのではなく、ある参加者の情報を別の参加者がどう使うかを制限するのだ。言い換えれば、データの収集そのものではなく、データの使い方を制限するのである。こうすれば、データを使って最適なマッチングにつなげようとする行為は奨励されるが、データを使って非効率な情報不均衡を生み出そうとする行為は封じ込められることになる。情報プライバシーの専門家界隈では、規制対象を収集から使用にシフトさせるアイデアを巡って活発な議論が見られる。[*21]データリッチ市場の台頭を受け、こうしたシフトを検討し、詳細を詰める必要性が高まるだろう。

本章では効率化を後押しする規制の枠組みについて解説したが、その枠組みづくりを担うのは政府機関である。既存の機関に管轄範囲を拡大させるか、新たな機関を設立するかは、それぞれの国の状況によるし、それよりもその政府機関に強制執行の実効性を持たせることのほうが重要だ。

こうした任務を引き受け、データリッチ市場でルールを強制的に適用するには、組織的な力や人材、それなりの捜査権限や強制執行権限もさることながら、適切な専門知識も必要だ。これは一朝一夕には実現しないうえ、コストもかかる。むろん人材は限られている。ウォール・ストリートやシリコンバレーで活躍する企業やベンチャーは報酬をはずみ、一流の労働環境で人材を囲い込もうとする。こんな企業を相手に、規制当局は人材獲得競争を繰り広げなければならないのだ。かといって、ほかに代替策はない。政府はデータ分析ノウハウを持った専門家を集める必要がある。いわゆる「クオンツ」と呼ばれる人々だ。こういう人材を集めなければ、市場の失敗というリスクを背負い込むことになる。軽々しく役人を増やせと言っているのではない。組織的な強制執行力がなければ、データリッチ市場は、意思決定の権限や支配力が集中化する危険な状況に翻弄されかねないからだ。

政府が意思決定支援システムなどのデータリッチ市場の仕組みを利用して、経済を支配しようという誘惑にかられるとしたら、少なくとも自由民主主義に対する脅威になる。実はメインフレーム（汎用大型コンピュータ）がまだ最上位に君臨していた半世紀ほど前なら、そんな野望が実現していても不思議ではなかったのである。

フィードバックの独占とディストピア

1973年9月11日、歴史的にも最も野心的な政府による実験に終止符が打たれた。始まりは1971年7月のことだった。当時、南米・チリの生産開発機構の責任者だったフェルナンド・フローレスは、英国のオペレーションズ・リサーチとサイバネティクスの草分けであるスタッフォード・ビーアに、チリ政府の経済計画策定を支援するコンピュータ・システムの開発を依頼した。[*22]

その1年前、医師のサルバドール・アジェンデが南米初の自由選挙でマルクス主義の大統領になっていた。経済に関しては自由市場経済でもソビエト式の指令型計画経済でもなく、社会主義に基づく「第三の道」を掲げた。

アジェンデは農地改革や大規模産業の国有化を綱領の柱に据えたが、国有化したばかりの産業には経営力が欠けていた。そこで前出のフローレスが招請したのが、英国のビーアだった。かたやフローレスは社会主義経済行政官（後にチリの経済・財務大臣を務めた）として産業の大部分を集中管理する方針を打ち出していた。かたやビーアは因習打破主義でビジネススクール教授から経営コンサルタントに転じた英国人である。ついでに言えば、葉巻とチョコレートとウィスキーをこよなく愛していた。ただ、2人には共通する夢があった。それは、指示する側と指示される側の双方で、正確なデータと迅速なフィードバックを原動力とする新たな管理体制を確立することだった。つまり、組織構造と最新技術を組み合わせ、全国規模で一貫性ある意思決定を実現するというビジョンなのだ。

そのビジョンでは、国民は個々の道を選ぶ個人の集まりではなく、政府の支援を必要とする集団ないし共同体と捉えられていた。これがフローレスの描く社会主義的ユートピアと共鳴した。一方、最新の通信・制御の仕組みが大規模に導入された環境は、サイバネティクスをこよなく愛するビーアの心に響いた。

このコンビが生み出したのが、「サイバーシン計画」（スペイン語の愛称は「シンコ」）と呼ばれる社会と技術を連係させたシステムで、チリの産業を管理・監督することを目的としていた。

計画によれば、全国にある400の国有化工場から毎日データが首都サンティアゴにあるサイバーシンのコントロールセンターに送られ、メインフレームで分析し、予測値と比較する手順になっていた。予測値とズレがある場合、データに印が付き、工場長の目に留まる。最終的にその案件は、政府の将来作戦司令室に常駐する意思決定担当者に上げられる。その後、担当官から指令が工場に届く。

サイバーシンは当時としては非常に洗練されたコンセプトで、ネットワークを生かして経済活動の状況を把握・計算し、ベイズ統計学のモデルを利用していた。特にフィードバックを重視し、これを意思決定プロセスに還流させる計画だった。

結局、このシステムがフル稼働体制に入ることはなかった。だが、1972年秋には、敷設済みだった通信ネットワークが思わぬ形で活躍することになる。トラック運転手がストライキに突入して主要路が封鎖され、サンティアゴ市内への物流が滞ったのだが、通信ネットワークの活用でスト不参加のトラックを招集することで国家の麻痺を回避できたのだ。

サイバーシンのコンピュータ分析機能も大部分が完成していたが、信頼性が低く処理速度も遅いことが多かった。一因として構造的な問題が挙げられる。サイバーシンに上がってくる情報は包括的ではないうえ精度も低かったからだ。だが、技術的な問題もあった。当時の処理能力ではまったく歯が立たず、サイバーシンのコンピュータが生産上の問題点を見つけたころには、意思決定の期限からすでに何日も経過していているような状態だった。

ある日、サイバーシンの早すぎる死が訪れる。アジェンデ政権に対してチリ軍による軍事クーデターが発生し、サイバーシンの設備が破壊されてしまったのだ。とはいえ基本構想は生き残り、同様の技術を使って国家全体を管理する野望は消滅しなかった。

サイバーシンの中央統制方式は、スターリンが提唱した集中管理とは一線を画する。[*23] あちらは1932年から1933年にかけて700万人が命を奪われる大飢饉につながっている。スターリンは広範な工業化をめざしたことから、個人のニーズや欲求とは無関係に、ソビエトの経済当局が国家総動員で集中管理に取り組んだ。その結果生まれた窮乏の経済は、一握りのエリートだけに満足感をもたらしたが、一般大衆は困窮を極めるほかなかった。こうした非効率な構造ゆえ、一般的な経済政策として中央指令型計画経済の信用はガタ落ちで、ほぼすべての国々がそのような構想に見切りをつけた。

もちろん、国家安全保障や治安、教育、医療といった分野では、中央による集権的な計画がきちんと機能することはわかっている。だが、今回の場合は当てはまらない。多くの国々では、市場を通じて調整力が分権化されている。中央による集権的計画は、分権化の海に浮かぶ孤島のような存在なのだ。

それとは対照的に、サイバーシンのようなプロジェクトの場合、最新のデジタル技術を駆使してフィードバックを取り込むシステムを構築すれば、政府としては国家を統制しやすくなると思いがちだ。何しろ、一方的に中央の指令を国民に押し付けなくても、データリッチ市場で機械学習システムを使いながら巧妙に個々の意思決定を下していけるからである。

何よりもまず悪意が比較的少ないイメージがある。すでに述べてきたように、データが燃料代わりの機械学習システムでは、人間につきものの偏見を我々の要望に応じて排除できる。だが、それならば、我々の要望とは関係なく、こうしたシステムが人間の偏見を取り除いてくれるほうがいいのではないか。そもそも、システムによる修正機能の対象を人間の偏見だけに限定する理由もないのではないか。礼節や正義、公平といった価値観を意思決定プロセスに盛り込めるようなシステムも設計できるのではないか。

最近、一部の専門家が提唱していることだが、人々が適正に取引するように、それとなく「背中を押してやる」必要があるという。[*24] 豊富なデータで動く機械学習システムの普及が進む中、高度に個別化された（だからこそ正確な）プロセスで人々の認識に影響を与えるような方法も可能だ。

米ニュース専門局のＦＯＸニュースとフェイスブックの提携話を例に挙げよう。人々は依然として市場の様子をうかがってから判断を下す傾向があるが、誰もが同じシステムから助言を受けていることとになれば、社会全体が同じ道を通って同じゴールに向かって進んでいきかねない。

これはまさにサイバーシンの現代版だが、悪意に満ちた偏りがある。少なくともサイバーシンには透明性があった。計画と意思決定の集権化はすべてのチリ国民に明らかにされていた。

これに対して、データリッチ市場の適応型機械学習システムを政府が支配した場合、いかにも調整作業は分権化されていて、自由意思が尊重されているかのように見える。だが、ノーバート・ウィーナーが提唱したサイバネティクスの強力なコンセプトは消え、データリッチなフィードバックの流れを権力者が乗っ取っている状態なのだ。実はこの状況こそ、ウィーナーが懸念を抱いていたことなのである。自由な価値観を一見奨励しているかのように見えるが、ジョージ・オーウェルもびっくりのシステムだし、東ドイツの秘密警察シュタージなら思わずよだれが出てしまいそうな話だ。うわべは自由に満ちているが、一皮めくれば水も漏らさぬ国家統制なのである。

これは、データリッチ市場に移行する中で我々の社会が遭遇するディストピア（暗黒の世界）だ。だからこそ、デジタル経済では従来の独禁法適用の実効性をはるかに高めなければならないのだ。また、意思決定の分権的な性質を守るうえで、先に提唱した累進型データ共有命令などの新しい措置もきわめて重要だ。そうした努力の末に、市場だけでなく、開かれた社会全般も存続できるのである。

第9章

仕事を要素に分割せよ | UNBUNDLING WORK

ベーシックインカムとデータ納税

「分配」と「参加」というトレンド

「さて、ヨガでもやろうかな」

『ワイアード』誌のインタビューを受けていたトレーラー運転手のウォルト・マーティンは、ジョークが飛び出すほどリラックスしていた。２０１６年10月に実施されたこのインタビューの場は、なんとコロラド州の州間高速道25号線を時速約90キロでひた走る大型トレーラーの運転席だ。マーティンは運転席後ろの仮眠室に何のためらいもなく転がり込むと、ごろんと横になって愛用のタブレットをいじり始めた。その間も5万本のバドワイザーを積んだ大型トレーラーは、コロラド・スプリングスをめざして南下を続けている。史上初の自動運転トラックによる物流の取材で同行していた記者は、「トレーラーが運んでいるビールも走行状態もごく日常の一コマのようだった」と記事に記している。[*1]

大型トレーラーがハイウェイに乗るまではマーティンが運転したが、ハイウェイに入ると同時に「自動運転」と書かれたボタンを押した。すると、Otto（オットー）というサンフランシスコのベンチャー企業が開発した3万ドル相当のシステムが運転手に代わってハンドルを預かる。このシステムは、ライダー（光で距離測定や物体検知を行う技術）、レーダー、高精度カメラ、軍事用の精度を誇るGPS、強力なデータ処理用コンピュータを組み合わせている。

２０１６年夏に6億８０００万ドルでウーバーに買収されているオットーは、ハイウェイでいわゆるレベル4の自動運転に対応している。レベル4では、少なくとも技術的な理由でドライバーが運転を取って代われるように待機している必要がない。同社は従来のトラックを「ソフトウェアのレール上を走る仮想列車」にするという「ビジョン」を掲げている。これまでに同社システムは、不測の事態（突然の激しい雷雨など）を除き、順調な成果を上げていて、こうした不測の事態についてもソフトウェアの今後のバージョンアップで解決をめざしている。

さて、例の運送実証実験で運転手のウォルト・マーティンが寝転んでタブレットをいじっていたように、オットーのビジョンは決して夢物語ではないことがわかる。天候さえよければ、マーティンの仕事はフォートコリンズにあるABインベブのビール工場からハイウェイ入り口までの数キロと、ハイウェイ出口から目的地の搬入口までの数キロをそれぞれ運転するだけだ。

自動運転の実証実験が成功したことで、ハイウェイの自動運転技術はほぼ実用段階にあると言える。米国の貨物輸送の70％を担うトラックは移動時間の大部分をハイウェイで過ごすだけに、自動運転で安全性が高まれば、トラックの交通事故で年間4000人もの命が失われている現状が変わる可能性もある。だが、現実的には、自動運転システム導入の呼び水となっているのは、低燃費、高額な設備の利用率向上、人件費の削減といった経済効率だ。オットーやエンバークといったベンチャーから、ダイムラー傘下のフレイトライナー、フォルクスワーゲン傘下のスカニアやMAN、さらにはオットーと提携関係にあるボルボまで、世界中の企業が自動運転の分け前にあずかろうと競い合っている。

同時に、オットーの共同創業者であるリオール・ロンは、このシステムが仕事を奪うものではなく、「車両走行の監督（運転手）が必要」である点を米国のトラック運転手にわかってもらう努力が必要だと感じている。[*2]

オットーによれば、運転手の仕事のストレスを軽減したいのであって、運転手を余剰人員に追い込むものではないという。これこそ、世界中にいる数えきれないほどのトラック運転手には福音なのだが、熾烈な競争が繰り広げられている物流業界で、本当にそう言えるのだろうか。

米国では、トラック運転手は、学位が不要でありながら、年収4万ドル以上（米労働統計局調べ）とまずまずの中位所得を手にできる数少ない職業のひとつだ。[*3] また、ミネソタのトラック運転手が中国・深圳の工場労働者に仕事を持っていかれることはない以上、多くの職業と比べて雇用も安定している。さらに、トラックの運転環境はかなり充実している。今や、パワーステアリングやパワーブレーキを搭載し、AT（オートマチック・トランスミッション）車も当たり前だし、GPSナビやら最新の車両管理システムやらもそろっている。その意味で現在のトラック運転手は、走行時の判断こそ大部分が決まり切った単調なものではあるものの、肉体労働者というよりも高性能なデジタル機器の管理者と呼んだほうがいい。また、事務作業もかなりの量に上る。

保険金支払い査定業務担当者をIBMの人工知能ワトソンで置き換えた富国生命と比較するのは奇妙な感じがしないでもないが、トラック運転手の仕事は、自動化の普及で消滅すると思われている中位所得のデスクワークとさほど変わらない。[*4] トラック運転手に新たな雇用機会があったとしても、これまでとは別のスキルが求められるはずだ。

データリッチ市場と、データを使う機械学習システム全般は、人間の労働にとてつもない変化をもたらし、すでに始まっている労働市場再編に拍車をかけている。米国国民の労働参加率（生産年齢人口に占める労働力人口の割合）は２０００年をピークに減少しており、[*5] １９７０年代以来の低水準にまで落ち込んでいる。この低下は、デジタル技術の台頭やインターネット経済、データリッチ市場の出現の時期と符合する。

各種調査によると、先進国に加え、ほかの多くの国々でも今後十年でホワイトカラー労働者の雇用の落ち込みが予測されている[*6]（調査の中には、文字どおり推測にすぎないものもある）。もちろん、今、急に降って湧いた話ではない。19世紀から20世紀にかけて、自動化の進展があるたびに何百万人もの雇用が奪われてきた。一方で、人間には独創性があるがゆえに、新たな雇用が生み出されてきたことも事実だ。だから製造業で自動化が進むにつれて、サービス産業が成長を遂げたのである。

そして現在我々が抱えている問題は、こうした大転換が再び起ころうとしているのかどうかだ。十分に発展を遂げたサービス産業さえ、自動化の洗礼を受けかねない状況にあり、仕事にあぶれた中間層労働者をデータリッチ市場で雇う理由があるのだろうか。自動化でホワイトカラーの雇用が奪われる事態は、ＭＩＴ教授のエリック・ブリニョルフソンとアンドリュー・マカフィーの言葉を借りれば、「第二次機械化時代」[*7]ということになるのだが、本当にそんな時代が到来するのか。第６章で触れたように、将来、人間の仕事は少なくなる可能性があるが、労働参加率全体がどのように変化するにせよ、これから人間に与えられる仕事は、従来の仕事とは大きく異なることはまず間違いない。

労働参加率だけでなく、国家の所得全体に占める労働者報酬・従業員給与の割合に目を転じれば、事態はさらに衝撃的だ。米国では、１９８０年代以降、「労働分配率」（企業が生み出した付加価値のうち、従業員に分配される割合）が67％から47％へとガタ落ちで、その激減の大部分は２０００年以降の変化である。[8] 米国だけではない。ほとんどの先進国で労働分配率が低下しているのだ。[9] いや、経済大国となったインドや中国でも落ち込んでいる。[10] 現にエコノミストの間では、1980年代以降、世界的に労働分配率が低下しているとの見方が大勢を占める。[11]

このトレンドにエコノミストは当惑している。何十年もの間、労働分配率は比較的安定していたからだ。競争が激しい経済では、こういう事態になるのもわかる。就業者数が減少しながら、生産量が変わらなければ、従業員ひとり当たりの生産性が上がっていることになる。つまり労働者ひとりの生産する価値が向上しているのだ。それが回り回って賃金の上昇につながる。企業が生産性の高い従業員を求めるからだ。そもそも人件費が上がれば労働分配率も大きくなり、生産性向上で労働者が排除される分は相殺されるはずである。にもかかわらず、1980年代以降、労働分配率は回復するどころか、減少の一途をたどっている。しかも、米国では資本分配率（一国の収入全体のうち、資本に分配される割合）は増加しているようだ。その結果、米国経済の総収入が労働者には回らなくなった代わりに、資本を提供している投資家や金融機関にますます蓄積されているようなのである。

労働分配率低下について綿密に分析していくと、労働集約型産業が低迷する一方で、非労働集約型産業が成長している状況が落ち込みの原因ではないことがわかる。労働分配率はほぼすべての産業で落ち込んでいることから、どの産業も総じて影響を受けている原因があるのだ。[12] それが、デジタル技術とデータ処理技術である。

また、労働分配率があらゆる所得水準で同じように低下しているわけではない（労働者全体に占める上位1％の高所得層は、ほかの所得層よりも労働分配率の落ち込み方が緩やかである）ことから、どうやら変化をもたらした最大の原因は自動化にあるようだ。つまり、ブルーカラーに加え、低所得層〜中位所得層のホワイトカラー労働者が最初に取って代わられるわけだ。[*13]

技術進歩、とりわけデジタル技術の進歩がもたらす直接の効果はきわめて重要だが、間接的な影響も見逃すわけにはいかない。例えば、労働参加率統計には、企業が雇用する労働者と自営業者の両方が含まれているため、両カテゴリー間のばらつきがわかりにくい。米国では、従業員のいない自営業者数は1997年の1500万人から2014年には2400万人近くへと大幅に増えている。政治経済問題に詳しい米ブルッキングズ研究所の調査によれば、この変化の背景には「ギグ・エコノミー」（インターネットを介して単発で仕事を受注する働き方）の広がりがあるという。

自営業のホワイトカラー労働者が、主にデジタル・プラットフォーム上で仲介される形で、福利厚生が限定的もしくは皆無の条件の下、単発の請負仕事を引き受けている場合、所得に関して交渉力はほとんどない。[*14]昔ながらの製造業に従事する労働組合加入の労働者とは違って、組織化されることはめったになく、労働力も往々にして供給過剰になっている。この結果、限定的とはいえ、労働によって生み出される実際の価値と賃金が一致しない状況になるのだ。

世界はまだデータ時代に入ったばかりだ。データ主体の自動化による人余りは今後ますます加速せざるを得ない。労働分配率との相関が確かなら、労働者に回ってくる所得の割合はさらに小さくなる一方、投資家や銀行は豊かになる。

労働の役割の縮小や所得分配の変化に対する懸念を背景に、さまざまな方面から警告の声が上がっている。[*15]例えば、世界的なベストセラー『21世紀の資本』（2014年〔フランスでは2013年〕）で資本主義に対する痛烈な批判を浴びせたトマ・ピケティなどのエコノミストに始まり、職を奪われた労働者の窮状を根絶すると謳って人気を伸ばしたポピュリスト運動（例えばマリーヌ・ル・ペンやドナルド・トランプらによる活動）まで多岐にわたる。

さらに「分配」と「参加」という割と昔からあるキーワードが政策担当者に取り上げられるようになり、目下の厄介なトレンドへの対応策として多くの国々で議論されている。

所得の重心が労働から資本へと移行する中、分配面では、自動化が生み出す所得の源泉に課税する措置が提案されている。例えば、機械学習システムは新たな自動化の流れを支えているのだが、こうしたシステムが稼働するコンピュータなどの機械（もっと正確に言えば、機械が生み出す価値）に課税する方式だ。通称「ロボット税」とも言われるこの方式は、労働者が機械に取って代わられている現状に合わせて、労働者に課す所得税の代わりとなるものである。

その狙いは、必ずしも経済に対する課税を増やすことにあるのではない。[*16] 2017年初め、世界一の資産家であるビル・ゲイツがロボット税に賛成を表明している。[*17] その一方で、欧州議会は欧州全域でのロボット税課税案を審議した結果、最終的に却下している。事務系職に自動化の波が押し寄せ、欧州の労働者に及ぶ影響を緩和しようと、新たな社会制度の資金源として期待されたものの、イノベーションを殺す恐れがあることから却下に至ったのだ。[*18]

これとはやや異なる分配面の対策もある。機械が生み出す価値に課税するのではなく、一国の収入の中で分配率が高まっていると見られる資本に課税する考え方である。具体的にはキャピタルゲイン税の強化や富裕税の新設が考えられる。富裕税のほうが支持が高く、欧州数カ国で提唱されている。

ほとんどの案を見ると、こうした分配面の措置は税収全体が横ばいになるか、若干押し上げられる効果しかないが、労働分配率の低下による税収減を補うには十分である。

こうした分配面の措置としては、付加価値を生み出す源泉に課税する税制により、労働市場の激変がもたらす税収面のマイナス分を相殺するのが目的だ。

だが、現実にはその効果は限定的と思われる。ロボット税賛成派のビル・ゲイツでさえ、労働力全体が縮小する中で社会保障制度の財源維持に重きを置いている。ゲイツは、現在の税収減が引き起こす社会問題に対して、ロボット税が解決策になるとは言っていない。同様に、富裕税も公平に感じられるが、専門家は税収の伸びはそこそこにとどまり、社会の分裂の是正にはほとんど効果がないと予測する。

これに対して、労働参加面での反応は、余剰人員になってしまった労働者の再トレーニングを支援する政策の提言が中心だ。むろん、仕事を奪われた原因は特に意思決定支援システム、もっと広く言えばデジタル・トランスフォーメーション（デジタル技術が生み出す変革）である。こうした政策の賛成派は、特別なスキルを持つ労働者（例えば機械学習のエキスパートに加え、高齢化時代の特別なケアワーカー）の需要を満たすことができれば、労働分配率を上げることが可能としている。

労働分配率低下、つまり、労働者への分け前が減った原因は、自動化だけではない。特殊な技能を必要とする職業は、現行の労働市場で得られる労働者の専門知識では対応できない現実もあるからだ。それでも労働者の再トレーニングが中心になっているのは、データ革命が産業革命のように展開していくとの前提があるからだ。つまり、当初は多くの労働者が排除されるが、最終的に新しい多様な職業が生まれるという考え方である。再トレーニングの前提として、人間の創意が市場ならではの力と組み合わさったときに雇用創出につながるという考えがある。

これには権限委譲の好循環があり、新しいスキルを身につけたら労働力に再び加わることを意味する。だが、経済がデータリッチ市場へと移行する中、自動化はホワイトカラー労働者からますます仕事を奪っていく。それは富国生命で専門的なノウハウを持っていた保険金支払い査定担当者の運命を見ればわかるはずだ。ほかにも管理上のスキルを持つ人々も同じ道をたどる可能性がある。

現在必要とされているスキルを調べ、それに合ったトレーニングを企画し、人々がスキルを身につけられるようにすることは比較的簡単である。だが、そのような考え方では、将来必要とされるスキルを伝授できないかもしれない。

現時点で、将来は必要になると考えられているスキルのトレーニングも、蓋を開けて見たら見込み違いだったというリスクをはらんでいる。そもそも、データリッチ市場の時代に、どんな職業が新たに出現するのか正確に見通せるわけもないのだ（ということは必要なスキルも正確にはわからない）。現在通用しているスキルが次々に変わっていくとすれば、3年後にニーズが高まるものは、10年後にはあまり求められなくなる可能性がある。

今、労働力に仲間入りしようとしている若い世代は、これから社会人として何度かスキルの再トレーニングを迫られ、しかもそのペースはますます速まっていく可能性がある。そのときどきの経済が何を求めているのか十分に読み解かずして、再トレーニングに力を入れても、見当違いのスキルを伝授し、結果的に需要に見合った供給ができなくなるリスクがある。それは賭けみたいなもので、当たりの可能性もあるが、むしろ多くの場合は見当違いで終わりそうだ。

UBI――ユニバーサル・ベーシック・インカム

前述の分配面と参加面の措置は割と昔からある。いずれも多くの先進国ですでに使われている政策の焼き直しと言ってもいい。メリットがないわけではないが、欠点もある。

はるかに急進的な代替策として進められているのが、ユニバーサル・ベーシック・インカム（UBI、すべての国民に一定額の現金を無条件で支給する方式）だ。UBIは、特に推進派が好んで使う名称だが、それはともかく、驚くほどの支持を集めている。特にハイテク分野では、世界に先駆けてウェブブラウザ「モザイク」を開発して高い評価を集め、現在は「スーパーエンジェル投資家」として名高いマーク・アンドリーセンが支持を表明している。ほかにも、ニューヨークの有力ベンチャー・キャピタリストであるアルバート・ウェンガー、ベンチャー企業インキュベート機関を主催するサム・アルトマン、ペイパルの共同創業者のひとりで、現在はテスラのCEOとして何かと話題に上るイーロン・マスクなども支持派に名を連ねる。

UBIを熱烈に支持するのはシリコンバレー界隈だけではないが[*19]、UBIという構想につながるデータ主体のデジタル・イノベーションはまさにシリコンバレーから生まれたものなのだ。

UBIのバリエーションはさまざまだが、核となる考え方は共通している。衣食や基本的教育に困らず、劣悪ではない住宅に住めるだけの一定額を毎月、誰もがもらえる制度だ。場合によっては医療保険も含まれる。

データリッチ市場で仕事を奪われても、家族を路頭に迷わせずに済む。その意味でUBIは分配面と参加面の両方の要素がある。まず、納税者から税金が集められ（UBIの財源としてどの税が最適かを巡り、活発な議論がある）、その後、国民全員に分配されるため、分配の要素がある。また、国民の基本的なニーズを満たすだけでなく、正社員でないとしても労働力への再合流を可能にすることもめざしているため、労働参加の要素もある。

UBIというコンセプトは、18世紀末ごろから経済学者や進歩的な政治家の間ですでに広まっていた。当時、トマス・ペインが50歳を超える人々全員にベーシック・インカムを支給する案を提唱している。[20]

20世紀中ごろ、市場原理主義の経済学者でノーベル経済学賞にも輝いたミルトン・フリードマンは、UBIの分配特性を多く持つ「負の所得税」を提唱した。[21] ただし、管理が少々複雑になると指摘されていた。1972年、米国民主党大統領候補のジョージ・マクガヴァンは、UBIについて支持を公言していた。[22] だが、当時の現職大統領だったリチャード・ニクソンから攻撃を受け、最終的にUBI案は撤回せざるを得なくなった。だが、当のニクソンが提案した家族支援制度は、[23] 上院で廃案にならなかったら、社会のかなりの部分を対象としたUBIになっていた。

UBIは、リベラル勢にとっても自由至上主義者（リバタリアン）にとっても魅力的なアイデアである。リベラル勢はUBIについて、尊厳のある生活を営むうえで必要十分な資金を国民全員に支給し、貧困にあえぐ人々に救いの手を差し伸べるという意味で、包括的な福祉制度と捉えている。既存の社会制度は、国民が申請をして初めて享受できるニーズ前提の制度であるのに対して、UBIはすべての成人が同額を受け取るもので、本人の不名誉になるような要素はないと考えられる。

いちいち一方、リバタリアンは、UBIが一石二鳥になるために全面的に支持している。一石二鳥の一つめは、一人ひとりのニーズを判定し、それぞれの支給額を計算する大きな官僚組織が不要になる点だ。全員が同額のUBIを受け取るため、個別の事情を審査する役人が不要になるのだ。さまざまな施策の中で、UBIは既存の申請前提の福祉制度に直接取って代わるシンプルな制度だ。毎月の支給額の使い道を自分自身で選ぶ自由を受給者に与えるものであって、目的を限定して特定額を支給するもの（住宅助成金など）とは違う。[*24]

一石二鳥の二つめは、全員に同額を支給する前提のUBIは、当然、富裕層にも支給される（本人が必要としているかどうかと関係ない）。このため、1世紀以上前からある進歩的な社会政策の核となっている所得再分配という考え方を回避することになる。しかも、UBIで全員に支給される額は、なんとかやっていくのに十分だがそれ以上ではないため、必ずしも働く意欲を削ぐことにはならない。

現在、フィンランドとオランダでUBIの限定的な実証実験が進められていて、今後、UBIが人間の意欲に及ぼす影響について実験データが得られるはずだ。[*25] スイスはUBIを巡って国民投票が実施されたが、[*26] 大盤振る舞い（スイス国民全員に月額約2000ドルを支給）の制度案は結局、否決に至っている。2016年初頭、ベーシック・インカムの支給が人々の勤労意欲を削ぐかどうかの調査を目的とする米国の小規模プロジェクトを対象に、ベンチャー企業の事業成長支援組織であるYコンビネーターが資金援助に乗り出した。カナダでは、すでに1970年代にベーシック・インカムの一形態の実験が実施されている。[*27] 実験では、マニトバ州のドーフィンという小さな町で対象の全世帯に毎月小切手を支給した。その結果、教育水準が（ささやかではあるが）向上した一方、入院件数や十代の妊娠が減少した。労働力への参加率には大きな影響は見られなかった。仕事を辞めて、政府からの支給だけで生きていこうと考える住民はいなかったからだ。ただし、この実験では、当時すでに失業していた住民や休職中の住民への影響について十分なデータは得られなかった。

一方、多くのUBI案についてきわめて逆進性が強いとの批判も出ている。福祉制度がなくなるため、学習障害児から身体障害者に至るまで、特別なニーズのある人々を支援する制度が排除されることが理由だ。確かに、車椅子1台だけでも、UBIの額を大きく上回っているのだから、抗がん剤治療の化学療法の費用1年分などとても払いきれない。つまり、ニーズに合わせて支給する制度を廃止して、UBIを導入することになれば、貧困層が中間層や富裕層を援助する格好になる。[*28] 今、本当に困っている人々の受け取る額が現行よりも少なくなる一方、もっと裕福な人々は、UBIの支給を毎月受けられるからだ。

UBIの最大の課題は財源探しだ。例えば米国で成人ひとり当たり年1万2000ドルの控えめなUBIでも、3兆ドルのコストがかかる。これは2016年の社会保障予算の2倍以上、GDPのざっと10％に相当する。UBIの代わりに現行の社会保障関連の支出をすべて削ったとしても足りないのだ。

もちろん、このくらいでUBI推進派が思いとどまるわけはない。官僚組織のスリム化に着手し、社会的給付・社会的便益全体の予算を節減したうえで、単独でこれだけ大きな制度への支出の根拠となるような経済刺激策を実施すべきだというのが推進派の指摘である。[*29] とはいえ、ＵＢＩの財源確保は簡単という見方に水を差す試算であることは確かだ。

ＵＢＩ自体が悪いアイデアというわけではない。だが、この論争でどちらの側につくかということよりも、まずＵＢＩ推進に取り組む意義と限界について理解することが先である。

データ主導型市場や経済再編がもたらす社会の課題に対処しようと、ハイテク・イノベーションを手がける各社が、独創的な手段を模索していることは驚くに値しない。創造的破壊をもたらすイノベーションの信奉者にとっては、どんな問題に対してもイノベーションが基本的な対処方法になる。だが、深く染み込んでしまった考え方からはシリコンバレーとて逃れられないのである。

そのイノベーションとして語られるＵＢＩは、さほどイノベーションに満ちたアイデアではない。データのおかげで我々から貨幣という足枷が取り除かれることは以前にも述べた。にもかかわらず、データ主導の市場がもたらす問題を解決するソーシャル・イノベーションを巡り、これほど費用の話が持ちあがるのはなぜか。貨幣を超えるニーズを見極めることがどう見ても必要な状況なのに、なぜまたＵＢＩという形で、単純な一定額を支給する「貨幣による解決」に再び頼らざるを得ないのか。

そもそも、データ主導の市場という発想そのものは、貨幣という足枷から逃れ、価格というたったひとつの数字に情報を凝縮する慣行を脱却し、我々の好みをうまくマッチングさせて人間の活動を調整することが目的だったはずだ。本来なら、豊富で包括的なデータの推進派になるべき人々が、従来の貨幣一本やりの尺度に議論の幅を狭めているのは、おかしな話だ。その意味では、ＵＢＩは逆進的というよりも、時代に逆行しているのではないか。前向きではなく、後ろ向きなのだ。

もちろん、食べ物を手に入れ、睡眠の場を確保するには、依然としてカネが必要であることは確かだ。UBIによって人々に基本的な収入が与えられることが問題なのではなく、カネ以上の何ものももたらさないことが問題なのだ。何ができるのか、何をすべきなのか考えるうえで、範囲が人為的に狭められているのではないだろうか。

スーパースター独占企業

ここまで、従来の分配面での施策、参加面での施策、そしてもっと過激なUBIの三つの施策を見てきた。いずれも、労働分配率が今後も下降を続けるだけでなく、労働分配率が下がって資本分配率が上がり、経済に危険な不均衡が生じるという前提に立っている。

さらに、こうした施策は、労働分配率と資本分配率が反比例の関係にあることを前提としている。そうでなければ、労働の代わりに資本（機械か富のいずれか）に課税する意味がなくなる。だが実際のところ、こうした前提は当初考えられていたよりもはるかに根拠が薄弱であることがわかっている。

労働分配率と資本分配率が逆の関係にある点に興味を抱いた専門家が、資本分配率の上昇が見込まれる状況をつぶさに観察した。ノースウェスタン大学の経済学教授マシュー・ロンリーは、資本分配率上昇の大部分が、住宅部門を除けば、消滅することを明らかにした。[*30] また、エコノミストのシムチャ・バーカイは、従来の資本分配率の算定方法では、前提として収益率が固定されているが、[*31] 現実には長い間、金利が減少傾向にあり、非常に低水準に達している点に注目した。そこで実際の金利に合わせて資本分配率を計算し直したところ、1997年以降、資本分配率が大幅に減少していることが判明した。労働分配率に比べ3倍もの減少幅だったのだ。つまり、データ時代は労働が破壊され、資本にプラスに働くという、常識めいた考え方に大きな疑問を投げかけることになったのである。

ここにはいくつかの要素が絡んでいる。例えばデータ処理のコストの急激な低下だ。背景としては、1990年代末以降、データ処理性能、ストレージ（記憶装置）容量、ネットワーク回線容量がいずれも大幅に改善されたことが挙げられる。その結果、データ処理に必要な資本が減少し、資本分配率の低下につながっている。[*32] この現象の重要な一角を占めるのが、技術の低コスト化だが、それだけではすべてを説明できない。今日では資本がはるかに潤沢にあることもきわめて重要で、低金利を背景に、かつてとは比べ物にならないくらい低コストで資本を調達できる。

同様に、データ処理によって必ずしも職が奪われるわけではなく、既存の職業の効率化に寄与することもあり（エコノミストの言葉を借りるなら「労働増大的」）もあり、労働が資本からよりも技術から得られるメリットのほうが大きいのだ。[*33] こうした点を重ね合わせると、労働分配率が資本分配率よりもゆっくりと減少している理由が明らかになる。

労働分配率と資本分配率の両方が減少しているとすれば、どちらに軍配が上がるのだろうか。残る所得はいったいどこに蓄積されているのか。

前出のバーカイが出した答えは、膨れ上がった収益になっているのだ。経済学用語で言えば、財・サービスの不当なマークアップである。これは市場の大きな非効率性と競争欠如につながる。しかも、投資家（老後に備えてコツコツ節約してきたすべての人々を含む）が騙されてきたことにもなりかねない。

ここ数十年、企業の株価が上昇してきたが、昨今の低金利を考慮すれば、投資家の手に渡る総合的なリターンは、当初の見込みよりもはるかに小さくなっている。労働者も投資家もあまり報われていないうえに、消費者は製品・サービスの購入に当たって高すぎる買い物をしてきたことになる。おまけに報酬をもらいすぎの経営幹部は会社の経費で私腹を肥やしてきたとの批判も以前から聞かれる。報酬関連の調査によれば、少なくとも米国では、利益が上がるにつれて、革新的な活動や経営の活力が失われているという。[*34]

その根底にある動きにさらに迫っているのが、MITの経済学教授であるデイビッド・オーター率いる研究チームだ。[*35]オーターらの調査によれば、企業は利益を増やしていても全体的に成功を収めているわけではないことがわかった。むしろ、競争が効率化した環境で特定のタイプの企業が期待をはるかに上回る過去に例のない利益を上げているのだ。オーターらはこうした勝ち組を「スーパースター企業」と命名している。スーパースター企業は〝独り勝ち〟市場に多く、しかも強力なネットワーク効果とフィードバック効果で圧倒的な市場の集中化を招いている。また、技術の活用を極めているため、人件費や設備投資を比較的低く抑えつつ、非常に大きな売り上げを達成できるのだ。[*36]

グーグル、アップル、フェイスブックがスーパースター企業であることは言うまでもないが、世界中の多くの分野でスーパースター企業が存在する。[*37]欧州のスポティファイ、中国のオンライン市場のアリババやネットワーク関連機器メーカーのHuawei（ファーウェイ）、韓国の技術系大手Samsung（サムスン）などが挙げられる。

こうしたスーパースター企業が稼ぎ出す利益は、正式な損益計算書に十分に反映されていない点を理解しておく必要がある。書類上は、本来ならきわめて大きな利益を報告していない可能性がある。かなり抜け目のない節税対策が功を奏していることもあるが、毎年、スーパースター企業が新製品や新規事業の研究開発に膨大な予算を投じているおかげでもある。アマゾンがいい例だ。2014年だけで同社は技術経費として主に研究開発に93億ドルを計上している。これほどの巨額を投資できるのは、主力事業で比較的大きな利幅を確保している証拠だ。

スーパースター企業が正式に報告している利益と、利ざやでとてつもない利益を叩き出す実力には大きな乖離がある。株式市場はこの乖離を（完全というにはほど遠いが）ある程度認識していて、それが株価の動きに反映されている。例えば、ナスダック総合指数の2015年の時価総額増加分のほぼすべてをたった6銘柄が占めていて、そのうちの5社（アマゾン、グーグル、アップル、フェイスブック、ネットフリックス）が明らかなスーパースター企業だった。

とはいえ、これは企業再興の証拠というよりも、むしろ終焉のかすかな兆しと見るべきだろう。従来型の企業は人間の活動を調整するために生まれた社会構造の一形態であり、単一の組織の中でたくさんの人々が一緒に働く機会を見事に作り出してきた。

これに対して、今見てきたスーパースター企業は、労働力の比重が比較的小さく、意思決定支援も含めて自動化に大きく依存している。その多くは、大きな市場支配力を持つ事業主体として、グローバルな規模で、各国の企業誘致優遇措置などを可能な限り利用できる立場にある。はっきり言えば、スーパースター企業は、内部の調整を最大限に合理化することで組織として成功している一方、取引規制や税制を巧みに利用して競争の荒波をくぐり抜けているのだ。人間の活動を調整する大きな組織体というよりも、合法的に利益を蓄積するための器になろうとしていると言っても過言ではない。

データを燃料に労働を破壊する金融資本主義の復活というイメージとはどうやら違うようだ。むしろ、特に技術系のスーパースター企業を中心に、利益がどこまでも青天井に増え続けるという、何とも微妙で実に厄介な状況が見えてくる。そこで分配と参加の両面で政策の大幅な軌道修正が不可欠となるのだ。

〈データ納税〉

分配面では、資本（機械も含む）に対する新税・増税により、資本分配率の減少は加速・強化されるが、問題の根源とも言うべき大きく積み上がった企業の利益は手つかずのままとなる。教科書では典型的な悪い例とされるはずだ。*38

特定企業に蓄積される青天井の利益に関して、分配面ではるかに適切な政策上の対応策は、まさにこうした企業への課税である。もちろん、アイデアとしては目新しくも何ともなく、必ず守るべき基本ルールである。実際、米国は表面上、40%近い世界最高水準の法人税率を導入している。ところが困ったことに、スーパースター企業のうち、この税率で課税されている企業はひとつとしてないのである。米国の超大企業に課税される税金は名目税率の半分にも満たないのが現状で、その多くは米国では税金をまったく納めていないのである。

この言語道断というべき状況は国民の怒りに火をつけ、与野党の多くの政治家が税制改革を叫び始めるに至っている。当然のことながら、改革の詳細を巡って意見はなかなか一致していない。

企業に対する税務当局の姿勢が甘いとの指摘があり、法律の複雑な抜け穴を強制的にふさいで税金の未払いをなくし、海外のタックスヘイブンで溜め込んだ利益は本国に戻すべきだとの声もある。比較的高めの表面税率に着目し、表面税率を下げれば企業の納税意欲が高まるという意見もある。

政治的な好き嫌いはともかく、一部の米国企業が一気に膨れ上がった利益を享受している以上、税額を大幅に引き上げてバランスを取るのが、分配面では筋の通った考え方である。労働分配率と資本分配率がそろって低下する中では必要な対応だ。ただし、米国の政治体制下で法人税をたびたび引き上げるとなれば、利益集団・族議員に大きな借りを作ることになる。

その意味で欧州とは状況が根本的に異なる。企業は米国よりも高い法人税を払っているが、それでも会社の利益を有利な税制の国に巧妙に移す動きが見られ、毎年2000億ドル以上の税収を失っている計算になると専門家は指摘する。[*39]

エコノミストの間では、巨額の利益について、後に投資として経済に誘導されるのであればそれほど厄介な問題ではないとの意見もある。累進型の所得税の代わりにいわゆる累進型の消費税を導入する動きもある。この場合、所得が再投資に向けられない範囲で個人所得に課税することになる。[*40]

米国では、累進型消費税構想は政界で幅広い支持を集めているが、近いうちに法制化される保証はまったくない。[*41]また、一般に、投資で高いリターンが期待できる時代でもないことを考えれば、新たな投資が次々に生まれることもないだろう。

経済の軸足が貨幣依存から豊富なデータ依存へと移っている全体的な流れを認めるなら、企業の課税のあり方にももっと知恵を絞る必要がある。例えば、現金ではなくデータで部分的に納税するといった手法があってもいい。自動車メーカーなら、車載センサーから集めたデータを匿名化処理し、国民に還元してもいい。政府はこのデータを使って事故多発地点を特定し、安全の向上に役立てることができる。同じような方法で、農家やスーパーマーケットから集めたフィードバック・データを利用すれば食の安全を強化することも可能だ。オンライン学習プラットフォームから集められたフィードバック・データなら、公教育分野の意思決定を改善できる。取引マッチングでの意思決定支援データは、市場のバブルを予測する早期警戒システムに応用可能である。

すでに提唱したデータ共有命令と併せて、小規模企業、とりわけベンチャー企業にとってはデータが利用可能になるため、巨大企業を相手に競争できるようになる。イノベーションの推進にも一役買うだろう。また、政府が公共サービスの向上にデータを使ってもいい。非営利団体や研究機関、さらには社会一般に広く提供すれば、スーパースター企業の利益を誰もが広く享受できるようになる。

貴重な情報を強制的に開示させるというアイデアは、決して目新しいものではない。特許制度はまさにその考え方に根ざしている。発明品の仕組みを申請時に明らかにした者だけに特許の特権が与えられる(少なくともそれが原則である)。この結果、誰もがこの仕組みに学び、知識が普及し、特許切れに伴って特許権者以外もこの発明をそれぞれの用途に利用できる。企業は、新たなアイデアを生み出すことよりも、データを使ったフィードバック・ループを築き上げる方向へと重点を移し、製品・サービスの改善に役立てようとしているわけだが、納税の一環として貴重なデータを提供しても同じ目的を達成できることになる。

従来の税金と異なり、データ納税は納税義務者にとって負担感が少ない。現金とは対照的に、データは他者と競い合う要素がない。使い切ることもないので、企業は外部に利用を許可したからといって、自社で同じデータが使えなくなるわけでもない。データ納税なら、払わずに済んだ現金を事業の成長に回すことができるため、特にベンチャー企業にメリットがあるはずだ。データ納税は、参加面、分配面の両方にプラスとなるため、分配面の効果がとりたてて高まるわけではないが、データなら複数の当事者が再利用でき、効率的に活用できるため、全体的に福祉向上の効果がある。

課税額の一部についてデータによる〝物納〟が可能になれば、データで支払う額が年間ではそこそこであっても大きな違いが出てくる（課税額の全部でなく一部である理由は、特に政府が現金を必要とするため）。これでイノベーションが大きく活性化されれば、新たな経済成長につながり、この成長に対する課税は従来の現金による支払いになるはずだ。

データ納税によって膨大なデータが経済・社会に広く提供されるようになれば、オープンデータ推進派が長らく夢見てきたものの、なかなか実現にたどり着けなかった状況に近づくのではないか。政府が保有するデータを広く一般に開放するというのが、従来のオープンデータの考え方なのだが、政府保有のデータには商業的、社会的な価値がわずかしかなかったために構想実現に弾みがつかなかった。企業がすでに価値創出の源泉として使っているデータとなれば、すぐに役立つはずだ。

雇用への税額控除

参加の面では、政策担当者は、労働者のトレーニング（再トレーニング含む）といった供給面重視の戦略だけでなく、需要面重視の措置も考慮する必要がある。もっとも、政府支援の大規模な公共事業をやれと言っているわけではない。もっと気の利いた需要刺激策がある。

一例を挙げれば、雇用ひとり分を創出するたびに税額控除の対象とすることだ。つまり従業員を雇うほど税金が安くなる制度で、ひとりを新規に雇用するたびに一定の税額控除が適用される。給与に直接の効果はないが、労働力需要が全般的に高まるため、間接的にではあるが、賃上げ促進効果がある。

雇用数増加に伴う税額控除は、かつてのラッダイト運動対策のような政策ではない。いつ事務系作業の自動化に踏み切ってもおかしくない企業を狙ったものではないし、そもそも自動化を思いとどまらせることが目的ではない。画期的な人的サービスに重点を置いたビジネスモデル開発を支援する政策なのだ。だから、新たなサービスやビジネスモデルの実験を促進するため、労働市場の移行の呼び水となるように設計されている。

こうした税額控除の長期的な副作用としては、自動化が、人を普通に雇った場合より費用がわずかに上回るため、全体的に非効率性が若干高まることだろう。だが、労働分配率の低下が抑制あるいは阻止されるとすれば、そのような非効率性はむしろ好ましいとさえ言える。各国が特に懸念を抱いているのは、データが雇用に及ぼす影響であり、データリッチ市場はその方向に進む恐れがある。かつて産業革命の最終段階で雇用が創出されるという奇跡が見られたが、その再来を期待し、ビジネスの活力や起業家精神あふれるイノベーションの停滞を阻止したいのであれば、自動化されにくい雇用の創出を促進する必要がある。

こうした税額控除は、表面上はハイテク産業の負担増になるように思える。だが、じっくり検討すれば、もう少し深い意味のある状況が見えてくるはずだ。自動化が人間の労働よりも高くつくようになっても、自動化に踏み出す動機がなくなるわけではない。自動化によるリターン（コスト削減効果）は、以前より大きくなるからだ。

皮肉にも、人間の労働を促進する税額控除制度が、技術進歩の刺激策になり、費用対効果を大幅に高めることになりうるのである。自動化前夜の業界は税額控除でますます自動化が進むはずだ。ソフトウェア業界には昔から「バグではなく仕様です」という迷言があるが、まさにこのケースもそうだろう。少なくとも中期的に自動化の影響が及ばない雇用の創出を奨励していながら、人間が機械に取って代わられそうな状況にある分野でかえって自動化を刺激することになるからだ。

政策担当者が再トレーニングや再教育の制度を維持したいのであれば、すばやくしなやかに適応できるように制度設計しておく必要がある。特定のスキルに対する需要が変化してから反応しているようではもはや十分ではないのだ。むしろ新スキル習得のための再教育制度では、リンクトインなどの大手オンライン人材市場のデータを始め、豊富なデータの高度な分析を通じて、スキル需要の変化を見極め[*42]、そのような変化があったら即座に再学習プログラムに反映する体制が求められる。企業が外部の公的支援による再トレーニング制度に頼らず、再学習プログラムを組織のＤＮＡに深く刻み込んでおく手助けとなるような政策が必要なのである。

ここまで三つの政策を見てきた。第一に、データ時代の利益を享受する企業には、その結果として職が奪われる対価を支払ってもらうこと、第二に、市場の競争力を維持し、社会全体にデータの恩恵がもたらされるようにすること、第三に、人間の労働を機械よりも少し安くなるようにすることだ。この三つの政策があれば、誰もがデータ時代の配当の分け前にあずかれるようになるはずだ。データ主体による適応型の自動化がもたらす変化に社会が対処できるだろう。

データ時代の本質

この取り組みに当たって、競争のある市場は健全で豊かな社会の主要基盤になるという考え方が根底にある。これはハイテク系の起業家で投資家のピーター・ティールらの主張とは対照的だ。ティールは『ウォールストリート・ジャーナル』に寄稿し、「競争なんて負け組のやること」とか「永続的な価値を生み出して手に入れたいなら、独占状態を築き上げることだ」[*43]と主張している。ティールの主張は、熱烈な独占論者の観点から言えば筋は通っている。だが、データリッチ市場の基本的な経済原則やその結果を正当に評価するなら、彼の主張は完全な誤りである。ティールが言う成功術とは、一握りの企業に莫大な利益をもたらし、イノベーションを停滞させたうえ、とんでもない非効率を生み出してそのツケを消費者、労働者、投資家に回すものだからだ。しかも、その発想はトランプ政権の政治スローガンや後先考えない保護主義的な行動、企業に肩入れして市場を弱体化させる欲望と相通ずるものがある。

だが、こんな考え方ではデータ時代の本質を根本的に見誤ってしまう。データ時代の本質とは、貨幣・資本への依存からの脱却であり、豊富なデータで豊かな現実を把握することの大切さであり、企業よりも市場を重視する姿勢であり、人間が持つ調整能力を向上させる絶好の機会なのだ。

データが貨幣に勝り、市場が企業に勝る中、データ主体の市場がもたらす結果に対応する政策は、こうしたシフトを認識していなければならない。だからこそ本書では累進型データ共有命令やデータ納税を提唱しているのである。

もっとも、貨幣以外の面に重点を置く必要があることは、人間の労働の領域では言わずもがなである。多くの仕事には、金銭以上のものがあることを誰もが認識している。仕事を通じて、社会的な交流の機会が生まれ、やりがいが持てる。これこそ人間らしさの重要な要素である。

かつて雇用は、いろいろな便益をひとまとめにした、いわば〝便益の束〟として扱われ、そのセットをバラすような自由度はなかったし、何よりも貨幣の尺度が幅を利かせていた。賃金問題は、たびたび労働争議の主要テーマになっていた。生きるためには誰もがカネを必要とするが、問題は、「仕事=特定の便益を集めた束」として今後も固定されたままであるべきなのかどうかだ。あるいは、仕事という概念をもう一度捉え直し、構成要素を組み替えることができるのか、またそうすべきなのか考えてみる必要がある。

データリッチ市場へと移行する中、仕事選びでも金銭面を考慮するだけで終わりではないはずだ。

同じ価値観を尊ぶ組織でやりがいのある仕事に取り組めるかどうか、また、同僚や取引先との意義ある交流の機会が持てるかどうかを問う必要もある。特にハイテク分野で人材獲得競争を繰り広げる企業の間では、人材採用や人材囲い込みの際に、金銭とは直接関係のない面に力を入れる企業が増えている。

だが、こうした活動は一貫した形で実施されていないことが多く、有望な従業員でも自分に最適な仕事を簡単に見つける方法がない状態なのだ。さらに重要なことがある。便益の束について検証しながら従業員に提供し、必要に応じて内容を調整して改善させていく包括的で整合性のある戦略が欠かせないが、今挙げたような取り組みにこうした戦略が反映されることはめったにない。仕事選びのときに、やりがいとか経験とか自分らしさといった目に見えない価値が重要性を増す中、仕事が持つ便益の束の中身は、組織の人材戦略全体できわめて重要なポイントになる。

組織による人材採用のあり方、オンラインの人材プラットフォームの使い方といった最初の段階から、しっかりとした概念体系の下で、仕事という便益の束の構成要素を把握し、賃金や金銭を超えて、豊富なデータの環境に対応していく必要がある。

だが、それで終わりではない。従業員にフルタイムに満たない働き方や部分的な在宅勤務制度を用意するにしても、やはり型を破ってもらうには、明確なキャリアパスを掲げる必要がある。人材の柔軟性を高めて管理することがかつてないほどに重要なゴールになっていることは先見性のある組織ならわかるはずだ。

将来、人間の労働の鍵を握るのは、〝雇用〟のアンバンドリング（個別要素への分解）である。例えて言うなら、音楽のアルバムCD（もっと古くはLPレコード）を個々の楽曲にバラし、リスナーが自分だけのベスト盤を作って楽しむようなものといえばわかるだろうか。これを雇用に当てはめるのだ。そのためには仕事の構成要素を定義し、組み替え可能な柔軟性を持たせる必要がある。組織がそのような柔軟性を持つのは並大抵のことではないし、仕事の各種構成要素を見つけやすくしておき、従業員が好きな要素を自由に選べるようにすることも容易ではない。労働組合のような労働者組織にとっては、仕事の経験と雇用の束がほぐれて断片化したとき、全体としての仲介機能をどう維持するかが課題となる。

だが、仕事の便益のアンバンドル化を企業内で実施するのは相当難しい。仕事を構成するうえで、はるかに幅広い選択の自由を人間に与えたいと思うなら、少なくとも金銭だけでない広い視野を持てるように支援する必要がある。労働者は生活がかかっている以上、どうしても賃金のことで頭がいっぱいになる。実はここにUBIの基本的なコンセプトを持って来れば、大きな効果を発揮するのだ。ただし、日常生活の支出の大部分をカバーできる文字どおり基本的な所得を支給するとなれば、すでに見てきたように、ほとんどの状況ではコストがかかりすぎる。ところが、例えば月額500ドルを全員に支給するような部分的UBIであれば、特に低賃金労働者は、もう少し柔軟性が持てるようになり、給料のいい仕事ではなく、自分の好きな仕事を選ぶことも可能になる。[*44] あるいは、家族と過ごす時間やボランティア活動、起業の夢を優先するためにフルタイム未満の雇用を選んでもいい。調査によれば、こうした柔軟性があるとダラけやサボりがなくなる代わりに、不釣り合いなほどのやりがいや自分らしさをもたらす活動が可能になるという。

部分的UBIで労働時間が短縮すれば、自動化が本格的に広がったとしても、もっと多くの人々を労働力として確保できる。また、支給額を抑えたUBIなら、無理をしてまで増税に頼らなくても財源を確保できる余地がある。この狙いは、公正な分配ではなく、個人への権限委譲にある。もっと多くの人々にとって、給料がすべてではない仕事選びが可能になるからだ。

雇用に当たって、金銭が持つ相対的な重要性を薄め、毎月の給与明細ではなく人間としての充足感につながるさまざまな面を網羅する豊かな職業観を育むことになる。

将来、仕事に何を求めるかという点に関して、多種多様な好みを天秤にかけられるようになる。雇用を生み出す際には、このメリットを反映させる必要がある。そうすれば仕事選びの最大の尺度として給与や金銭に縛られないようになる。このビジョンの下、仕事というコンセプトを抜本的に再構成するうえで、従来の政策案の有効性が問われる。金銭に大きく依存した解決策だけでは、ポスト貨幣の時代の経済の課題に対処できない。仕事には、人間の魂に訴える目に見えない便益もある。こうした便益も考慮した措置も欠かせない。ここでも、市場の再構成に豊富なデータを反映させ、仕事の豊かさを意味あるものとする必要があるのだ。

第 10 章

人間の選択｜HUMAN CHOICE

未来をつくるのは誰か

ポスト価格時代の人間中心企業

米コンサルティング会社パルテノン・グループの若きコンサルタント、カトリーナ・レイクは、昔ながらの小売業者がデータを十分に活用していないために顧客の欲求やニーズを捉えきれていないことに気づいた。分析思考力に恵まれ、生まれ持っての野心にあふれるレイクは、突然、ビジネススクールへの入学を思いつく。「小売企業のCEOになって技術とイノベーションで業界をリードする」[*1]と決意したからだ。2009年にハーバード大学ビジネススクールに入り、夢に向かって進み始めた。

MBAコースに入学してから約1年後、ついにラックハビットというベンチャー企業を立ち上げた。データとアルゴリズムを使って、忙しい女性の洋服選びを支援するビジネスである。創業パートナー（後に袂を分かっている）とともに、ボストン地域に暮らす友人、そのまた友人へと招待状を送り、ショッピングの好みに関するオンライン・アンケートに答えてもらった。アンケートに含まれている好みのサイズやスタイルに関するデータをスプレッドシートに取り込み、一人ひとりの簡単なプロフィールを作成した。次にプロフィールを基に本人が気に入りそうなワンピースやブラウス、スカートなどを購入し、本人のもとに配送する。顧客は全部購入してもいいし、気に入らなければ返送する。今でこそ標準ともいうべきキュレーション型ショッピングサービスだ。

『フォーチュン』誌によれば、ラックハビットは「レイク自身が持っていたショッピング限度額6000ドルのクレジットカードをいつも枠いっぱいまで使っていた」のに、「さっぱり儲からなかった」

という。[*2] それでも、顧客数が着々と増えていくうちに手応えをつかんだ。

衣料品ショッピングの悩みは、自分の好みにぴったりの商品が存在しないことではない。ほとんどの人々、特に仕事に追われるキャリアウーマンや幼い子どもを持つ母親にとっては、自分に似合う服を手間をかけずにさっと見つける手立てがないことなのだ。エコノミスト風に言うなら、アパレル業界はアイテム数を増やしてきたが、見つけやすさを高めてこなかったことになる。

買い物客が求めているのは、自分に似合うアイテムを見つけ出してくれるセンスのいい仲介役なのだ。実はこうした仲介役は世の中に存在する。パーソナルショッパー（日本では百貨店の外商の顧客担当に相当）と呼ばれる職業だが、富裕層向けが多く、非常にコストがかかる。ラックハビットのビジネスの基本アイデアは、腕のいいパーソナルショッパーを手頃なコストで提供するというもの。世の中に大量に出回っている衣料品の中から、顧客に関する豊富なデータを基に顧客の好みに合ったアイテムを選び出して提案するのである。２０１１年には、ベンチャー企業の創業当初段階に当たるシードラウンドで、75万ドルの資金調達に成功している。

ハーバードのＭＢＡを手に入れたレイクは、いったん仕切り直してサンフランシスコに拠点を移し、社名もSTITCH FIX（スティッチ・フィックス）に変更したうえで、いわば映画『マネーボール』の女性ファッション版をめざした。〝マイナーリーグ〟で終わらせない意気込みどおり、２０１５年には第三段階の資金調達で時価総額３億ドルの評価を受け、『ニューヨーク・タイムズ』は有望ベンチャーを意味する「ユニコーン企業」（時価総額10億ドル以上）として同社を取り上げた。[*3] ２０１６年は、イーベイＣＥＯのデヴィン・ウェニグがイーベイのデータリッチ化を急ぐべく突貫計画に乗り出した時期だが、同じ年、すでにカトリーナ・レイクは『フォーブス』誌の「自力で成功した女性資産家リスト」に名を連ねている。

現時点でのスティッチ・フィックスは、少しだけ変わったところもあるが、総じてごく普通のオンライン衣料販売サイトのように見える。衣料・アクセサリー5点を箱詰めして顧客（現在は男性も対象）に発送し、顧客は気に入ったものを受け取って料金を払い、不要なものは返送する。だが、細部まで見ていくと、レイクの当初の狙いどおり、小売店ではなく、衣料品市場の仲介役の性格がはっきりと表れている。スティッチ・フィックスは顧客に1箱を送付するたびに「スタイリング料金」として20ドルを課金する。ただし、1箱に入っている五つのアイテムのうち、顧客が二つ以上を選んだ場合には、このスタイリング料金が免除される（また、5点すべてを購入する場合はさらに割引が適用される）。

スティッチ・フィックスでは、売り切るための値つけはしない。季末セールもない。少しでも安く買いたい客が待ちわびているサイバーマンデー（感謝祭の次の月曜日で、オンラインショップの年末商戦開始日）もブラックフライデー（感謝祭翌日の金曜日で、年末商戦最初の週末）のセールもない。価格第一の時代を脱却した、いわば「ポスト価格」を標榜する小売業者なのだ。洋服探しで貴重な時間を無駄にするよりも、自分好みのスタイルにお得に料金を支払いたいという顧客がターゲットなのだ。

ただし、このやり方はすべての市場で通用するわけではない。例えばクルマを買うとき、数千ドル値引きしてくれるディーラーにたどり着いたら、探した甲斐があるというものだろう。だが衣料品では、スティッチ・フィックスの例からわかるとおり、成功の可能性があるモデルなのだ。

スティッチ・フィックスでは、サービスを大規模に展開するため、多種多様で包括的なデータの分析を進めた。2016年には、70人を超えるデータサイエンティストを雇い入れ、その責任者となる最高アルゴリズム責任者に、リッチデータの先駆者である動画配信大手ネットフリックスでデータサイエンティストとして活躍したエリック・コルソンを招いた。

とはいえ、最適な服選びは、おすすめ映画の紹介とは比べ物にならないくらい難しいことがわかった。標準的なソーシャル・フィルタリング（人間の行動を手がかりに本人が関心を持ちそうな情報を絞り込んでいく手法）による推奨エンジン（「この作品が好きなユーザーは、こちらの作品も視聴しています」といったもの）では歯が立たないと判断し、はるかに高度なデータ分析手法を導入した。ユーザー登録時に好みを尋ねるだけでなく、アルゴリズムを駆使して、写真投稿サイトのピンタレストでこのユーザーがお気に入りに登録した写真を分析し、ユーザー自身が気づいていないような好みまでも明らかにする際立った特徴を抽出する。これは、第4章で説明した機械学習システムの仕組みそのものである。顧客自身が自分のニーズや欲求をはっきり表明する必要はない。世の中での人間の行動を基に、システムが学習するからだ。

スティッチ・フィックスではフィードバックも重要な役割を果たしている。まず、顧客が返送してくるアイテム一つひとつがデータを生み出す。そのうえ、配送した各アイテムについてコメントを残すよう顧客に要請している。コメントは平易な英語で書けばいい。後は自然言語処理ソフトウェアが解読し、顧客の好みをさらに深く引き出していく。さらに同社では、オリジナルの衣料品開発にも乗り出していて、デザイン段階で顧客の好みに関するデータが活かされている。

スティッチ・フィックスにはちょっとした秘密がある。データリッチ市場に精通しているうえ、顧客満足度にデータが果たす重要な役割を心得ているのだ。

「スティッチ・フィックスは〝市場〟の両サイドにある豊富なデータを使ってマッチメーカーとなり[*4]、顧客と（顧客自身では見つけられなかったような）スタイルの縁結びをしている」と同社は説明する。

スティッチ・フィックスの成功を支えている大切な要素がもうひとつある。人間味だ。同社には数百人のパーソナル・スタイリストが所属している。同社スタイリストは、パートタイム、在宅勤務で全国に散らばっていて、各顧客に送付するアイテム選びに関して最終権限を握っている。スタイリストを支援するのが、スティッチ・フィックスの機械学習システムとマッチング・アルゴリズムだ。顧客の好みに関する包括的なデータがたっぷり蓄積されていて、スタイリストがいつでも参照できるようになっている。しかも、時系列で好みがどう変遷したのかも把握できる。だが、アイテムの最終的な選択はスタイリストに委ねられている。そしてアイテム送付の際には、スタイリストが一言メモを添え、顧客の手持ちアイテムとのコーディネート方法やアクセサリーの合わせ方をアドバイスする。

この個人的なひとことが顧客にとっては、「誰かが自分のことを気にかけてくれている」という実感につながる。また、顧客とスタイリストの関係づくり、関係維持の手段にもなっている。これが顧客の囲い込みに役立つのだ。

考えてみれば、機械相手なら躊躇なくお払い箱にできるが、相手が人間となると、簡単には関係を破棄しにくいものである。人間同士の関係だから、顧客からのフィードバックが寄せられる確率も高まる。個人的なメモが人間関係の〝借り〟を作り、恩義を感じさせるせいか、ほとんどの顧客がその好意に応えようとする[*5]。

そして最も重要なのは、人間のスタイリストは機械よりも考え方やテイストがはるかに多様という点だ。いろいろなパーソナル・スタイリストがそろっているということは、スタイルづくりにも実に多様な考え方があり、それだけ顧客とスタイリストの間で相性のいい関係が生まれやすいのだ。それはとりもなおさず、売り上げの向上につながり、顧客満足度にも反映される。スティッチ・フィックスにとっては、多種多様な人間のスタイルと好みを上手に生かすことが成功の重要な要素になっている。人間抜きには成し遂げられない成功なのだ。

スティッチ・フィックスは、ショッピングにつきものの面倒な時間と洋服選びの楽しみを見事に切り離している。実店舗の世界でもこのモデルに追随する動きが見られるはずだ。おそらく将来は、食品補充作業も機械学習システムに任せる日が来るだろうが、ブティックで服を見たり、書店で本を立ち読みしたりする楽しみは今後も放棄したくないはずだ。実際、我々はショッピングという体験のために特定の店をひいきにするようになる。そして商品を見て触って購入を決めるという、欲望を掻き立てられる楽しみを再発見すると、今度はその特権を味わうために手数料を払ってでも一番いい店を利用したいと考えるようになる。

実店舗を運営する大手の小売業者にしてみれば、スティッチ・フィックスやそのライバルを買収するのが戦略上、効果的な一手になるだろう。実際、大手百貨店のノードストロムによるトランク・クラブの買収は好例だ。ノードストロムの店舗は、顧客がおそらくパーソナル・スタイリスト（実際にその場に現れるか、バーチャルな手段を使うかのいずれか）に付き添われて商品を見て回る体験空間へと進化を遂げようとしている。

実店舗はオンライン販売の補完役として、おそらくほかの顧客の姿も見える空間で、商品を実際に手にとって楽しむ場になる。すると、実店舗でのゴールは商品を買うよりも、商品を見て回り、感覚を味わうことである。ついでに言えば、素敵なＢＧＭに包まれて無料のコーヒーでももらってリフレッシュすることなのだろう。この生まれ変わった店舗でひとつだけ目にしなくなるものがあるとすれば、それは価格や値引きに注目させるためのＰＯＰや店内広告の類だ。こうした環境では価格はそれほど重要な要素ではないからだ。そちらに関しては、デジタル・ショッピング・エージェントなどの意思決定支援システムに検討を任せるようになる。

人間は感覚の生き物であり、五感を働かせ、世の中を感じ取ることが好きだ。同時に、仲間と一緒の時間を過ごすことも楽しみにしている。スティッチ・フィックスはこうした人間らしさをうまく顧客体験に盛り込むことに成功している。他社が同じ方法でデータ主体の市場に切り込んでくるのは時間の問題だろう。

データリッチ市場の可能性

データリッチ市場は、貨幣中心の従来型市場に次から次へと打撃を与えている。確かにマッチングの精度がいいから、参加者の満足度も高い。だが、それがすべてではない。マッチングがよければ無駄も減る。ちょっと変わったものが欲しくて、せっかく購入した商品を十分に使いこなさないうちに、また次の商品が欲しくなるという悪循環が減少するからだ。

調整が優れているということは、空振りが減り、非効率な部分が少なくなる。また、データリッチ市場でマッチングを図る際に、価格はもはや最重要尺度ではないため、取引のたびに自分の価値観を表明し、それに沿って行動でき、これまでよりもはるかに念入りな取引が可能になる。

データリッチ市場は、特に貨幣中心の従来型市場、そしてそこに渦巻く行きすぎた欲望や底なしの貪欲さと比べて、もっと持続的で無駄のない経済を促進する。

かけがえのない地球に暮らしている以上、我々の責任で限られた資源を慎重に管理しなければならない。逆に潤沢にあるものといえば情報だ。データの収集、伝達、処理が簡単に低コストになるにつれて、ますます多くのデータを利用するようになる。我々の経済の未来はあり余るほどの情報をいかに賢く使いこなすかにかかっていて、それを達成するための仕組みであり、舞台となるのがデータリッチ市場である。人工知能やビッグデータが、人間の活動の調整という社会の現実と出会うとき、さらなる持続性が実現する。

例えば、電力の「スマートメーター」(次世代の電力量計)の登場を追い風に、電力市場は今後ますますデータリッチ化する。一握りの大手電力会社が多くの利用者に電力を供給している非効率で脆弱な電力供給状況から、非常に多くの多様な参加者がそれぞれに上手に調整を図ることができる厚みのある市場へと移行するのだ。この参加者には、家庭を中心とした電力生産者(太陽光発電など)や蓄電設備(バッテリーなど)も含まれる。電力の無駄が減少するだけでなく、スマートグリッド(先進の送電網)のいっそうの有効活用につながる。

物流もデータリッチ市場の恩恵を受ける。現在は、輸送行程のうち、トラックの荷台が空く区間があっても、その区間に適した貨物を引き受ける効率的な方法がないため、およそ4台に1台のトラックが空で走っている。[*6] 自動運転トラックが登場するだけでは、この状況は変えようがないが、データリッチ市場ならトラックと貨物のマッチング精度が向上する。このように調整力が高まれば、低公害化が進み、持続可能性も改善される。

今度は医療分野に目を転じてみよう。先進国、特に米国では、医療費はとんでもなく高騰している。それでわずかに寿命が延びるのかもしれないが、とてつもない医療費を支払う割に得られる利益は少ない。患者を十把一絡げにして画一的に扱っているのも理由のひとつだ。貨幣中心市場のようなもので、情報洪水に飲み込まれないように、得られる情報量を減らしているのだ。だが、ひとくちに腫瘍といっても、ひとつとして完全に同じものは存在しない。当然、診断も治療も個々の事情に合わせた個別化が必要になる。それは、がんだけでなく、ほかの多くの病気にも当てはまる。データリッチ市場の教訓を生かせば、医療分野でも過剰な単純化を脱却し、もっと医療の高精度化に取り組むことができるはずだ。

教育機関も豊富なデータを駆使すれば、生徒と教師、生徒と学習教材、生徒と教授法のマッチング精度を高められる。すべての生徒が同じわけではないし、ある生徒に効果があることでも、ほかの生徒に通用するとは限らない。

このように、データリッチ市場の根底をなす原則は、まだまだ幅広い領域に応用できる。その結果、もっと大きな成果につながると同時に、無駄も減らすことができる。暮らしが充実し、もっと生きがいを感じるようになり、さらに持続性の高い生活が実現する。

「大調整」の到来

データリッチ市場は従来の市場よりもいい点がはるかに多いため、企業という概念もそれに合わせて適応せざるを得なくなる。かつて企業は人々が協力して働く組織体だった。すでに機械を使っている企業もあるが、企業を管理しているのは例外なく人間である。将来、それが常識ではなくなる可能性がある。十分な報酬をもらっている人間が多数働いていて、それぞれ自分にできることだけをする企業が出現するかもしれない。しかも、経営のかなりの部分は機械に委ねられている企業だ。

あるいは、社会組織から法人に姿を変え、利益を上げているが、人間の従業員をほとんど使わずに済ませる企業が現れる可能性もある。この見かけだけの〝ペーパーカンパニー〟的な法人は、事業環境がまるで違う古い時代に作られた会社法と税法の副産物なのだ。逆に、最初に挙げた、経営が機械に委ねられている企業の例は、人間中心の企業であって、簡単には自動化できない人間ならではの特性を適応型システムに調和させている。スティッチ・フィックスのように、人間中心の企業は、ラッダイト運動とは違うが、データとの相性がきわめていい。データ主体の市場と競合するのではなく、むしろ強化する立ち位置にある。

今見てきたように、実態のないペーパーカンパニーから人間中心の組織まで、企業という概念で括られる形態は幅広いが、その中には特に重要な形態がいくつもある。企業を名乗る以上、この幅広い枠の中で自社がどの辺りに位置するのか明らかにしたうえで、そこで成功できるように変革していく必要がある。

それはダイムラーだろうがスポティファイだろうが、イーベイだろうがアップルだろうが、アリババだろうがバークレーだろうが同じである。はたまた、グローバルにフランチャイズ展開する老舗のマクドナルドでも、創業間もないフィンテック系ベンチャーのスタッシュでも、街角にある小さなオーガニック・ベーカリーでも同じだ。

おそらく数十年後には、この大変化を「大調整」とか「グレート・アジャストメント」などと呼ぶようになり、グレート・リセッション（2000年代後半から2010年代初頭の大規模な景気後退）を受けて、大小さまざまな企業が変化を遂げていった歴史が語られるのではないだろうか。ただし、ほとんどの企業はこのような変化を期待していない。多くが自ら起こすはずのない変化だからだ。だが、この調整を正面から受け入れ、変革に取り組み、根本的に人間らしさを追求した企業は、間違いなく有利な地位を確保するだろう。

銀行・金融業界では、特に決済サービスを中心に、金融サービスのコモディティ化がますます進む。ブランド力などの差別化特性もなく、どの金融機関で利用しても大差がないので、単なる価格競争になっていくということだ。すでにこの分野には、新たな仲介業が出現していて、豊かで包括的なデータを生かし、従来の貨幣と価格へのこだわりを打破しようとしている。大手の法人向け銀行など、伝統的な金融機関は、厳しい選択を迫られている。差別化のできないコモディティ化の道は、何としても避けたいはずだ。有力なデータ仲介業者に転向する道のほうがまだ経営が上向く可能性はあるが、その分、はるかに厳しい道のりとなる。データが豊富な状況を得意とする銀行はあまり多くないからだ。まず内部の仕組みから変える必要があり、これだけで一仕事である。シリコンバレーを拠点とするベンチャーキャピタルの草分け的存在の故ユージン・クライナーはいみじくも「額縁の中にいるうちは絵を見ることは難しい」という言葉を残している。[*7]

世界の金融の中心地に陣取ってきた銀行。そんな貨幣の象徴とも言える大理石の殿堂をもう少し詳しく見てみよう。権力と富を誇る銀行はこれまでその一挙手一投足が注目を浴びてきたが、2020年代末にはその多くが消え去る。貨幣がなくなるからではない。詳細がわからず、豊かな情報もないサービスを提供するような、洗練さのかけらもない象徴は不要になるからだ。

新たな金融仲介会社は徹底的に効率重視の道に進むか、豊富なデータを使いこなすか、あるいはその両方を兼ね備えてもいい。一方、昔ながらの金融資本主義の遺物は消滅し、それに代わって、新たなデータ資本主義から生まれた新顔がデータリッチ市場を原動力に台頭する。

シリコンバレーのエンジェル投資家も欧州の銀行も起業家に資金を出すのは同じだが、決定的に違うのは、起業家にとって価値ある豊富な情報を持っているかどうかだ。エンジェル投資家にはそれがある。

近代的なベンチャーキャピタルの第一号と言われるのがジョルジュ・ドリオ率いるアメリカン・リサーチ・アンド・デベロップメントだ。同社が世に出現して以来、ベンチャーキャピタルは「キャピタリスト」(資本提供者)と呼ばれてきたのだが、どうも実態とかけ離れているように感じる。優秀なエンジェル投資家やベンチャーキャピタルは、小切手をどっさりと渡して終わりではない。そろそろ名称を「ベンチャー・インフォーマー」（ベンチャー向け情報提供者）などに改め、「キャピタリスト」の部分は外してもいいように思う。

いっそのこと、もっと踏み込んではどうか。企業による成長・支配の促進役としての金融資本の役割が終焉を迎え、そろそろその歴史の幕を閉じ、「資本主義」という言葉自体、公式に削除してもいいころかもしれない。資本主義は過去数世紀にわたって十分に力を発揮し、市場経済を先導してきた。だが、経済を動かす原動力としては、金融資本に代わる新たな主役を用意すべきいい機会だ。資本や企業ではなく、人間に力を与え、人間同士がこれまで以上に効果的に協力できるようなデータリッチ市場は大いに可能性がある。

データリッチ市場が我々の抱える問題をすべて解決してくれるわけではないし、構造的な弱点を抱えていることも確かである。それだけに、データ主体の市場の成否は、どう設計するかにかかっている。そして市場を運用するルールも重要だ。

問われる選択――独占の餌食にならぬために

データリッチ市場の設計に当たって最も重要なポイントは、集中化の餌食にさせないことである。それは参加者の面（売り手独占や買い手独占の状況）だけでなく、意思決定プロセスの面でも当てはまる。取引の意思決定支援に使う適応型機械学習システムの大部分あるいはすべてに同じ欠陥があった場合、市場全体が脆弱になるからだ。だからこそ、意思決定支援システムに十分な多様性が不可欠なのである。

こうした多様性を確保するために本書が提案する累進型データ共有命令という施策は、適応型システムの集中化を阻止するだけでなく、異なるデータセットを共有することにより、すべての競合企業がまったく同一のデータだけでシステムを構築することのないようにする狙いもある。ポイントは、絶えず健全な競争につながる多様性を育むことにある。

データ主体の市場が社会にもたらす影響という意味では、テクノユートピア主義者の勝ち誇ったような楽観主義には嫌悪感を抱くが、かといって終末を語る預言者のように陰鬱な雰囲気になるのもいただけない。未来を予測するふりをするくらいなら、我々自身が未来に適応できる準備に取りかかるべきだ。そしてプラスになる動きを刺激しつつ、不幸にも悪い結果が生じたときにはいつでも影響を緩和できるような手段や仕組みを用意しておくのである。

そのためには、既存の政策手段に目新しい要素を追加する必要も出てくる。例えば、データ納税とか、人間の労働者を雇用した場合の税控除などだ。また、仕事と賃金を切り離して考える新たな視点も必要になる。

貨幣と価格が普及したころは、賃金と金銭的な給付の観点から労働を捉えるのが適切だった。だが、市場のデータリッチ化が進む中、人間の労働のメリットを考える際、給与の数字だけに目を奪われてはいけない。仕事は、単なる賃金を得るための労働とは異なり、多くの人々にとっては自分らしさ、連帯感、帰属意識をもたらす。そうであるなら、仕事の現場で機械が幅をきかせるようになったとしても、人々がよき仕事に出会い、継続できるよう手助けすることは、これからも社会の重要な役割である。

市場の役割は効率化であるが、データが豊富になるにつれてマッチングの精度が高まり、やがて大幅な効率化（と持続可能性の向上）につながる。これに対して、人間がなすべきことは効率第一ではなく、真に人間らしさを追求することである。つまり、新しいことを考える際に独創性や冒険心を発揮することもそうだし、互いに当事者意識を持って真剣に関わり合い、意義のある社会的な絆を育んでいくこともそうだ。

今後、機械がますます普及していく中で、人間にできることとして何が残るのだろうか。人間は、データ時代の恐竜になってしまうのか。野生動物保護区のごとく、人間が特別保護区に閉じ込められ、人間より上位に立つ機械たちの見世物にされてしまうのだろうか。豊富なデータが流通する時代であっても、人間はその意思があれば依然としてリードしていく立場にあることは変わらない。豊富なデータのおかげで、我々は自分自身で判断したいことを選べるようになる。それ以外は、我々の好みを熟知している適応型のシステムに任せ、市場で最適なマッチングを選んでもらえばいい。

定型的な作業での判断に我々の頭脳を使わずに済めば、本当に重要なことに判断力を集中できる。最終的には、我々が思い悩んでいるような判断の一部も適応型システムに委ねられるようになるはずだ。例えば、人間ならではの偏見のせいで解決が難しそうな問題はシステムに任せてもいい。あるいは、十分な知識がなく、自分で調べる時間もないために答えが出せない問題もそうだ。意思決定支援システムに、どの程度の〝誤り補正〟が必要か指示することも可能になる。単純な二者択一にはならない。むしろ、システムに支援してもらうレベルを調節できるはずだ。機械に選択してもらう前提として、そのレベルや補正度合いについて人間が選択しておくのである。いわば選択のための選択だ。

専門家は、ビッグデータと人工知能が人間の意思を危険にさらしかねないと警告している。何を購入し、誰を相手に売買条件を調整するのかもシステム任せになるからだ。機械に判断を委ねるほど、社会的な領域を自分で形作っていく大切な自由を手放すことになる懸念がある。*8 だが、データリッチ市場は、選択の自由を奪うよりも、むしろ第4章で見てきたように、我々の力が高まり、人間らしくあることに時間とエネルギーを注ぐ機会になる。

どの判断を機械に任せ、どの判断を自分で実行するのか、自ら選択するとすれば、今度はどう選択するかが問題になる。いろいろな判断がある中で、自分で判断すべきもの、機械に委ねるべきものを分けなければならないからだ。

子どもをどの学校に入れるべきか、急病時に救急車にどの病院へ搬送してもらうべきか。そんな質問にデータ主体の適応型システムが優れた答えを出してくれるとしたら、こういう判断は機械に任せたほうがいいのか、それとも人間が責任を負う専権事項として死守すべきなのか。

そもそも、意思決定で我々は何をめざしているのだろうか。正しい答えが欲しいのか、それとも判断後の幸福感が大事なのか（たとえ機械が判断しようが、その結果を受け入れるのは、結局、機械ではなく我々人間である）。これまでのところ、そのような選択を迫られることはめったにないが、将来は日常的にこうした選択を突きつけられる。こういった選択のセンスを磨くことが、これからの人間に求められる大切な力になる。

「自分で選ぶか、機械に選ばせるか」を選ぶ機能があるとすれば、それは基本的に人間に権限が与えられる。この世の運命に少しでも自分が関わるチャンスを失わず、これからの進化の場にいつまでも自分の席を確保しておくことになる。だが、これは今までになかった課題であり、責任を伴うものでもある。選択とは、ほかの要素と比較してひとつを取り出す行為であり、すべて手に入れることは諦めなければならない。データリッチ市場は、選択に当たって驚異的な力を発揮し、我々の選択行為を助けてくれる。ただ、最終的にゴーサインを出すかどうかまでは面倒を見てくれない。

安全とか簡素化とか一貫性といった大義名分の下、あるいは単に利益最大化という昔ながらの目的で、個人の選択の自由を放棄することの代償はあまりに大きい。経済的な非効率性では済まないほどの損失になる。そうなれば、自由な社会の核となる理念が蝕まれ、やがて断念せざるを得なくなる。だからこそ、個人による選択の危険性をことさら煽り、権力集中化の大切さを説く意見には警戒を怠ってはならない。そして隙あらば支配力を強めようとしている政府の衝動的な動きには対抗する必要があるのと同じで、データ主体のフィードバック効果についても、決して油断してはならないのである。

データリッチ市場と個人の選択にはまだほかにも敵がいる。それは、人間が近いうちに資源不足を克服するというビジョンである。また、機械には、低コストもしくは事実上コストなしに複雑な作業を成し遂げる一見無限の能力があり、この力で資源を永遠にリサイクルし、真のユートピアが訪れるという考え方である。そのユートピアでは人間は日常の雑事から解放され、暮らしを楽しみ、人生をとことん謳歌する手段を手にするという。欠乏の終焉は以前から予測されていた。[*9] 特に盛り上がったのは1970年代で、その中心にいたのが保守派のエコノミスト、ジュリアン・サイモンだった。

現在、再びそのような声が高まっている。MITビジネススクール教授で、AIが人間の労働に及ぼす影響を語った共著が話題のエリック・ブリニョルフソンも好意的な見方を示している。彼は「豊かさが高まる世の中、場合によってはますます贅沢になる世の中は、実現可能であり、もっと言えば、実現の見込みがある」[*10]と語っている。

こうした見解を持つ楽観派は、誰もが仕事量を抑えて好きなことが楽しめる世界という意味で、「十分に自動化された贅沢な共産主義」という言葉を使う（まるでブレジネフがグッチのローファーでも履いている姿を想像してしまうが……）。この表現の考案者と言われているのが、作家のアーロン・バスタニだ。「すべての人がカルティエをまとい、大衆がモンブランを持ち、万人がクロエを携える」時代が来るという。[*11] もう少し物質主義色を薄めた言い方をしているのが、英有力紙『ガーディアン』で、「人間は、サイバネティクスという名の牧草地の手入れを、ありがたき機械に任せるようになる」と評した。[*12]

このような世界では、選択する必要さえなくなり、ケーキが出されたら食べればいい。そして市場は、まるで懐かしの「8トラ」か、レストランの灰皿のように時代遅れになるという。

こうした豊かさの主張は、根本的に誤った考えが根底にある。どうやら物理的資源にばかり目を奪われているようで、市場が希少な物品を分配する手段であるだけでなく、人間同士が効率的、効果的に調整を図る手段であることに考えが及んでいない。人間同士が調整を図っていると、時間がいくらあっても足りない。永遠の命がない以上、限られた時間の中で互いに調整を図るには市場が不可欠なのだ。存在しえない永遠の世界を待ち続けるのではなく、実際に我々が身を置く現実の世界を受け入れる必要がある。我々は、世界中が深刻な経済問題を抱えている事実に異を唱えているわけではない。それどころか喫緊の課題であると考えている。

だが、問題の根本原因は市場ではない。むしろ問題を克服する最も有望な手段こそ市場だと言える。タイミングよく互いの調整を図り、独力ではなし得ないゴールに到達する力が重要なのだ。

市場がしっかりと定着していることは確かである。我々人間の未来を作り出すのは、集権的な力でもなければ、消費と富でもない。人間同士が交流することで、決して我々の力では取り戻すことのできない「時間」というかけがえのない資源を最も意義ある形で費やすことができる。

だが、包括的で持続可能な選択の自由を享受するためには、貨幣からデータへの移行、そして第4章で取り上げた技術進歩だけでは足りない。

人間同士が調整を図る分権型の社会的仕組みとしての市場が必要だ。分権型市場がなくなれば、データによって人々にもたらされる力も消え失せる。だからこそ、貨幣からデータへのシフトは、AIの台頭でもビッグデータの出現でもなく、市場の再興と呼ぶべきなのである。市場なしには、データも技術も人類を守ることも人々の協調的な活動を支援することもできない。まして人類の進歩を後押しすることなど望むべくもない。だから本書では、市場が主役なのだ。データ（と技術）は市場再興を支える脇役にすぎない。

豊富で包括的なデータが利用可能になり、このデータを基に意思決定を下せるようになったことで市場再興の道が開かれた。過去何世紀もの間、従来の市場は、濃縮と簡略化を突き詰めた情報によって支配されてきたが、市場再興をきっかけに我々はそのような情報では物足りなくなった。現実の細かい枝葉を削ぎ落とせばすっきりするという発想は、過去の遺物となった。知識が少なく、情報が豊かでないときには、そういう発想でも役に立った。結局、十分に理解できず、知性も発揮できず、正確で詳細な見方をする手段もない場合に有益な戦略だったのだ。

地球が平らだと決めつけるのはまさに単純化の典型である。実際、その見方で何世紀もの間、不都合なくやってこられた。我々の進歩があってようやくこの単純化に終止符を打ち、世界は平らな平原ではなく球体であるという、もう少し複雑な考え方を採用するに至る。その複雑さが人間を進歩させる一助となった。貨幣中心市場からデータ中心市場への移行でも我々は同じプロセスを踏むことになる。

実は、このシフトの背景には、何百年も前に始まったもっと広範で大きな地殻変動がある。だからフランシス・ベーコンは経験的実証の必要性を強調し、ルネ・デカルトは理性を求めたのである。イマヌエル・カントは理性が道徳につながると提唱し、アダム・スミスは市場の調節機能を検証した。ハンナ・アーレントは権力の本質を探り、ジョン・ロールズは正義について吟味した。

このように一連の大きな流れは、学問の道に人々を駆り立て、我々が暮らす世界を読み解くヒントをもたらしてきた。その結果、我々が思っていたよりも世界は豊かな情報に満ち、色彩豊かで、多様性にあふれ、繊細で刺激に満ちていることがわかってきた。この知の旅は終わっていない。これからも続くのだ。

人間の認知力の限界に合わせて現実の枝葉を削ぎ落としてやさしく書き換えてはならない。その大切さをすべての人々が噛みしめるべきだ。世の中の動きを説明しようと努力せずに、とにかくわかりやすいからとか、それが常識だからといった理由で単純化にこだわり続ければ、想像力を狭め、世界に対する我々の知は、わかりきったことだけになってしまう。ほかに方法がない時代はそれでもよかったが、データ時代に入り、もはや古いやり方に固執する理由はなくなったのである。

人類の未来は、我々が望みさえすれば、知識と洞察で作り出していける。これまで当たり前だと思ってきた数々の単純化から脱却し、本当に多様な世界の現実を正面から受け止めるときが来た。そのためにはデータだけでは足りない。

窓を開け放ち、新たな洞察を迎え入れるには、まず心を開く必要がある。[*13] 世の中には、ディストピア（暗黒の世界）的な予想、つまりデータ時代は冷酷であり、人間対技術という戦いの構図だとする見方があるのだが、こうした予想とは裏腹に、豊かなデータを通じて我々の未来ははるかに人と人の結びつきが進み、人間らしさが深まっていくだろう。

謝辞

「私が知っていることはいちいち言わないでいい」

元・米国大統領科学技術顧問でIBMの元チーフ・サイエンティストであったルイス・ブランスコムから20年前にこう忠告された。この至極もっともな一言が本書を書くきっかけとなった。もちろん、本書に登場する一部の要素については、多くの読者がご存知のこともあるだろう。だが、ほとんどの読者にとって、本書の全体的な切り口は、あまり目にしたことがないはずで、市場と貨幣、企業と金融、デジタル化とデータといった概念をこれまでとは異なる新たな視点で捉えるヒントになるのではないかと自負している。

筆者が提示するテーマは、平易でもなければ単純でもない。じっくり考える必要があるテーマだ。少なくとも、経済や社会の仕組みに関するこれまでの常識や長らく抱いてきた確信は少々脇に置き、新しい見方を受け入れる柔軟性を持っていただかなければならない。

筆者が描いているストーリーのさまざまな面について、この2年間、世界中の専門家や同業者と数え切れないほどの議論を交わしてきた。こうした議論を通じて得られたアイデアは、本書の随所でさまざまな見せ場をつくり出している。どなたも多忙な合間を縫って筆者に貴重な知見を披露してくださった。

実は、我々に知見を惜しみなく提供してくださりながら、協力者としての名前の公表は控えてほしいと言われた方も少なくない。そこで、お名前を公表して感謝の意を表することについて、お許しをいただけた方々のみ、ここで紹介させていただきたい。

アルフレッド・ウェンガー（ベンチャーキャピタリスト）、ドン・タプスコット、アレックス・タプスコット（以上ブロックチェーン専門家）、マクシミリアン・エバー（データ・アナリスト）、ヤン・パドバ（プライバシー規制担当者）、クリスチャン・ティーマン（保険関係者）、シムチャ・バーカイ（エコノミスト）、ジェイソン・レス、ドンギュー・キム（以上プロのポーカープレイヤー）、マディ・ソロモン（オントロジーの権威）、フロリアン・バウアー（価格設定専門家）、マンフレッド・ブロイ、ヨハネス・バックマン（以上コンピュータ・サイエンティスト）、アウグスト・ヴィルヘルム・シェアー（起業家）、トーマス・サテルベルガー（人事問題の先見的研究者）、マティアス・アレリド、アンダース・イバルソン（以上スポティファイ）、フランシス・デ・ベリコート（意思決定専門家）、エリック・ニューワース、マックス・フォン・レネーセ（以上数学者）、シュテファン・ラムラー（輸送設計専門家）、クリストフ・ヒュービック（哲学者）、ハインツ・マカット（博識家）、さらにジャーナリスト仲間のルートヴィッヒ・シーゲル、ウヴェ・ジャン・ハウザー、ウルフ・ロッター、クリストフ・コッホ。

さらに、本書の構想当初から趣旨に賛同し、一貫して応援してくれた出版エージェンシー、ガラモンド・エージェンシーのリサ・アダムズにも感謝したい。

また、明快さ、一貫性、コンセプトを大事にするよう絶えず助言してくれたベーシック・ブックスの担当編集者TJ・ケレハーにもお礼申し上げる。

企画から初期の草稿段階ではロビン・デニスに、初稿の原稿整理段階ではバーバラ・クラークに、最終稿の原稿整理ではミシェル・ウィンに、ファクトチェックではフィル・ケインにそれぞれお世話になった。

本書の執筆に当たって、それぞれ所属組織から支援をいただいた。筆者のひとり、ヴィクターは、オックスフォード大学の休暇年度を取得できたことに深く感謝する。

同じく筆者の1人、トーマスが数カ月に及ぶ執筆期間中、QuantCoでの業務を免除してもらえるよう取り計らってくれたカール・ニューマーとヨハン・ブラウスに感謝したい。

また『brand eins』誌の技術特派員として執筆するトーマスに強力なサポートと寛大な自由を与えてくれた同誌にもお礼申し上げる。

書籍の執筆というものは、常に当初の想定よりも多くの時間とエネルギーが必要になるものだが、本書の執筆でも、「もっと深く考えたらどうだろう」とか「もっと研究してみてはどうだろう」と、我々の限界を試される場面に幾たびとなく出くわした。それだけに執筆期間中、辛抱強く応援してくれた家族に、以前にも増して深い感謝の意を捧げたい。

訳者あとがき

本書には、いろいろな意味で常識を覆され、そして考えさせられる。

例えば「企業と市場」と言われれば、普通は市場で企業が活動をするという文脈を思い浮かべるものだが、本書では、「企業」と「市場」は、社会の問題を解決するイノベーションであり、永遠のライバルとして戦ってきた関係が描かれる。

人類の進化はいろいろな発明・発見に支えられてきたが、中でも最大の発明・発見は火でも蒸気機関でもなく、「調整」だと著者はいう。人間同士の調整という活動があったからこそ、我々はこれほどの発展を享受しているのだ、と。古代に大型動物をみんなで協力して捕まえて食料にするのも、国家の建設も、調整なくして成り立たない。人間の活動や物事を調整するのが人間の特徴といってもいいわけだ。

その調整活動の頂点に立つ仕組みが「企業」と「市場」だと著者はいう。そしてこの二つのコンセプトが龍虎の戦いのごとく、社会の調整役の座を巡り、激しい主導権争いを繰り返してきた。市場は、限られた資源を効率的に分配し、人々の交流の場にもなる素晴らしい仕組みだが、情報の流通や人間の認知力の限界のために、ここしばらくは本領を発揮できずにいた。一方、企業はメキメキと力を発揮して優勢な地位にあった。ところが、ネットワークを介してデータが大量に流通し、AIや意思決定支援システムのように、人間による判断処理を補完する技術が登場して、市場が本領を発揮できるようになってきたことから、市場が大逆転する可能性が高まってきたと著者は指摘する。

その陰で、これまで情報媒体としての役割を担ってきた価格が力を失い、「ポスト価格」の時代に突入するという。情報伝達手段としての価格はあくまで次善策に過ぎない。価格を見て、あれこれ想像で背後にある意味を推測するよりも、必要な情報を丸ごと受け取って、多様な尺度に照らして選んだほうが確実だからだ。

にもかかわらず、我々は大量の情報や尺度に頭を悩ますことが面倒で、単純な数字（価格）だけのほうが楽だから、価格や偏差値を頼りに「これが自分に一番合っている」と妄想で選んできた。そういう時代が終わると著者はいう。真の〝相思相愛〟を追求する時代が来たといえよう。

そうした新しい時代は、期待も膨らむと同時に、油断すると一部の企業による独占や操作、独裁者によるAIの乗っ取りや悪用など、取り返しのつかない問題もはらんでいる。とりわけ「フィードバック効果」がもたらす問題は、今も規制の目は行き届いていない。このフィードバック効果がGAFA（Google、Apple、Facebook、Amazon）のような「スーパースター企業」に独占の燃料を〝自動的に〟与え、他社が追いつけないような溝をすでに生み出しつつある。

しかし、この新たな独占はデータ時代の宿命ではないというのが本書の主張である。なぜならデータリッチ化は何より市場の再興なのだから、人々がこの本質を見極め、ルールづくりや適切な制度設計を行えば、多様な生を追求する新たな未来が待っているはずだからだ。「累進型データ共有命令」や「データ納税」といった提案は、そのための規制やルールの一例である。

著者の一人、ビクター・マイヤー＝ショーンベルガーは、オックスフォード・インターネット研究所の「インターネットの規制」部門の教授である。デジタル時代の経済における情報が研究テーマで、この分野でのビッグデータの第一人者である。「忘れられる権利」の提唱者の一人でもあり、ユニークな視点でデジタル時代を捉える目には定評がある。本書でも、「企業」VS「市場」、情報媒体としての価格・貨幣の没落、人類の最大の発明品は「調整」など、いずれも斬新な視点が次々に登場する。その中で空気のように当たり前だった「資本主義」はどこへ行くのか、著者の提示する見方は刺激的だ。

２０１２年に著者が著した『*The Human Big Data:A Revolution That Transformas How We Work, Live and Think*』（ケネス・クキエとの共著、拙訳『ビッグデータの正体――情報の産業革命が世界のすべてを変える』２０１３年）はビッグデータ時代の本質をえぐり、世界的な話題を呼んだ。同書も単なるトレンド紹介にとどまらず、良い面、悪い面を徹底的に検証し、かなり踏み込んだ解決策を提示している。『ビッグデータ』には「データリッチ市場」という言葉は出てこないが、そこで描かれた状況は、まさに本書の前提となるデータリッチな環境にほかならないため、本書の前編代わりに読んでいただくと、より理解度が深まると思う。

本書の後半には、「雇用のアンバンドリング」に関する解説がある。これまで仕事は給与も給付もあらゆるものがすべてパックになった一式として捉えられていたが、データリッチ市場の中で、自分の好みにもっとマッチした仕事が選びやすくなるという話だ。なぜならデータリッチ市場になることで、仕事探しにせよ、パートナー選びにせよ、投資先探しにせよ、新しい服の買い物にせよ、買い手と売り手、あるいは、利用者と商品の〝相思相愛〟の関係が見つけやすくなるからだ。

訳者は、組織に属さないフリーランサーゆえ、特に興味深くこの章を読んだ。大の旅好きだが有給休暇がないので、まとまった休みを取ると収入が減るという悲しい現実がある。「ならば最初から世界のどこかに滞在しながら仕事をすればいいのでは」と思いつき、今は気に入った街に滞在し、気分次第で移動して仕事をする〝旅する翻訳家〟になってしまった。巷ではノマドワーカーなどと呼ばれる形態だ。

本書にはベトナムのオートバイ市場に言及する部分があるが、ちょうどそのときはベトナムにこもっていたので、街の中にあふれるオートバイ洪水を毎日眺め、ついでに自分でオートバイを実際に借りて乗り心地や品質を確かめることができた。そんなこともあって、現地の市場シェアに関する本書の記述が最新状況と若干合わない部分を見つけて著者に相談したところ、日本語版では最新事情に合わせて加筆修正してもらうこともできた。したがって、わずかではあるが、この部分は英語版原書と数行違うことをお伝えしておく。

さて本書が指摘するようにデータリッチな市場が本格化すれば、そんな社会の端っこにぶら下がって、明らかに〝標準〟から外れた働き方で生きている訳者でも、これまで以上に〝相思相愛〟の仕事にタイミングよく出会えるようになるのではないかと密かに期待している。そしてその〝標準〟という発想そのものに別れを告げよと言っているのが、本書である。

斎藤栄一郎

2019年2月

13) Avi Loeb, "Good Data Are Not Enough," *Nature*, November 2, 2016, http://www.nature.com/news/good-data-are-not-enough-1.20906.

ンクタンクのほか、ビル・ゲイツ（Tim Worstall, "Bill Gates Points to the Best Tax System, the Progressive Consumption Tax," *Forbes,* March 18, 2014, https://www.forbes.com/sites/timworstall/2014/03/18/billgates-points-to-the-best-tax-system-the-progressive-consumption-tax）などハイテク系の著名人も名を連ねる。

42）これを訴えているのは筆者らだけではない。例えば、World Economic Forum, *The Future of Jobs Report*（January 2016), 24 and 29, http://www3.weforum.org/docs/WEF_Future_of_Jobs.pdf 参照。

43）Peter Thiel, "Competition Is for Losers," *Wall Street Journal*, September 12, 2014, https://www.wsj.com/articles/peter-thiel-competition-is-for-losers-1410535536.

44）また、Van Parijs and Vanderborght, *Basic Income*, 165–169 も参照。

第10章

1）Ryan Mac, "Stitch Fix: The $250 Million Startup Playing Fashionista Moneyball," *Forbes*, June 1, 2016, www.forbes.com/sites/ryanmac/2016/06/01/fashionista-moneyball-stitch-fix-katrina-lake/#54e798e859a2.

2）同上書。

3）"Fifty Companies That May Be the Next Start-Up Unicorns," *New York Times*, August 23, 2015, https://bits.blogs.nytimes.com/2015/08/23/here-are-the-companies-that-may-be-the-next-50-start-up-unicorns/?_r=0.

4）http://algorithms-tour.stitchfix.com.

5）個人的な恩義と同じように、取引相手も好意的なフィードバックを受け取れば、それに報いたいと考えることがわかっている。例えば、Gary Bolton, Ben Greiner, and Alex Ockenfels, "Engineering Trust—Reciprocity in the Production of Reputation Information," *Management Science* 59, no. 2（2013), 265–285 参照。

6）Robert Matthams, "Despite High Fuel Prices, Many Trucks Run Empty,"*Christian Science Monitor*, February 25, 2012, http://www.csmonitor.com/Business/2012/0225/Despite-high-fuel-prices-many-trucks-run-empty.

7）"Eugene Kleiner," Kleiner, Perkins, Caufield, and Byers, http://www.kpcb.com/partner/eugene-kleiner.

8）例えば、Nick Bostrom, *Superintelligence: Paths, Dangers, Strategies*（Oxford: Oxford University Press, 2014）参照。

9）同上書。

10）同上書。

11）Aaron Bastani,"Britain Doesn't Need More Austerity, It Needs Luxury Communism," *Vice*, June 12, 2015, https://www.vice.com/en_au/article/luxury-communism-933.

12）Brian Merchant, "Fully Automated Luxury Communism," *Guardian*, March 18, 2015, https://www.theguardian.com/sustainable-business/2015/mar/18/fully-automated-luxury-communism-robots-employment.

Unaffordable," *Economist*, May 23, 2015, http://www.economist.com/news/finance-and-economics/21651897-replacing-welfare-payments-basic-income-all-alluring を参照。

30) Matthew Rognlie, "Deciphering the Fall and Rise in the Net Capital Share: Accumulation or Scarcity?" *Brookings Papers on Economic Activity* (Spring 2015), https://www.brookings.edu/wpcontent/uploads/2016/07/2015a_rognlie.pdf.

31) Simcha Barkai, "Declining Labor and Capital Shares," http://home.uchicago.edu/~barkai/doc/BarkaiDecliningLaborCapital.pdf.

32) Loukas Karabarbounis and Brent Neiman, "The Global Decline of the Labor Share," National Bureau of Economic Research Working Paper 19136 (June 2013), http://ww.nber.org/papers/w19136.pdf.

33) Robert Z. Lawrence, "Recent Declines in Labor's Share in US Income: A Preliminary Neoclassical Account," National Bureau of Economic Research Working Paper 21296 (June 2015), http://www.nber.org/papers/w21296.

34) Ryan A. Decker et al., "Declining Dynamism, Allocative Efficiency, and the Productivity Slowdown," Finance and Economics Discussion Series 2017-019 (Washington, DC: Board of Governors of the Federal Reserve System, 2017), https://doi.org/10.17016/FEDS.2017.019.

35) David Autor et al., "The Fall of Labor Share and the Rise of Superstar Firms," National Bureau of Economic Research Working Paper 23396 (May 2017), http://www.nber.org/papers/w23396; David Autor et al., "Concentrating on the Fall of the Labor Share," National Bureau of Economic Research Working Paper 23108 (January 2017), http:// www.nber.org/papers/w23108.

36) これは製造業のスーパースター企業にも当てはまる。Kehrig and Vincent, "Growing Productivity Without Growing Wages."

37) Dan Strumpf, "The Only Six Stocks That Matter," *Wall Street Journal*, July 26, 2015, https://www.wsj.com/articles/the-only-six-stocks-that-matter-1437942926.

38) 例外があるとすれば、労働者からの直接的な募金で資金を自己調達している社会福祉プログラムである。こうしたケースでは、政策担当者が法人税の税収を社会福祉の財源とする考えを拒否すれば、労働分配率の低下による穴を埋める財源案としては、ロボット税が考えられる。

39) Fabie Candau and Jacques Le Cacheux, "Corporate Income Tax as a Genuine Own Resource," March 23, 2017, https://ssrn.com/abstract=2939938.

40) 例えば、Alan D. Viard and Robert Carroll, *Progressive Consumption Taxation: The X-Tax Revisited* (Washington, DC: American Enterprise Institute Press, 2012) を参照。ただし、この考えはかなり古い。例えば、William D. Andrews, "A Consumption-Type or Cash Flow Personal Income Tax," 87 *Harvard Law Review* 1113 (1974) 参照

41) 民主党のベン・カーディン上院議員 (https://www.cardin.senate.gov/pct) ら政治家に加え、保守系シンクタンクのアメリカン・エンタープライズ研究所 (AEI) などシ

and Development: Impacts of Global Digital Labour Platforms and the Gig Economy on Worker Livelihoods," *Transfer: European Review of Labour and Research*, March 16, 2017, http://journals.sagepub.com/eprint/3FMTvCNPJ4SkhW9tgpWP/full も参照。

15) Thomas Piketty, *Capital in the Twenty-First Century* (Cambridge, MA: Belknap Press, 2014).

16) Ryan Abbott and Bret N. Bogenschneider, "Should Robots Pay Taxes? Tax Policy in the Age of Automation," forthcoming in *Harvard Law and Policy Review* (March 13, 2017), https://ssrn.com/abstract=2932483 参照。

17) Kevin J. Delaney, "The Robot That Takes Your Job Should Pay Taxes, Says Bill Gates," *Quartz*, February 17, 2017, https://qz.com/911968/bill-gates-the-robot-that-takes-your-job-should-pay-taxes.

18) Georgina Prodhan, "European Parliament Calls for Robot Law, Rejects Robot Tax," Reuters, February 16, 2017, http://www.reuters.com/article/us-europe-robots-lawmaking-idUSKBN15V2KM.

19) ユニバーサル・ベーシック・インカムに関する秀逸な論文としては、Philippe van Parijs and Yannick Vanderborght, *Basic Income: A Radical Proposal for a Free Society and a Sane Economy* (Cambridge: Harvard University Press, 2017).

20) Thomas Paine, *Agrarian Justice* (1797), https://www.ssa.gov/history/tpaine3.html.

21) Milton Friedman, *Capitalism and Freedom* (Chicago: University of Chicago Press, 1962).

22) Van Parijs and Vanderborght, *Basic Income*, 90–93.

23) Peter Passell and Leonard Ross. "Daniel Moynihan and President-Elect Nixon: How Charity Didn't Begin at Home," *New York Times*, January 14, 1973, http://www.nytimes.com/books/98/10/04/specials/moynihan-income.html.

24) Nathan Schneider, "Why the Tech Elite Is Getting Behind Universal Basic Income," *Vice*, January 6, 2015, https://www.vice.com/en_au/article/something-for-everyone-0000546-v22n1.

25) Jon Henley, "Finland Trials Basic Income for Unemployed," *Guardian*, January 3, 2017, https://www.theguardian.com/world/2017/jan/03/finland-trials-basic-income-for-unemployed.

26) 同上書

27) Van Parijs and Vanderborght, *Basic Income*, 141–143; また、Zi-Ann Lum,"A Canadian City Once Eliminated Poverty and Nearly Everyone Forgot About It," *Huffington Post Canada*, December 23, 2014, http://www.huffingtonpost.ca/2014/12/23/mincome-in-dauphin-manitoba_n_6335682.html も参照。

28) ミルトン・フリードマンの負の所得税（Friedman, *Capitalism and Freedom*）などの提案とは対照的である。

29) UBIの財源となる額の算定方法と、必要な所得税率については、"Basically

makes-first-delivery-50000-beers.

2) Eric Newcomer and Alex Webb, "Uber Self-Driving Truck Packed with Budweiser Makes First Delivery in Colorado," *Bloomberg*, October 25, 2016, https://www.bloomberg.com/news/articles/2016-10-25/uber-self-driving-truck-packed-with-budweiser-makes-first-delivery-in-colorado.

3) "Heavy and Tractor-Trailer Truck Drivers," Bureau of Labor Statistics, *Occupational Outlook Handbook*, https://www.bls.gov/ooh/transportation-and-material-moving/heavy-and-tractor-trailer-truck-drivers.htm.

4) Michael Chui, James Manyika, and Mehdi Miremadi, "Where Machines Could Replace Humans—and Where They Can't (Yet)," *McKinsey Quarterly* (July 2016), http://www.mckinsey.com/business-functions/digital-mckinsey/our-insights/where-machines-could-replace-humans-and-where-they-cant-yet.

5) 2017年の労働参加率は約63%で、2000年の67%超から減少している。しかも過去30年の実績と比べても下回っている。U.S. Bureau of Labor Statistics, Labor Force Participation Rates, data sets and graphs available at https://data.bls.gov

6) Erik Brynjolfsson and Andrew McAfee, *The Second Machine Age: Work, Progress, and Prosperity in a Time of Brilliant Technologies* (New York: W. W. Norton, 2016); Carl Benedikt Frey and Michael A. Osborne, *The Future of Employment: How Susceptible Are Jobs to Computerisation?* (Oxford, UK: Oxford Martin School, September 17, 2013), http://www.oxfordmartin.ox.ac.uk/downloads/academic/The_Future_of_Employment.pdf.

7) Brynjolfsson and McAfee, *The Second Machine Age.*

8) Matthias Kehrig and Nicolas Vincent, "Growing Productivity Without Growing Wages: The Micro-Level Anatomy of the Aggregate Labor Share Decline," CESifo Working Paper Series No. 6454, May 3, 2017, https://ssrn.com/abstract=2977787.

9) International Labor Organization and Organisation for Economic Co-operation and Development, "The Labour Share in G20 Economies" (February 2015), 11, https://www.oecd.org/g20/topics/employment-and-social-policy/The-Labour-Share-in-G20-Economies.pdf; *OECD Employment Outlook 2012*, 115, http://www.oecd-ilibrary.org/employment/oecdemploymentoutlook-2012_em pl_outlook-2012-en.

10) Loukas Karabarbounis and Brent Neiman, "The Global Decline of the Labor Share," *Quarterly Journal of Economics* 129, no. 1 (January 2013), 61–103, n1.

11) 同上書, 1.

12) *OECD Employment Outlook* 2012, 118–119.

13) 同上書, 115–116.

14) Ian Hathaway and Mark Muro, "Tracking the Gig Economy: New Numbers," *Brookings Institution*, October 13, 2016, https://www.brookings.edu/research/tracking-the-gig-economy-new-numbers; the gig economy is not limited to advanced economies; 例えば、Mark Graham, Isis Hjorth, and Vili Lehdonvirta, "Digital Labour

18) Jens Prüfer and Christoph Schottmüller, "Competing with Big Data," February 16, 2017, TILEC Discussion Paper 2017-006, available at http://dx.doi.org/10.2139/ssrn.2918726; this extends an idea originally suggested in Cédric Argenton and Jens Prüfer, "Search Engine Competition with Network Externalities," *Journal of Competition Law and Economics* 8 (2012), 73–105, https://pure.uvt.nl/portal/files/1373523/search_engines.pdf.
19) 遺伝子的に多様性を欠いた作物や果実にも同様の問題が生じやすい。例として、従来のバナナ（品種名はキャベンディッシュ）が有害な真菌に弱く、脅威にさらされている。例えば、"A Future with No Bananas?" *New Scientist*, May 13, 2006, https://www.newscientist.com/article/dn9152-a-future-with-no-bananas 参照。
20) この主張のメリットとデメリットに関する議論や批判的な分析については、Christian Laux and Christian Leuz, "Did Fair-Value Accounting Contribute to the Financial Crisis?" *Journal of Economic Perspectives* 24 (2010), 93–118 を参照。
21) 例えば、Fred H. Cate and Viktor Mayer-Schönberger, "Notice and Consent in a World of Big Data," *International Data Privacy Law* 3 (2013), 67–73; Kirsten E. Martin, "Transaction Costs, Privacy, and Trust: The Laudable Goals and Ultimate Failure of Notice and Choice to Respect Privacy Online," *First Monday* 18, no. 12-2 (2013), http://firstmonday.org/ojs/index.php/fm/article/view/4838/3802; Alessandro Mantelero, "The Future of Consumer Data Protection in the E.U. Rethinking the 'Notice and Consent' Paradigm in the New Era of Predictive Analytics," *Computer Law and Security Review* 30 (2014), 643; Joel R. Reidenberg et al., "Privacy Harms and the Effectiveness of the Notice and Choice Framework," I/S 11 (2015), 485–524, http://moritzlaw.osu.edu/students/groups/is/files/2016/02/10-Reidenberg-Russell-Callen-Qasir-and-Norton.pdf を参照。
22) サイバーシンの進化とその影響については、Eden Medina, *Cybernetics Revolutionaries: Technology and Politics in Allende's Chile* (Cambridge: MIT Press, 2011) に詳しい。また、Evgeny Morozov, "The Planning Machine," *New Yorker*, October 13, 2014, http://www.newyorker.com/magazine/2014/10/13/planning-machine. サイバーシンの開発はフィクションのプロットにも見られる。Sascha Reh, *Gegen die Zeit* (Frankfurt, Germany: Schöffling, 2015) も参照。
23) Anne Applebaum, *Red Famine: Stalin's War on Ukraine* (New York: Doubleday, 2017) 参照
24) 例えば、Richard H. Thaler and Cass R. Sunstein, *Nudge: Improving Decisions About Health, Wealth, and Happiness* (New Haven: Yale University Press, 2008) 参照。

第9章

1) Alex Davies, "Uber's Self-Driving Truck Makes Its First Delivery: 50,000 Beers," *Wired*, October 25, 2016, https://www.wired.com/2016/10/ubers-self-driving-truck-

6） "Marktanteile der Suchmaschinen weltweit nach mobiler und stationärer Nutzung im März 2017," https://de.statista.com/statistik/daten/studie/222849/umfrage/marktanteile-der-suchmaschinen-weltweit.

7） "Amazon Accounts for 43 Percent of US Online Retail Sales," *Business Insider*, February 2, 2017, http://www.businessinsider.de/amazon-accounts-for-43-of-us-online-retail-sales-2017-2?r=US&IR=T.

8） "Leading Countries Based on Number of Facebook Users as of April 2016（in Millions）," https://www.statista.com/statistics/268136/top-15-countries-based-on-number-of-facebook-users.

9） Andrew Allemann, "GoDaddy Marches Toward $1 Billion," *DomainNameWire*, August 17, 2010, http://domainnamewire.com/2010/08/17/go-daddy-marches-toward-1-billion.

10） W3Techs によれば、既知のコンテンツ管理システムを使っているウェブサイトの 60％近くが、また全ウェブサイトの 30％近くがワードプレスを使用している。https://w3techs.com/technologies/details/cm-wordpress/all/all. 2017 年初め、米国の動画ストリーミング市場でネットフリックスのシェアは約 75％に上った。Sara Perez, "Netflix Reaches 75 percent of US Streaming Service Viewers, but YouTube Is Catching Up," *TechCrunch*, April 20, 2017, https://techcrunch.com/2017/04/10/netflix-reaches-75-of-u-s-streaming-service-viewers-but-youtube-is-catching-up 参照

11） また、Claude S. Fischer, *America Calling: A Social History of the Telephone to 1940*（Berkeley and Los Angeles: University of California Press, 1994）も参照。

12） Carl Shapiro and Hal R. Varian, *Information Rules: A Strategic Guide to the Network Economy*（Boston: *Harvard Business Review* Press, 1999）, 173 et seq.

13） Ryan A. Decker, John Haltiwanger, Ron S. Jarmin, and Javier Miranda, "Declining Dynamism, Allocative Efficiency, and the Productivity Slowdown," Board of Governors of the Federal Reserve System, Finance and Economics Discussion Series 2017-019, https://doi.org/10.17016/FEDS.2017.019.

14） 例えば、Andrew I. Gavil and Harry Fist, *The Microsoft Antitrust Case*（Cambridge: MIT Press, 2014）参照。

15） 例えば、Benjamin Edelmann, "Does Google Leverage Market Power Through Tying and Bundling?" *Journal of Competition Law and Economics* 11, no. 2（2015）, 365–400, https://doi.org/10.1093/joclec/nhv016 参照。

16） Ariel Ezrachi and Maurice E. Stucke, *Virtual Competition: The Promise and Perils of the Algorithm-Driven Economy*（Cambridge: Harvard University Press, 2016）; また、Maurice Stucke and Allen Grunes, *Big Data and Competition Policy*（New York: Oxford University Press, 2016）も参照。

17） アルゴリズム透明化への批判的な見方については、Joshua A. Kroll et al., "Accountable Algorithms," *University of Pennsylvania Law Review* 165（2017）, 633–705, https://www.pennlawreview.com/print/165-U-Pa-L-Rev-633.pdf 参照。

the-fintech-report-2016-financial-industry-trends-and-investment-2016-12?r=US&IR=T; KPMG, "The Pulse of Fintech: Global Analysis of Fintech Venture Funding," November 13, 2016, https://assets.kpmg.com/content/dam/kpmg/xx/pdf/2016/11/the-pulse-of-fintech-q3-report.pdf.

18) Alessandro Hatami, "After the Fintech Bubble—the Winners and Losers," BankNXT, February 15, 2016, http://banknxt.com/55760/fintech-bubble-winners-and-losers.

19) https://www.sofi.com.

20) Jon Russell, "Baidu Invests in ZestFinance to Develop Search-Powered Credit Scoring for China," *TechCrunch*, July 17, 2016, https://techcrunch.com/2016/07/17/baidu-invests-in-zestfinance -to develop-search-powered-credit-scoring-for-china.

21) "In Fintech China Shows the Way," *Economist*, February 25, 2017.

22) ここで挙げた投資銀行の歴史については、Alan D. Morrison and William J. Wilhelm, Jr. *Investment Banking: Institutions, Politics, and Law* (Oxford: Oxford University Press, 2007) の認識に基づく。その論文版は Alan Morrison and William Wilhelm, "Investment Banking: Past, Present, and Future," *Journal of Applied Corporate Finance* 19 (2007), 8–20.

23) Albert Wenger, *World After Capital*, https://worldaftercapital.gitbooks.io/worldaftercapital/content/part-two/Capital.html.

第8章

1) 事故調査の公式報告は、BEA, *Final Report—On the Accident on 1st June 2009 to the Airbus A330-203 Registered F-GZCP Operated by Air France Flight AF 447 Rio de Janeiro–Paris*, July 2012, https://www.bea.aero/docspa/2009/f-cp090601.en/pdf/f-cp090601.en.pdf 参照。また、William Langewiesche, "The Human Factor," *Vanity Fair*, September 17, 2014, http://www.vanityfair.com/news/business/2014/10/air-france-flight-447-crash; Tim Harford,"Crash: How Computers Are Setting Us Up for Disaster," *Guardian*, October 11, 2016, https://www.theguardian.com/technology/2016/oct/11/crash-how-computers-are-setting-us-up-disaster も参照。

2) George Dyson, *Turing's Cathedral: The Origins of the Digital Universe* (New York: Pantheon Books, 2012), 109–114 参照。

3) ノーバート・ウィーナーの研究の葛藤については、Flo Conway and Jim Siegelman, *Dark Hero of the Information Age—In Search of Norbert Wiener, the Father of Cybernetics* (New York: Basic Books, 2005).

4) Norbert Wiener, *The Human Use of Human Beings* (Boston: Da Capo Press, 1988), 247–250.

5) Ray Fisman and Tim Sullivan, *The Inner Lives of Markets: How People Shape Them—and They Shape Us* (New York: PublicAffairs, 2016).

5） Federal Reserve Bank of Saint Louis, “Bank's Net Interest Margin for Euro Area,” updated August 17, 2016, https://fred.stlouisfed.org/series/DDEI01EZA156NWDB.
6） Andreas Dombret, Yalin Gündüz, and Jörg Rocholl, “Will German Banks Earn Their Cost of Capital?” (2017), Bundesbank Discussion Paper No. 01/2017, https://ssrn.com/abstract=2910286.
7） U.S. Bureau of Labor Statistics, All Employees: Financial Activities: Commercial Banking (CEU5552211001), retrieved from FRED, Federal Reserve Bank of St. Louis; https://fred.stlouisfed.org/series/CEU5552211001, April 2, 2017.
8） Valentina Romei, “Why Europe's Banks Will Never Be the Same Again,” *Financial Times*, August 8, 2016, http://blogs.ft.com/ftdata/2016/08/08/why-europes-banks-will-never-be-the-same-again.
9） Oliver Suess and JanHenrik Foerster, “Commerzbank Plans Job Cuts in Biggest Overhaul Since Bailout,” *Bloomberg* LP, September 29, 2016, http://www.bloomberg.com/news/articles/2016-09-29/commerzbank-shares-climb-on-report-of-10-000-job-cuts-pending.
10） Matthew Allen, “One in Ten Swiss Private Banks Disappeared in 2015,” *SwissInfo*, August 25, 2016, http://www.swissinfo.ch/eng/split-fortunes_one-in-10-swiss-private-banks-disappeared-in-2015/42398770.
11） Martin Arnold, “UniCredit Boss Wastes No Time in Tackling the Bank's Problems,” *Financial Times*, December 13, 2016, https://www.ft.com/content/0ed769fc-c0a6-11e6-9bca-2b93a6856354.
12） Directive (EU) 2015/2366 of the European Parliament and of the Council of 25 November 2015 on payment services in the internal market, OJ L 337, 23.12.2015, 35–127, http://eur-lex.europa.eu/legal-content/EN/TXT/?uri=CELEX:32015L2366; また、“New European Rules Will Open Retail Banking,” *Economist*, March 23, 2017, http://www.economist.com/news/leaders/21719476-dangers-privacy-and-security-are-outweighed-benefits-new-european-rules-will-open も参照。
13） Alex Pentland, Honest Signals (Cambridge: MIT Press, 2008).
14） Leslie Hook, “Venture Capital Funding in Start-Ups Surges to $100bn for Quarter,” *Financial Times*, October 14, 2015, https://www.ft.com/content/e95f5c6e-7238-11e5-bdb1-e6e4767162cc.
15） Maureen Farrell, “America's Roster of Public Companies Is Shrinking Before Our Eyes,” *Wall Street Journal*, January 6, 2017, https://www.wsj.com/articles/americas-roster-of-public-companies-is-shrinking-before-our-eyes-1483545879.
16） ブロックチェーンの詳細については、Don Tapscott and Alex Tapscott, *The Blockchain Revolution: How the Technology Behind Bitcoin Is Changing Money, Business, and the World* (New York: Portfolio/Penguin Books, 2016) 参照。
17） Andrew Meola, “The Fintech Report 2016: Financial Industry Trends and Investment,” *Business Insider*, December 14, 2016, http://www.businessinsider.de/

s.de/arch iv/2015/fuehrung/spotif y-nicht-fragen-machen/ 参照。スポティファイ独自の組織構造については、Michael Mankins and Eric Garton, "How Spotify Balances Employee Autonomy and Accountability," *Harvard Business Review*, February 9, 2017, https://hbr.org/2017/02/how-spotify-balances-employee-autonomy-and-accountability 参照。

11) Brendan Greeley, "Daniel Ek's Spotify: Music's Last Best Hope," *BloombergBusinessweek*, July 14, 2011, https://www.bloomberg.com/news/articles/2011-07-13/daniel-ek-s-spotify-music-s-last-best-hope.

12) Mankins and Garton, "How Spotify Balances Employee Autonomy and Accountability" 参照。

13) Darrell K. Rigby, Jeff Sutherland, and Hirotaka Takeuchi, "Embracing Agile," *Harvard Business Review*, May 2016, https://hbr.org/2016/05/embracing-agile.

14) "The Multinational Company Is in Trouble," *Economist*, January 28, 2017, http://www.economist.com/news/leaders/21715660global-firms-are-surprisingly-vulnerable-attack-multinational-company-trouble.

15) Mary Johnson, "How to Kickstart Innovation at a Multinational Corporation," Thomson Reuters blog, April 7, 2016, https://blogs.thomsonreuters.com/answerson/kickstart-innovation-multinational-corporation.

16) Eben Harrell, "The Solution to the Skills Gap Could Already Be Inside Your Company," *Harvard Business Review*, September 27, 2016, https://hbr.org/2016/09/the-solution-to-the-skills-gap-could-already-be-inside-your-company.

17) Lowell L. Bryan, Claudia I. Joyce, and Leigh M. Weiss, "Making a Market in Talent," *McKinsey Quarterly*, May 2006, http://www.mckinsey.com/business-functions/organization/our-insights/making-a-market-in-talent.

18) John Horton, William R. Kerr, and Christopher Stanton, "Digital Labor Markets and Global Talent Flows," National Bureau of Economic Research Working Paper 23398 (May 2017), http://www.nber.org/papers/w23398.

第7章

1) "NOAA Meteorologist Bob Case, the Man Who Named the Perfect Storm," *NOAA News*, June 16, 2000, http://www.noaanews.noaa.gov/stories/s444.htm.

2) National Climatic Data Center, "'Perfect Storm' Damage Summary," October 1991, http://www.ncdc.noaa.gov/oa/satellite/satelliteseye/cyclones/pfctstorm91/pfctstdam.html.

3) Roger C. Altman, "The Great Crash, 2008: A Geopolitical Setback for the West," *Foreign Affairs*, January/February 2009, https://www.foreignaffairs.com/articles/united-states/2009-01-01/great-crash-2008.

4) Federal Reserve Bank of Saint Louis, "Net Interest Margin for All U.S. Banks," updated February 14, 2017, https://fred.stlouisfed.org/series/USNIM.

Yale University Press, 2002）参照。

第6章

1）Justin McCurry, "Japanese Company Replaces Office Workers with Artificial Intelligence," *Guardian*, January 5, 2017, https://www.theguardian.com/technology/2017/jan/05/japanesecompany-replacesoffice-workers-artificial-intelligence-ai-fukoku-mutual-life-insurance; また、富国生命のプレスリリース https://translate.google.com/translate?depth=1&hl=en&prev=search&rurl=translate.google.com&sl=ja&sp=nmt4&u=http://www.fukoku-life.co.jp/about/news/download/20161226.pdf も参照。

2）"Daimler baut Konzern fur die Digitalisierung um," *Frankfurter Allgemeine Zeitung*, September 7, 2016, www.faz.net/aktuell/wirtschaft/daimler-baut-konzern-fuer-die-digitalisierung-um-14424858.html.

3）"Daimler Chief Plots Cultural Revolution," *Handelsblatt Global*, July 25, 2016, https://global.handelsblatt.com/companies-markets/daimlerchief-plots-cultural-revolution-574783.

4）例えば、Douglas W. Allen, *The Institutional Revolution—Measurement and the Economic Emergence of the Modern World*（Chicago: University of Chicago Press, 2012）を参照。

5）また、Vegard Kolbjornsrud, Richard Amico, and Robert J. Thomas, "How Artificial Intelligence Will Redefine Management," *Harvard Business Review*, November 2, 2016, https://hbr.org/2016/11/how-artificial-intelligence-will-redefine-management も参照。

6）Olivia Solon, "World's Largest Hedge Fund to Replace Managers with Artificial Intelligence," *Guardian*, December 22, 2016, https://www.theguardian.com/technology/2016/dec/22/bridgewater-associates-ai-artificial-intelligence-management.

7）Maarten Goos and Alan Manning, "Lousy and Lovely Jobs: The Rising Polarization of Work in Britain," *Review of Economics and Statistics* 89（February 2007), 118–133 参照。

8）このケースは、Emmanuel Marot, "Robot CEO: Your Next Boss Could Run on Code," *Venture Beat*, March 20, 2016, https://venturebeat.com/2016/03/20/robot-ceo-your-next-boss-could-run-on-code を参照している。

9）Tom Kelley, *The Ten Faces of Innovation*（New York: Doubleday, 2005), 75–78; 必要となるスキルについては Richard Susskind and Daniel Susskind, *The Future of Professions*（Oxford: Oxford University Press, 2015）も参照。

10）スポティファイに関する記述は、2015 年 1 月 20 〜 21 日にトーマス・ランゲが同社ストックホルム本社を訪問したときの様子に基づいている。彼の分析結果は、Thomas Ramge, "Nicht fragen. Machen," *brand eins* 033/15, https://www.brandein

https://papers.ssrn.com/sol3/papers.cfm?abstract_id=163108.

31) Alfred P. Sloan Jr., *My Years with General Motors* (New York: Doubleday, 1990), 129, quoted in Garvin and Levesque, "Executive Decision Making at General Motors."

32) Amos Tversky and Daniel Kahneman, "Judgment Under Uncertainty: Heuristics and Biases," *Science* 185, no. 4157 (September 27, 1974), 1124–1131. 2002年、カーネマンは、トヴェルスキーとの共同研究でノーベル経済学賞を受賞している。トヴェルスキーは1996年に死去したため、ノーベル賞の栄誉には輝いていない。Daniel Kahneman, *Thinking, Fast and Slow* (New York: Farrar, Straus and Giroux, 2011); カーネマンとトヴェルスキーのひらめきの経緯については、*The Undoing Project: A Friendship That Changed Our Minds* (New York: W. W. Norton, 2016) を参照。

33) Yoram Bar-Tal and Maria Jarymowicz, "The Effect of Gender on Cognitive Structuring: Who Are More Biased, Men or Women?" *Psychology* 1, no. 2 (January 2010), 80–87, http:// www.scirp.org/journal/PaperInformation.aspx?paperID=2096.

34) Incheol Choi and Richard E. Nisbett, "Situational Salience and Cultural Differences in the Correspondence Bias and Actor-Observer Bias," *Personality and Social Psychology Bulletin* 24, no. 9 (September 1998), 949–960, http://journals.sagepub.com/doi/abs/10.1177/0146167298249003; Minas N. Kastanakis and Benjamin G. Voyer, "The Effect of Culture on Perception and Cognition: A Conceptual Framework," *Journal of Business Research* 67, no. 4 (April 2014), 425–433, http://eprints.lse.ac.uk/50048/1/lse.ac.uk_storage_LIBRARY_Secondary_libfile_shared_repository_Content_Voyer,%20BEffect%20culture%20perception_Voyer_Effect%20culture%20 perception_2014.pdf.

35) Herbert A. Simon, *Models of Bounded Rationality* (Cambridge: MIT Press, 1982).

36) Gerd Gigerenzer, *Gut Feelings: The Intelligence of the Unconscious* (New York: Viking, 2007), 38.

37) 「利益になるレベルの無知」を身につけることは、ゲルト・ギーゲレンツァーの世界的ベストセラー『Gut Feelings』全体に染み込んだ中心思想である。マルコム・グラッドウェルの『Blink: The Power of Thinking Without Thinking』(New York: Little, Brown, 2005) にも、勘や直観という知恵が随所に登場する。もっと新しいところでは、エコノミストのドナルド・サルとキャスリーン・アイセンハートの『Simple Rules: How to Thrive in a Complex World』(New York: Houghton Mifflin Harcourt, 2015) がある。

38) *Economist* Intelligence Unit, "Decisive Action: How Businesses Make Decisions and How They Could Do It Better" (London: Applied Predictive Technologies, n.d.), 7, http://www.datascienceassn.org/sites/default/files/Decisive%20Action%20-%20How%20Businesses%20Make%20Decisions%20and%20How%20They%20Could%20do%20it%20Better.pdf.

39) 一般論としては David G. Myers, *Intuition—Its Powers and Its Perils* (New Haven:

Prepays to Lehman's Repo 105s," *Financial Analysts Journal* 67, no. 5 [September/October 2011], https://www.cfainstitute.org/learning/products/publications/faj/Pages/faj.v67.n5.2.aspx)、2015年に利益を水増しして後に損失を計上するという自転車操業で不正会計に手を染めていた東芝（Sean Farrell, "Toshiba Boss Quits over £780 Million Accounting Scandal," *Guardian*, July 21, 2015, https://www.theguardian.com/world/2015/jul/21/toshiba-boss-quits-hisao-tanaka-accounting-scandal）など、枚挙にいとまがない。

17) Robert Kanigel, *The One Best Way: Frederick Winslow Taylor and the Enigma of Efficiency* (New York: Little Brown, 1997).
18) Soll, *The Reckoning*, 187.
19) Geoffrey D. Austrian, *Herman Hollerith: Forgotten Giant of Information Processing* (New York: Columbia University Press, 1982), 111 et seq. (chap. 9).
20) David A. Garvin and Lynne C. Levesque, "Executive Decision Making at General Motors," Harvard Business School case study 9-305-026, February 14, 2006, 2, http://www.hbs.edu/faculty/Pages/item.aspx?num=31870.
21) William Pelfrey, *Billy, Alfred, and General Motors: The Story of Two Unique Men, a Legendary Company, and a Remarkable Time in American History* (New York: Amacom, 2006), 226.
22) 同書, 260.
23) John T. Landry, "Did Professional Management Cause the Fall of GM?" *Harvard Business Review*, June 9, 2009, https://hbr.org/2009/06/professional-management-and-th.
24) Phil Rosenzweig, "Robert S. McNamara and the Evolution of Modern Management," *Harvard Business Review*, December 2010, https://hbr.org/2010/12/robert-s-mcnamara-and-the-evolution-of-modern-management.
25) Mayer-Schönberger and Cukier, *Big Data*, 164–165, 168.
26) Ludwig Siegele and Joachim Zepelin, *Matrix der Welt: SAP und der neue globale Kapitalismus* (Frankfurt: Campus Verlag, 2009).
27) Daniel Kahneman, Andrew M. Rosenfield, Linnea Gandhi, and Tom Blaser, "Noise: How to Overcome the High, Hidden Cost of Inconsistent Decision Making," *Harvard Business Review* (October 2016), https://hbr.org/2016/10/noise.
28) Brigette M. Hales and Peter J. Pronovost, "The Checklist—a Tool for Error Management and Performance," *Journal of Critical Care* 21 (2006), 231-235.
29) Atul Gawande, *The Checklist Manifesto: How to Get Things Right* (New York: Metropolitan Books, 2009). Gawande was inspired to test the checklist approach after reading about a pilot study conducted by Peter Pronovost of the Johns Hopkins University School of Medicine.
30) Yingyi Qian, Gérard Roland, and Chenggang Xu, "Coordinating Changes in M-Form and U-Form Organizations," paper presented to the Nobel Symposium, April 1998,

Experts Say," NBC News, August 17, 2015, http://www.nbcnews.com/business/business-news/amazons-use-stack-ranking-workers-may-backfire-experts-say-n411306.

8）"Digital Taylorism," *Economist*, September 12, 2015, http://www.economist.com/news/business/21664190-modern-version-scientific-management-threatens-dehumanise-workplace-digital.

9）例えば、John Micklethwait and Adrian Wooldridge, *The Company: A Short History of a Revolutionary Idea*（New York: Modern Library, 2003）を参照。

10）Alfred W. Crosby, *The Measure of Reality: Quantification and Western Society, 1250–1600*（Cambridge, UK: Cambridge University Press, 1997), 49.

11）Jacob Soll, *The Reckoning: Financial Accountability and the Rise and Fall of Nations*（New York: Basic Books, 2014), 29–47.

12）同上書, 35.

13）同上書, 37–38.

14）Crosby, *The Measure of Reality*, 204; Soll, *The Reckoning*, 37–38 を参照。

15）Soll, *The Reckoning*, 117–131.

16）"Stock Exchange Pratices: Report of the Committee on Banking and Currency" [the Pecora Commission Report], 73rd Congress, 2nd Session, report no. 1455, June 6, 1934, https://www.senate.gov/artandhistory/history/common/investigations/pdf/Pecora_FinalReport.pdf より詳細は以下参照。http://www.senate.gov/artandhistory/history/common/investigations/Pecora.htm）や製薬会社マクケッソン・アンド・ロビンズ（注文書の偽造で在庫が多くあるように見せかけた事件。詳細は Michael Chatfield, "McKesson & Robbins Case," in Michael Chatfield and Richard Vangermeersch, eds., *History of Accounting: An International Encyclopedia* [New York: Garland Publishing, 1996], 409–410 参照)、さらには 21 世紀に入ってからもワールドコム（Justin Kuepper, "Spotting Creative Accounting on the Balance Sheet," *Forbes*, March 25, 2010, http://www.forbes.com/2010/03/25/balance-sheet-tricks-personal-finance-accounting.html)、ヘルスサウスのチキータブランド（Michael J. Jones, *Creative Accounting, Fraud and International Accounting Scandals* [Chichester, England: John Wiley, 2011])、エンロン（David Teather, "Billions Still Hidden in Enron Pyramid," *Guardian*, January 30, 2002, https://www.theguardian.com/business/2002/jan/30/corporatefraud.enron2; Malcolm S. Salter, "Innovation Corrupted: The Rise and Fall of Enron (A)," Harvard Business School case study 905-048, December 2004 [revised October 2005], http://www.hbs.edu/faculty/Pages/item.aspx?num=31813)、リーマン・ブラザーズ（Rosalind Z. Wiggins and Andrew Metrick, "The Lehman Brothers Bankruptcy C: Managing the Balance Sheet Through the Use of Repo 105," Yale Program on Financial Stability case study 2014-3C-V1, October 1, 2014, https://papers.ssrn.com/sol3/papers.cfm?abstract_id=2593079; Donald J. Smith, "Hidden Debt: From Enron's Commodity forget-myers-briggs-algorithms-predict-team-chemistry.

17）Oscar Williams-Grut, "This Startup Can Predict If Your Business Will Fail with Questions Like 'Do You Like Horror Films?'" *Business Insider*, December 16, 2015, http://uk.businessinsider.com/simple-questions-like-do-you-like-horror-films-can-predict-whether-a-startup-will-implode-2015-12.

18）Viktor Mayer-Schönberger and Kenneth N. Cukier, *Big Data: A Revolution That Will Transform How We Live, Work, and Think* (New York: Houghton Mifflin Harcourt, 2013).

19）（ビッグデータ全般というよりも）機械学習の手法の詳細についてわかりやすい参考書としては、Ethem Alpaydin, *Machine Learning* (Cambridge: MIT Press, 2016) がある。

20）Dana Hull, "The Tesla Advantage: 1.3 Billion Miles of Data," *Bloomberg Technology*, December 20, 2016, https://www.bloomberg.com/news/articles/2016-12-20/the-tesla-advantage-1-3-billion-miles-of-data.

21）Julia M. Klein, "When Dating Algorithms Can Watch You Blush," *Nautilus*, April 14, 2016, http://nautil.us/issue/35/boundaries/when-dating-algorithms-can-watch-you-blush.

22）例えば、Paul W. Eastwick, Laura B. Luchies, Eli F. Finkel, and Lucy L. Hunt, "The Predictive Validity of Ideal Partner Preferences: A Review and Meta-Analysis," *Psychological Bulletin* 140 (20014), 623–665 を参照。

第5章

1）Jim Milliot, "Amazon Sales Top $100 Billion," *Publishers Weekly*, January 28, 2016, http://www.publishersweekly.com/pw/by-topic/industry-news/financial-reporting/article/69269-amazon-sales-top-100-billion.html.

2）スティーヴ・イェギーによるグーグル・プラスでの投稿は、本人の確かな許可の下、https://plus.google.com/+RipRowan/posts/eVeouesvaVX にアーカイブ化されている。

3）Gregory Ferenstein, "Is Working at Amazon Terrible? According to Public Data, It's the Same as Much of Silicon Valley," *Forbes*, August 17, 2015, http://www.forbes.com/sites/gregoryferenstein/2015/08/17/is-working-at-amazon-terrible-according-to-public-data-its-the-same-as-much-of-silicon-valley/#5b68ce4a5f89.

4）批判の例として、https://www.glassdoor.co.uk/Reviews/Employee-Review-Amazon-com-RVW10200125.htm などがある。

5）Jodi Kantor and David Streitfeld, "Inside Amazon: Wrestling Big Ideas in a Bruising Workplace," *New York Times*, August 15, 2015, https://www.nytimes.com/2015/08/16/technolog y/inside-amazon-wrestling-big-ideas-in-a-bruising-workplace.html.

6）同上書。

7）Martha C. White, "Amazon's Use of 's tack' Ranking for Workers May Backfire,

Sandholm, "Safe and Nested Endgame Solving for Imperfect Information Games" (2016), *Proceedings of the AAAI-17 Workshop on Computer Poker and Imperfect Information Games*, http:// www.cs.cmu.edu/~noamb/papers/17-AAAI-Refinement.pdf を参照。

8) "Ride-Sharing with BlaBlaCar's New MariaDB Databases," ComparetheCloud.net, February 19, 2016, https://www.comparethecloud.net/articles/ride-sharing-with-blablacars-new-mariadb-databases; "About Us," BlaBlaCar.com, accessed January 27, 2017, https://www.blablacar.com/about-us.

9) Arun Sundararajan, "Uber and Airbnb Could Reverse America's Decades-Long Slide into Mass Cynicism," *Quartz*, June 9, 2016, https://qz.com/700859/uber-and-airbnb-will-save-us-fromourdecades-long-slide-into-mass-cynicism.

10) Madi Solomon, " Transformational Metadata and the Future of Content Management: An Interview with Madi Solomon of Pearson PLC," *Journal of Digital Asset Management* 5, no. 1, 27–37, http://link.springer.com/article/10.1057/dam.2008.48; quote from conversation with Viktor Mayer-Schönberger.

11) Chris Mellor, "Metadata Manipulation by Alation Seeks Needles in Data Haystack," *Register*, April 1, 2015, http://www.theregister.co.uk/2015/04/01/metadata_manipulation_by_alation. 以下も参照。Laura Melchior, "So stellt sich eBay im Bereich Daten und KI auf," *Internet World*, January 23, 2017, http://www.internetworld.de/e-commerce/ebay/so-stellt-ebay-im-bereich-daten-ki-1188619.html.

12) マッチングのアルゴリズムとプロセスについてはさまざまな文献がある。この分野の研究の進捗状況を知るには、Marzena Rostek and Nathan Yoder, "Matching with Multilateral Contracts" (July 2, 2017), available at SSRN: https://ssrn.com/abstract=2997223 を参照。

13) 例えば、Yash Kanoria and Daniela Saban, "Facilitating the Search for Partners on Matching Platforms: Restricting Agents' Actions" (July 5, 2017), available at SSRN: https://ssrn.com/abstract=3004814 を参照。

14) Alvin E. Roth and Elliott Peranson, "The Redesign of the Matching Market for American Physicians: Some Engineering Aspects of Economic Design," *American Economic Review* 89, no. 4 (September 1999), 748–780.

15) Alvin E. Roth, *Who Gets What—and Why: The New Economics of Matchmaking and Market Design* (New York: Houghton Mifflin Harcourt, 2015)。以下も参照 David S. Evans and Richard Schmalensee, *Matchmakers: The New Economics of Multisided Platforms* (Cambridge: Harvard Business Review Press, 2016).

16) Tim Adams, "Job Hunting Is a Matter of Big Data, Not How You Perform at an Interview," *Observer*, May 10, 2014, https://www.theguardian.com/technology/2014/may/10/job-hunting-big-data-interview-algorithms-employees; Sue Tabbitt, "Forget Myers-Briggs: Algorithms Can Better Predict Team Chemistry," *Guardian*, May 27, 2016, https://www.theguardian.com/small-business-network/2016/may/27/

https://ssrn.com/abstract=2905141 を参照。

15) Cass R. Sunstein, *Infotopia* (New York: Oxford University Press, 2006), 25ff.

16) 他社も予測市場の実験に乗り出しているが、産業界に限定していえば、グーグルの実験が規模、期間の面で最大である。Bo Cowgill, Justin Wolfers, and Eric Zitzewitz, "Using Prediction Markets to Track Information Flows: Evidence from Google," in Sanmay Das, Michael Ostrovsky, David Pennock, and Boleslaw K. Szymanski, eds., *Auctions, Market Mechanisms and Their Applications* (Berlin: Springer, 2009), 3, http:// link.springer.com/chapter/10.1007/978-3-642-03821-1_2 参照。

17) "Consumer Group Formed: New Organization Plans to Give Data on Goods and Services," *New York Times*, February 6, 1936, http://query. nytimes. com/gst/abstract.htm l?res=9F0CE0DF153FEE3BBC4E53DFB466838D629EDE.

18) 仮に末尾が9で終わる価格設定が法律で禁止されても、市場がすぐにこの規制に合わせて調整し、末尾が「～99」の価格から「～90」の価格へと移行し、消費者に同様の錯覚をもたらすことが最近の調査でわかっている。Avichai Snir, Daniel Levy, and Haipeng Chen, "End of 9-Endings, Price Recall, and Price Perceptions," *Economics Letters*, forthcoming (posted April 2, 2017), https://ssrn.com/abstract=2944919 を参照。

19) Matthew Amster-Burton, "Price Anchoring, or Why a $499 iPad Seems Inexpensive," *MintLife*, April 6, 2010, https://blog.mint.com/how-to/price-anchoring.

20) Authors' conversation with Florian Bauer, December 19, 2016.

第4章

1) Olivia Solon, "Oh the Humanity! Poker Computer Trounces Humans in Big Step for AI," *Guardian*, January 30, 2017, https://www.theguardian.com/technology/2017/jan/30/libratus-poker-artificial-intelligence-professional-human-players-competition.

2) Quoted in Ben Popper, "This AI Will Battle Poker Pros for $200,000 in Prizes," *Verge*, January 4, 2017, http://www.theverge.com/2017/1/4/14161080/ai-vs-humans-poker-cmu-libratus-no-limit-texas-hold-em.

3) Michael Laakasuo, Jussi Pälomaki, and Mikko Salmela, "Experienced Poker Players Are Emotionally Stable," *Cyberpsychology, Behavior, and Social Networking* 17, no. 10 (October 2014), 668–671, http://online.liebertpub.com/doi/abs/10.1089/cyber.2014.0147.

4) Authors' conversation with Jason Les, February 7, 2017.

5) 同書

6) Solon, "Oh the Humanity!"

7) リブラタスの勝ち方の詳細については、Nikolai Yakovenko, "CMU's Libratus Bluffs Its Way to Victory in #BrainsVsAI Poker Match," *Medium*, February 1, 2017, https://medium.com/@Moscow25/cmus-libratus-bluffs-its-way-to-victory-in-brainsvsai-poker-match-99abd31b9cd4. 以下も参照。Noam Brown and Tuomas

市場を損なうことなくイノベーションの報酬を永続させることは不可能である。市場を搾取しようとする者が情報独占の立場を恒久的に利用し続けて、真空状態（情報が取り込まれてしまうブラックホール）を作らない限り、非対称性はつかの間で一時的なものである。情報の真空状態があると、買い手は最適とは言い難い判断を下さざるを得なくなる。幸い、ほとんどの情報の非対称性は一時的なもので終わる。競合他社がイノベーションを複製または模倣し、追いつくため、元のイノベーションを生み出した者の情報面の優位が消え去るからだ。

6）そのようなケースは無数にある。例えば、蚤の市で買った絵に、トランブル作『アメリカ独立宣言』のオリジナル絵画が隠されていたことがある（Eleanor Blau, "Declaration of Independence Sells for $2.4 Million," *New York Times*, June 14, 1991, http://www.nytimes.com/1991/06/14/arts）。

7）戦後、在西ドイツの連合軍が同国内でのペニシリン製造禁止を解除後、同国でペニシリンの製造販売に乗り出した第1号がグリューネンタールである。https://en.wikipedia.org/wiki/Grünenthal_GmbH 参照。

8）http://www.contergan.grunenthal.info/thalidomid/Home_/Fakten_und_Historie/342300049.jsp?naviLocale=en_EN.

9）Nick McGrath, "My Thalidomide Family: Every Time I Went Home I Was a Stranger," *Guardian*, August 1, 2014, https://www.theguardian.com/lifeandstyle/2014/aug/01/thalidomide-louise-medus-a-stranger-when-i-went-home.

10）この説を最初に唱えたのは心理学者のジョージ・ミラー（George A. Miller, "The Magical Number Seven Plus or Minus Two: Some Limits on Our Capacity for Processing Information," *Psychological Review* 63, no. 2（March 1956）, 81–97, http://psycnet.apa.org/psycinfo/1957-02914-001 参照）である。また、彼の論文は、学術界での引用件数がトップクラスである。最近の調査によれば、処理できる件数は固定されていないが、人間の作業記憶はさまざまな用途に割り当て可能な非常に数少ないリソースであることがわかっている（例えば、Wei Ji Ma, Masud Husain, and Paul M. Bays, "Changing Concepts of Working Memory," *Nature Neuroscience* 17［2014］, 347–356 参照）。

11）Niall Ferguson, *The Ascent of Money: A Financial History of the World*（New York: Penguin Books, 2008）, 4.

12）"A Conversation with Professor Friedrich A. Hayek"（1979）, in Diego Pizano, ed., *Conversations with Great Economists*（New York: Jorge Pinto Books, 2009）, 5.

13）例えば、Nigel Dodd, *The Social Life of Money*（Princeton: Princeton University Press, 2014）, 15–48 参照。

14）市場の限界については、例えば、Margaret Jane Radin, "From Babyselling to Boilerplate: Reflections on the Limits of the Infrastructures of the Market," *Osgoode Hall Law Journal* 54, no. 2, forthcoming; Osgoode Legal Studies Research Paper No. 28/2017（January 24, 2017）; University of Michigan Law and Economics Research Paper No. 16-031; University of Michigan Public Law Research Paper No. 530,

Andrew Flowers, "Big Business Is Getting Bigger," *FiveThirtyEight*, May 18, 2015, http:/fivethirtyeight.com/datalab/big-business-is-getting-bigger を参照。

30) John Hagel III and John Seely Brown, *The Only Sustainable Edge: Why Business Strategy Depends on Productive Friction and Dynamic Specialization* (Cambridge: Harvard Business School Press, 2005), 106-109.

31) Dongsheng Ge and Takahiro Fujimoto, "Quasi-Open Product Architecture and Technological Lock-In: An Exploratory Study on the Chinese Motorcycle Industry," *Annals of Business Administrative Science* 3, no. 2 (April 2004), 15-24, http://doi.org/10.7880/abas.3.15.

32) K. Yamini Aparna and Vivek Gupta, "Modularization in the Chinese Motorcycles Industry," IBS Center for Management Research, Hyderabad, India, Working Paper BSTR/165, 2005, http://www.thecasecentre.org/main/products/view?id=66275, 5-7.

第3章

1) Robert Jensen, "The Digital Provide: Information (Technology), Market Performance, and Welfare in the South Indian Fisheries Sector," *Quarterly Journal of Economics* 122, no. 3 (August 2007), 879-924, https://academic.oup.com/qje/article-abstract/122/3/879/1879540/The-Digital-Provide-Information-Technology-Market.

2) Friedrich August von Hayek, "Coping with Ignorance," Ludwig von Mises Memorial Lecture, Hillsdale College, Hillsdale, MI, July 1978.

3) George A. Akerlof, "The Market for 'Lemons': Quality Uncertainty and the Market Mechanism," *Quarterly Journal of Economics* 84, no. 3 (August 1970), 488-500, http:// qje.oxfordjournals.org/content/84/3/488.short.

4) 情報の非対称性がある状況では、売り手が製品・サービスを安売りし、買い手が売り手よりも情報を多くつかんでいると、売り手は不利益を被る。例えば、リピーター客がつくようになると売り手が想定し、当初はサービスを赤字覚悟で買い手に提供したものの、買い手は二度と戻ってくるつもりがないか、同じ値引きならまた買いに来てもいいと思っているようなケースだ。この場合、売り手による客寄せのために目玉商品は結局、赤字を生むだけで終わる。

5) ヨーゼフ・シュンペーターはその名著『経済発展の理論』のなかで、そもそも起業家は他人のあずかり知らない情報というカテゴリーを発見しているものだと主張している。起業家は、ほかの誰かが気付く前に、新たな市場を見つけ出すか、発明の特許を取得するか、効率的な生産手段を世に送り出すか、その他の「新たな組み合わせ」(人間の活動を調整する手段)を導入する先駆者だ。シュンペーターやその助手たちの考え方では、このようにして生じる情報の非対称性が経済的インセンティブを生み出すのである。市場が非効率になったとしても、イノベーションのために我々が支払うのが価格だ。したがって、情報の不均衡は、程度問題だが、必ずしも悪いことではない。情報の非対称性が生み出すインセンティブは、イノベーションに不可欠だが、断が下される。こうした市場は往々にして集中化の悪影響に悩まされることになる。だが、ときには意図的に中央の意思決定主体を置くように設計される市場もある。米国の病院のレジデント（インターン修了後、病院内に宿泊して臨床訓練を受ける医師）制度に医師を割り当てる「市場」がその典型例だ。こうした特殊市場は価格を情報伝達に利用できず、意思決定を集権化することが多い。

20） Lindblom, *The Market System*, 5.

21） 歴史的な数値については、多くの想定の下で推定するだけに、大論争になりやすい。また、購買力平価で市場規模を世界総生産と同等に扱っているが、これも推計の域を出ない。詳しくは J. Bradford DeLong, "Estimating World GDP, One Million B.C. –Present," http://holtz.org/Library/Social%20Science/Economics/Estimating%20World%20GDP%20by%20DeLong/Estimating%20World%20GDP.htm を参照。なお、最近の世界の GDP 値について、本書では、CIA Factbook（https://www.cia.gov/library/publications/the-world-factbook/geos/xx.html）を利用した。

22） ほとんどの国は企業数を記録していないため、グローバルな数値は存在しない。強いて挙げるとすれば、雇用総数と雇用規模から推定するほかない。推定方法については、以下を参照されたい。http://www.quora.com/How-many-companies-exist-in-the-world.

23） Jin Zeng, *State-Led Privatization in China: The Politics of Economic Reform* (London: Routledge, 2013), 28–29 and 52–53.

24） http://www.oecd-i library. org/sites/gov_glance-2015en/03/01/index .html?contentType=&itemId=%2fcontent%2fchapter%2fgov_glance-2015-22-en&mimeType=text%2fhtml&containerItemId=%2 fcontent%2fserial%2f22214399&accessItemIds= を参照

25） M. Todd Henderson, "Everything Old Is New Again: Lessons from Dodge v. Ford Motor Company," John M. Olin Program in Law and Economics Working Paper No. 373, University of Chicago Law School, 2007, 2-13, https://papers.ssrn.com/sol3/papers.cfm–abstract_id=1070284.

26） この訴訟はドッジ対フォードモーター（1919). 同上書参照。

27） Henry Ford, *My Life and Work* (Garden City, NY: Doubleday, Page, 1922).

28） 1960 年代に書かれた『Monopoly Capital』は、左派に最も引用された批判のひとつである。だが、筆者の「独占資本主義」に対する議論は、レーニンの初期の著作や Paul A. Baran と Paul M. Sweezy による『Monopoly Capital: An Essay on the American Economic and Social Order』(New York: Monthly Review Press, 1966) の影響を受けている。エコノミストでイノベーション推進派のヨーゼフ・シュンペーターは、もっと微妙な批判をしている。大企業をイノベーションの驚くべき場とした一方、独占で人間がイノベーションを起こせなくなれば資本主義は失敗すると懸念していた。Thomas K. McCraw, *Prophet of Innovation* (Cambridge: Harvard University Press, 2007）を参照。

29） 大企業の成長、とりわけ米国の GDP に占めるフォーチュン 500 ランキング企業の割合の伸び（1994 年の 58% から 2013 年に 73% に増加）に関するデータについては

video/world/europe/100000003222118/catalonians-climb-high-to-exhibit-pride.html.

4) ミゲル・デ・セルバンテス『ドン・キホーテ』(第3部第3章) を引用するのは、そのとおりに思えるが、完全に正確とは言えない。

5) 1段3、4人で構成するカスティの内側にひとりが芯のように入る構成をアグリャ(針のような芯があることから「針あり」の意) と言う。解体のときにこのアグリャを担う人々が見える。このアグリャの構成が最も複雑で、どのチームも憧れの形態とされる。

6) UNESCO, "Human Towers," YouTube video, November 5, 2010, https://www.youtube.com/watch?v=-iSHfrmGdyo.

7) Sarah Blaffer Hrdy, *Mothers and Others: The Evolutionary Origins of Mutual Understanding* (Cambridge: Harvard University Press, 2009).

8) Lloyd G. Reynolds, "Inter-Country Diffusion of Economic Growth, 1870–1914," in Mark Gersovitz, Carlos F. Diaz-Alejandro, Gustav Ranis, and Mark R. Rosenzweig, eds., *The Theory and Experience of Economic Development: Essays in Honor of Sir W. Arthur Lewis* (New York: Routledge, 2012), 319.

9) Mark Kurlansky, *Paper: Paging Through History* (New York: W. W. Norton, 2016), 13.

10) 同書 231. また、Frank A. Kafker and Serena Kafker, *The Encyclopedists as Individuals: A Biographical Dictionary of the Authors of the Encyclopédie* (Oxford: Voltaire Foundation, 1988), http://encyclopedie.uchicago.edu. も参照。

11) この数字はウィキペディアのホームページ(2016年12月現在)より。

12) Wilfrid Blunt, *Linnaeus: The Compleat Naturalist* (Princeton: Princeton University Press, 2002), 185–193.

13) Roland Moberg, "The Development of Protoecology in Sweden," Linné on Line, University of Uppsala, 2008, http://www.linnaeus.uu.se/online/eco/utveckling.html.

14) "Apollo 11 Mission Report," NASA, n.d., http://www.hq.nasa.gov/alsj/a11/A11_PAOMissionReport.html.

15) Roger Highfield, "LHC: Scientists Jockey for Position in Race to Find the Higgs Particle," *Telegraph*, September 10, 2008, http://www.telegraph.co.uk/news/science/large-hadron-collider/3351478/LHC-Scientists-jockey-for-position-in-race-to-find-the-Higgs-particle.html.

16) Moberg,"The Development of Protoecology in Sweden" から引用。

17) Charles E. Lindblom, *The Market System: What It Is, How It Works, and What to Make of It* (New Haven: Yale University Press, 2002), 20.

18) Dotan Leshem, "Retrospectives: What Did the Ancient Greeks Mean by Oikonomia?" *Journal of Economic Perspectives 30*, no. 1 (Winter 2016), 225–238, https://www.aeaweb.org/articles–id=10.1257/jep.30.1.225.

19) 当然、実際にすべての市場が完全に分権化されているわけではない。例えば、買い手が1人だけで、たくさんの売り手がいる場合、たった1人の参加者によって購入の判

注

第1章

1）Marco della Cava, "EBay Turns Twenty with Sales Plan Aimed at Rivals Like Amazon," *USA Today*, September 16, 2015, http://www.usatoday.com/story/tech/2015/09/16/ebay-turns-20-sales-plan-aimed-rivals-like-amazon/72317234.

2）"EBay: Twenty Years of Trading," *Economist*, September 3, 2015, http://www.economist.com/blogs/graphicdetail/2015/09/daily-chart-1.

3）Leena Ro, "For eBay, a New Chapter Begins," *Fortune*, July 19, 2015, http://fortune.com/2015/07/19/ebay-independence.

4）Della Cava, "EBay Turns Twenty."

5）同上書。

6）Nicole Perlroth, "EBay Urges New Passwords After Breach," *New York Times*, May 21, 2014, https://www.nytimes.com/2014/05/22/technology/ebay-reports-attack-on-its-computer-network.html?_r=0.

7）Matt Levine, "How Can Yahoo Be Worth Less Than Zero?" *Bloomberg*, April 17, 2014, http://www.bloomberg.com/view/articles/2014-04-17/how-can-yahoo-be-worth-less-than-zero; 一般論としては、Richard H. Thaler, *Misbehaving: The Making of Behavioural Economics*（London: Allen Lane, 2015）, 244–253.

8）Thomas W. Malone, Joanne Yates, and Robert I. Benjamin, "Electronic Markets and Electronic Hierarchies," *Communications of the ACM*, June 1987, https://www.researchgate.net/publication/220425850.

9）"The Zettabyte Era: Trends and Analysis," Cisco White Paper No. 1465272001812119, June 7, 2017, http://www.cisco.com/c/en/us/solutions/collateral/service-provider/visual-networking-index-vni/vni-hyperconnectivity-wp.html.

第2章

1）Efren Garcia, "Historic Record in Catalonia's Human Tower Building," *Ara: Explaining Catalonia*, November 23, 2015, http://www.ara.cat/en/Historic-record-Catalonias-tower-building_0_1473452720.html; YouTube で閲覧できる塔作りの動画は https://www.youtube.com/watch?v=qTP-Xp7v6m0.

2）"Una niña doce años muere al caerse de un 'castell' de nueve pisos en Mataró," *Libertad Digital*, August4, 2006, http://www.libertaddigital.com/sociedad/una-nina-de-12-anos-muere-al-caerse-de-un-castell-de-nueve-pisos-en-mataro-1276285054.

3）Stefania Rousselle, "Building Human Pyramids for Catalonia"（video "Climbing for Catalonian Pride"）, *New York Times*, November 7, 2014, https://www.nytimes.com/

わ

や

ら

ま

な

は

た

さ

か

索引

あ

●著者紹介

ビクター・マイヤー＝ショーンベルガー (Viktor Mayer-Schönberger)

オックスフォード大学オックスフォード・インターネット研究所教授（専門はインターネットのガバナンスと規制）。ハーバード大学ケネディスクールを経て現職。ネットワーク化された経済における情報の役割が研究テーマ。この分野のビッグデータの第一人者として知られ、『ビッグデータの正体――情報の産業革命が世界のすべてを変える』（講談社、ケネス・クキエとの共著）は世界的なベストセラーとなった。『*Delete*（デリート――忘却の美学）』（2009年、マクルーハン賞他受賞）では「忘れられる権利」という概念を提唱、法曹界、メディアで高い評価をえる。セキュリティソフトの開発など、ソフトウェア系スタートアップの起業家としての業績も多い。2014年、ワールドテクノロジーアワード・法律部門受賞。マイクロソフトや世界経済フォーラムなど、多数の企業や団体の経営諮問委員を務める。

トーマス・ランジ (Thomas Ramge)

作家・ジャーナリスト。ドイツのビジネス誌『*brand eins*』特派員。『エコノミスト』のビジネス部門で、テクノロジーとイノベーション、企業の社会的責任（CSR）について等、寄稿多数。『*The Global Economy as You've Never Seen It*（見たこともないグローバル経済）』『*Mensch und Maschine*（人と機械　ロボットは人の暮らしをどう変えるか）』『*Wirtschaft verstehen mit Infografiken*（インフォグラフィックで経済を理解する）』など、著書も多い。

●訳者紹介

斎藤栄一郎（さいとう・えいいちろう）

翻訳家・ライター。山梨県生まれ。早稲田大学卒。ビジネス・技術関連の翻訳のほか、ビジネス誌への寄稿多数。近年は世界各地に滞在しながら仕事をする「旅する翻訳家」。本書はチェンマイ、ホーチミン、広州などに滞在しながら訳出した。主な訳書に『ビッグデータの正体――情報の産業革命が世界のすべてを変える』『1日1つ、なしとげる』『イーロン・マスク――未来を創る男』『SMARTCUTS』（以上、講談社)、『センスメイキング』『小売再生――リアル店舗はメディアになる』（以上、プレジデント社)、『フランク・ロイド・ライト最新建築ガイド』（以上、エクスナレッジ)、『マスタースイッチ』（飛鳥新社）『TOOLS AND WEAPONS　誰がテクノロジーの暴走を止めるのか』（プレジデント社）などがある。

データ資本主義――ビッグデータがもたらす新しい経済

2019年3月27日　初版第1刷発行
2021年1月21日　初版第3刷発行

著者　ビクター・マイヤー＝ショーンベルガー＋トーマス・ランジ
訳者　斎藤栄一郎

発行者　長谷部敏治

発行所　NTT出版株式会社
〒108-0023 東京都港区芝浦3-4-1　グランパークタワー
営業担当　TEL 03 (5434)1010　FAX 03(5434)0909
編集担当　TEL 03 (5434)1001
http://www.nttpub.co.jp/

装丁　小口翔平＋山之口正和（tobufune）
本文組版　キャップス
印刷・製本　中央精版印刷株式会社

ISBN 978-4-7571-0382-5 C0033